JN300244

伊勢神宮の成立

歴史文化セレクション

田村圓澄

吉川弘文館

序

本書は、伊勢神宮の成立の「歴史」についての私論である。伊勢神宮の祭神である天照大神と伊勢神宮を一体のものとみなし、その成立の「歴史」の解明を試みた。

私が旧九州帝国大学法文学部国史学科に入学したのは一九三八年（昭和十三）であったが、その前年の五月に文部省から『国体の本義』が刊行され、同年七月に、「国体ノ本義ニ基ク教学ノ刷新振興」のため、文部省の外局として教学局が設置された。『国体の本義』は、「国体を明徴にし、国民精神を涵養振作すべき刻下の急務に鑑みて編纂」されたが、そのなかに「天皇は天照大神の御子孫であり、皇祖皇宗の神裔であらせられる」と記されている。また天壌無窮の神勅について、「独り将来に向つての規範たるのみならず、肇国以来の一大事実である」とされていた。「我が国に於ては、国史は国体と始終し、国体の自己表現である」。

『国体の本義』において、「国史」は「歴史」である前に「教学」であった。「我が国のあらゆる学問は、その究極を国体に見出すと共に、皇運の扶翼を以てその任務と」し、国民はすべて「皇運を扶翼し奉る臣民の道に立つ」べきことが、一貫して説かれる。「教学」はあらゆる学問の上に君臨しており、この体制は法律によって維持・擁護された。

一九二四年（大正十三）に津田左右吉氏の『神代史の研究』『古事記及日本書紀の研究』が刊行された。大正デモクラシーの潮流のなかで述作された両書で、津田氏は「歴史」の主体ないし担い手を「国民」に求めている。天照大神を含む神代史の神々も、「国民」の視点でとらえられていることに注意される。日中戦争が深刻化する一九四〇年（昭和十五）に、これらの著書により津田氏が不敬罪で告発される、いわゆる津田左右吉事件がおきたことは周知の事実である。

私の九州帝国大学在学当時、竹岡勝也先生の『古事記』演習、また長沼賢海先生の『日本書紀』演習などがあったが、津田氏の研究はほとんど取り上げられなかった。津田氏の学問の立場が「教学」の枠の外にあることを、各人が暗黙のうちに了解していたからであった。

前著『飛鳥・白鳳仏教史』下において、天照大神の出現などについての仮説の一端を述べたが、その頃から私の関心は伊勢神宮の成立の「歴史」に移った。資料を集め、構想を練り、二ヵ年を経てようやく本書をまとめることができたが、学生時代にほとんど触れることがなかった津田左右吉氏の業績が終始私を動かし、私を導いた。

一九二一年（大正十）に完結した津田左右吉氏の『文学に現はれたる我が国民思想の研究』も、「国民」的視点が基調となっているが、ともあれ大正デモクラシーの時期と敗戦後の日本の社会には共通するところがある。「教学」がないこと、つまり「歴史」研究の自由があることであった。ただし両時期とも、学問の自由の確保が日本側の措置によってではなく、直接間接「外国」の影響ないし主導によってなされたことに留意される。

太平洋戦争が終わって半世紀が過ぎたが、その間天照大神および伊勢神宮の成立についての「歴史」研究は、日本古代史ブームの趨勢にもかかわらず、それほど盛んであったとは思われない。しかし天照大神と伊勢神宮は、溯れば七世紀末の「律令国家」の成立から、二十世紀なかばの「大日本帝国憲法」の終焉に至るまでの間、日本の「国家」また「国家論」の中枢の地位にあったのみならず、旧朝鮮総督府がおかれた京城（現在のソウル）の朝鮮神宮や、旧満州国政府がおかれた新京（現在の長春）の建国神廟の例にみられるように、近代日本の旧植民地また被侵略国である「外国」においても、天照大神を祭神とする神宮・神廟のあったことが想起される。

小著が、天照大神および伊勢神宮についての今後の「歴史」研究発展の踏石のひとつになるならば望外のよろこびである。

学生の頃、国学や神道について教えていただいた竹岡勝也先生のことが想い出される。これまで日本の仏教について、いくばくかの知識をもち、そして仏教の視点から日本の「歴史」を垣間見るしかなかった私は、竹岡先生の『近世史の発展と国学者の運動』を読むにおよび、日本の神々、および神々と仏教との交渉や、文学における仏教的要素などについて、鮮烈な衝撃を受けた。それは私にとって未知の領域であり、西欧思想に裏付けられた竹岡先生の思考と論証には説得力があった。九州帝国大学在学中、私は竹岡先生の講義によって、国学と国学史について開眼させられた。たまたま竹岡先生の『徒然草』の演習に出席したことが機縁となり、私は「徒然草の思想」を卒業論文として提出したが、本居宣長の思想とその学問の研究を生涯の仕事にしようと決めていた。諸般の事情で実現できなかったが、その後、私が選んだ日本仏教史の道が時に日本の神祇との関連にまでおよぶことができたのは、竹岡先生の学恩によるものである。

おわりに、本書述作の際、図書・論文などの借覧、コピーの作製などでお世話になった安蘇谷正彦・井手恒雄・臼井勝美・恵良宏・鈴木靖民・関口力・平野博之・前川明久・三浦つよ子・味酒安則・山野善郎の諸氏、また本書の刊行について御配慮を煩わした山田亨・杉原珠海両氏など吉川弘文館の方々に謝意を表する次第である。

一九九五年十二月十日

田村圓澄

凡　例

一、本書で使用する用語は次の区分による。

六七一年(天智十)以前	六七二年(天武元)以降
倭	日本
倭王・大王	天皇
妃	皇后
世子	皇太子
王	皇子

(神武〜仲哀は便宜上、「天皇」の名称を用いる)

二、本書で引用する『延喜式』は次の略称を用いる。

略称	名称
四時祭式	巻一、四時祭上　巻二、四時祭下
太神宮式	巻四、伊勢太神宮
斎宮式	巻五、斎宮寮
践祚大嘗祭式	巻七、践祚大嘗祭
祝詞	巻八、祝詞

神名帳	巻九、神名帳上　巻十、神名帳下
太政官式	巻十一、太政官

三、本書で用いた編年は、特別の指定のない限り『日本書紀』および『続日本紀』による。

四、本書で用いた主要図書は次のとおりである。

『日本書紀』……岩波書店版日本古典文学大系本

『古事記』……岩波書店版日本古典文学大系本

『続日本紀』……岩波書店版新日本古典文学大系本・朝日新聞社版六国史

『律令』……岩波書店版日本思想大系本

『祝詞』……次田潤『祝詞新講』

『万葉集』……澤瀉久孝『万葉集注釈』

目次

第十七章　歴代遷宮の終焉　286

終章　伊勢神宮の創立をめぐって　301

挿図表目次

序章　伊勢神宮の歴史研究の課題

一　伊勢神宮研究の問題点

伊勢神宮の創立の年次の問題について、『日本書紀』などの史料批判を通して、ひとつの見通しを与えられたのは津田左右吉氏であった。

まず崇神紀・垂仁紀の関係記事を掲げよう。

(1)崇神六年、……先レ是、天照大神・倭大国魂二神、並二祭於天皇大殿之内一。然畏二其神勢一、共住不レ安。故以二天照大神一、託二豊鍬入姫命一、祭二於倭笠縫邑一。仍立二磯堅城神籬一。神籬、此云二比莽呂岐一。

(2)垂仁二十五年三月丙申（十日）、離二天照大神於豊耜入姫命一、託二于倭姫命一。爰倭姫命求下鎮二坐大神一之処上、而詣二菟田筱幡一。筱、此云二佐佐一。更還之入二近江国一、東廻二美濃一、到二伊勢国一。時天照大神誨二倭姫命一曰、是神風伊勢国、則常世之浪重浪帰国也。傍国可怜国也。欲レ居二是国一。故随二大神教一、其祠立二於伊勢国一。因興二斎宮于五十鈴川上一。是謂二磯宮一。則天照大神始自レ天降之処也。

津田氏によれば、垂仁紀の天照大神の伊勢鎮座の物語(2)は、近江・美濃・伊勢などの国名の書き方からみて、国郡制置以後に作られたとしなければならず、また天照大神の託宣の「神風伊勢国《かみかぜのいせのくに》」は、伊勢の地に神宮が建てられた後になって、いい始められた言葉にちがいない。垂仁紀記載の関連事項はいずれも後人の造作であるが、神代史を含む旧辞の最初の述作が六世紀の中頃であるとすれば、伊勢の神宮が天照大神を祀ったことになったのは、あるいは伊勢の地に神宮が建てられたのは、早くとも六世紀後半のころのことであったと推測される。とすれば、伊勢の神宮の起原を説く天照大神の伊勢鎮座の物語が語り出されるのは、推古朝のころではなかろうか。神代史が、伊勢神宮の存在しているときに初めて述作せられたとすれば、天照大神の居所である高天原《たかまのはら》に、五十鈴川《いすずがわ》が現われるとか、あるいは天照大神の出生の地を伊勢とするなどのことが、あってもよいと思われるにもかかわらず、神代史において伊勢が重要な地位に置かれていないことから考えると、伊勢の神宮の建設は、神代史の最初の述作の後であったとすべきであろう。こうして津田氏は、まず伊勢に天照大神を祀る神宮が建てられた時期を六世紀後半とし、崇神紀・垂仁紀の天照大神の伊勢鎮座の物語⑴⑵が、初めて語り出された時期を、推古朝とされた(1)。

また津田左右吉氏は、伊勢の地と日神＝天照大神崇拝との関係について、伊勢の神宮のある場所は、古い時代からその地方の民衆が祭祀などの宗教的儀礼を行う聖地であったであろうとしながらも、それは日そのものの崇拝とは関係がなかったことを指摘し、さらに伊勢の地が、天照大神を祀ってあることになったのは、その地を含む広い地域としての伊勢が、大和から考えて東の方、すなわち日の出る方の陸地のはてにあたっていたからである、とする。日の出る東の方に面しているので、日に向うという意義に解しえられるヒムカ＝日向と伊勢は、大和の人によって同じようにみられたのであろう。したがって伊勢の地を天照大神を祀るところとしたのは、日向に天照大神の子が降り、天照大神がそこで生まれたことにしてあるのと、同じ思想のあらわれとして理解できる（2）。

丸山二郎氏は、天皇が住む大和から東の方、すなわち日の出る方の陸地のはてに伊勢がある、とする津田説を承けるとともに、大和朝廷の国家的発展にともない、伊勢の土地の神と大和の天皇家の祖神、すなわち天照大神との習合がなされた、と述べられている。大和朝廷の東国への発展が、天照大神の伊勢鎮座の要因である（3）。

伊勢神宮の成立史の研究に転機を画したのは直木孝次郎氏であった。津田左右吉・丸山二郎両氏の研究成果を継承した直木氏は、伊勢神宮の成立の時期を、五世紀後半ないし六世紀前半とされるが、それは雄略朝、あるいは継体――欽明朝にあたる。伊勢の地は東に海をひかえるという自然的条件があり、もともと太陽信仰が盛んであったが、伊勢神宮の前身である伊勢大神《いせのおおかみ》の社にも、太陽神が祀られていた。伊勢大神と天照大神が合体して伊勢神宮になった（4）。

直木氏によれば、大和朝廷の東国経営が活潑化するのは五世紀中葉であるが、六世紀前半にはピークに達する。伊勢にあった一地方神が、天皇家の特別の崇敬を受けるのは、時期的に天皇家の東国経営と重なっている。伊勢神宮が所在する場所は、大和朝廷にとって海上交通の要衝であったと思われる。つまり伊勢神宮はもと、伊勢地方の一地方神を祭る社であったが、大和朝廷の東国経営が進むにつれ、天皇家の崇敬を得、やがて皇祖神である天照大神を祭神とするに至ったのであり、その時期は六世紀初頭

以後、古くみても五世紀後半の雄略朝ごろと推定される。(5)

伊勢神宮の創建の時期を、六世紀後半とする津田説を、直木孝次郎氏が五世紀後半ないし六世紀前半と修正されたのは、雄略紀に稚足姫王女《わかたらしひめのひめみこ》を伊勢大神の祠に侍斎せしめる記事があり、同種の記事が以下、継体・欽明朝と続くからである。またこの時期は大和朝廷による東国経営が活潑化する。

伊勢神宮の成立に関する津田左右吉・丸山二郎・直木孝次郎の三氏の論旨を紹介したが、三者に共通するのは、第一に、伊勢神宮ないしその前身と考えられる伊勢大神の祠の所在地を、現在の伊勢神宮の地に比定されていることである。憶測であるが、垂仁紀に、「大神の教の随に、其の祠を伊勢国に立てたまふ。因りて斎宮を五十鈴の川上に興つ」とある記事に示唆され、現に五十鈴川のほとりに鎮座する伊勢神宮は、六世紀後半（津田説）、または五世紀後半ないし六世紀前半（直木説）の創建当初からその場所を動いていない、とする立場を三者がとっているように思われる。垂仁紀の天照大神祭祀の物語について、津田氏は、「旧辞の一旦述作せられた後になって語り出され、その後またそれが種々に潤色せられたものと、考へねばならぬ」とされているが、いっぽうで伊勢の神宮が建てられたのは、「早くとも六世紀の後半のころ」と記されている。(6)

第二に、伊勢神宮の創建時から、三者とも「神宮」としての建造物のあったことを認めていることである。「神宮」の規模や建築様式、また殿舎の配置などについては言及されていないが、当初から「神宮」があったとする前提に立って論が進められている。

第三に、最も重要なことであるが、三者とも天照大神の「出現」の時期について論及されていないことである。神である限り、天照大神は永遠の生命をもつ存在、あるいは時間と空間を超越した存在と考えられていたであろうが、しかし天照大神の所住の「国」である高天原が構想された時期とともに、天照大神の「出現」の時期についての考察が求められるように思われる。

天照大神の「出現」の時期は、伊勢神宮の創建の時期と関連しているように考えられる。また天照大神は「出現」の当初から、伊勢神宮がある現在地に奉祀されていたか否かについても、なお考究する余地があろう。ともあれ伊勢神宮の所在地と天照大神との関係、天照大神の祭祀と「神宮」、および天照大神の「出現」の三点は、伊勢神宮成立についての歴史研究の重要課題であると思われる。

二　天照大神の「出現」

『古事記』『日本書紀』の神代史によれば、「高天原」を自分の「国」とする天照大神は、弟のスサノヲノ命の暴行に堪えかねて岩戸に姿をかくしたため、高天原も葦原中国《あしはらのなかつくに》も闇となり、よろずの妖災がおこったが、天児屋命《あめのこやねのみこと》などの諸神の祈禱により、天照大神は岩戸から姿を現わし、天下は光をとりもどした、という岩戸がくれの物語と、天照大神が孫のホノニニギノ命に葦原中国＝大八《おおや》洲国《しまのくに》の統治を命じ、ホノニニギノ命は天児屋命らを従えて、高天原から日向の高千穂の槵觸峯《くしふるのたけ》（ママ）に天降った[7]、いわゆる天孫降臨の物語は、高天原神話のハイライトであるが、いずれも天照大神が主役である。

津田左右吉氏は『古事記』『日本書紀』の神代史を「物語」とし、したがって天照大神の「出現」についても、「物語の述作」という視点でとらえている。しかし天照大神を祀る伊勢神宮が創建され、律令体制下において、太政官とあい並ぶ国家の最高機関としての神祇官が設置されたが、神祇官設置の眼目は、天神地祇《てんじんちぎ》の祭祀を通して、天照大神を日本の神々のなかの最高位に位置づけることにあったと考えられる。したがって「物語」のなかの天照大神と、国家祭祀の首座に置かれた天照大神とを、一体のものとしてとらえる視点が必要となるであろう。

本書では、天照大神について「出現」の文字を用いるが、天照大神の「出現」とは、『日本書紀』がイザナギ・イザナミの二神の子として生まれたと記し、『古事記』が禊ぎをするイザナギノ神が、「左の御目を洗ひたまふ時に成」ったと記していることに重点を置いているのではない。また『古事記』『日本書紀』の完成、あるいはその神代史の資料であった旧辞の成立によって、天照大神が「出現」したというのでもない。

天照大神は一瞬にして形成されたのではないであろう。まず一個人の「天照大神あり」という直観が先行したと思われる。この段階では、「天照大神」の名も定かでなかったであろう。そして一個人の直観を通して現われた原初の天照大神は、その一個人に「王者」としての進むべき道を自覚させることにより、窮地からの脱出を可能にしたと考えられる。

ともあれ原初の天照大神は、神代史の資料となった帝紀・旧辞の成立以前に、あるいはその成立とは関係なく、現われたであろう。重要なのは、原初の天照大神が姿や形をととのえ、発展し、最終的に天武・持統期の律令国家構築の原動力となった事実である。

神代史の「物語」における天照大神の「述作」、また天照大神を祀る伊勢神宮の「創建」、それに先行する「天照大神あり」という個人的直観を含め、天照大神が「日本」に現われたことを、本書で、天照大神の「出現」と記すことにする。

本書で用いる年代区分と用語について一言したい。

六七一年（天智十）以前は「倭」の名称を用い、六七二年（天武元）以降は「日本」の名称を用いる。また前者では「倭王」または「大王」の称号を用い、後者では「天皇」の称号を用いる。ただし神武より仲哀までは便宜上、「天皇」の称号を用いる。

「倭」に代る「日本」、また「倭王」「大王」に代る「天皇」は、七世紀後半の天武・持統期に構築された、律令体制に即した称号である。そしてこの時期に「出現」した天照大神は、律令国家体制構築の形而上的道標であり、つまり律令国家成立のイデオロギーの中枢的役割を果たしたと考えられる。

三　豊受宮＝度会宮について

「外宮」について、『古事記』は次のように語っている。

爾に天児屋命、布刀玉命、天宇受売命、伊斯許理度売命、玉祖命、併せて五伴緒を支ち加へて、天降したまひき。是に其の遠岐斯八尺の勾璁、鏡、及草那芸剣、亦常世思金神、手力男神、天石門別神を副へ賜ひて、詔りたまひしく、「此れの鏡は、専ら我が御魂として、吾が前を拝くが如伊都岐奉れ。次に思金神は、前の事を取り持ちて、政為よ」とのりたまひき。此の二柱の神は、佐久久斯侶、伊須受能宮に拝き祭る。次に登由宇気神、此は外宮の度相に坐す神ぞ。

天照大神の御魂代の鏡と思兼神《おもいかねのかみ》の「二柱の神」は、五十鈴宮＝伊勢神宮に拝き祭られており、また登由宇気神＝豊受大神は、「外宮」の度相に鎮座している、とするのである。

しかし豊受神は、『古事記』『日本書紀』の石岩屋の条に現われず、また『日本書紀』の天孫降臨の陪従の神のなかにもみえない。本居宣長は、

さて此段は、五伴緒神も、又思金ノ神等三柱も、皆上に其事を挙て、さて此ノ二柱ノ神者と云より下は、各其ノ神たちの注なり、然るに此豊宇気ノ神のみは、上に御名をも挙ずして、ゆくりなく此にかく出せるは、いかが、

と疑問を提起し、

上の思金ノ神手力男ノ神天ノ石門別ノ神と、連挙たる処に、此ノ神の御名も有しが、後に脱たるにやあらむ、[8]

と推測している。

文献の上で、「内宮」と「外宮」が対称として用いられる時期を、醍醐・朱雀・村上の三天皇の頃に求める菟田俊彦氏の所説[9]をふまえ、青木紀元氏は『古事記』の右の「外宮」について、延喜前後よりも遙かに溯った時期に成立した『古事記』に、しかもただ一ヵ所だけ孤立して現われている「外宮」についての疑問はぬぐい難く、『外宮』という傍注が古事記に加えられ、やがてその本文に混入して『外宮

の度相』となるのは、およそ平安時代初期ということになろう」と記されている。(10)

「神名帳」の伊勢国度会郡五十八座のなかに、

太神宮三座 相殿坐神二座。並大。預二月次新嘗等祭一。

度会宮四座 相殿坐神三座。並大。月次新嘗。

とあるのは、太神宮《だいじんぐう》（内宮）と度会宮《わたらいぐう》（外宮）であるが、豊受大神を祀る度会宮の創建の年次や経過について、文献資料によって裏付けることは困難である。『続日本紀』によれば、

和銅四年（七一一）三月辛亥（六日）、伊勢国人礒部祖父・高志二人、賜二姓渡相神主一。

とあり、この時点で度会宮の存在が知られる。『続日本紀』には、「度会郡乃等由気乃宮」(11)の記述があり、また、

神護景雲二年（七六八）四月辛丑（二十八日）、始賜二伊勢大神宮禰義季禄一、其官位准二従七位一、度会宮禰義准二正八位一。

とある。豊受宮＝度会宮は、都が平城京に遷ったころに、伊勢の地に存在していたことはきあらかであるが、しかし創建の年次や事情について詳かにすることはできない。

福山敏男氏は、『政事要略』巻二十四に引く「官曹事類」に、七二一年（養老五）九月十一日に伊勢大神宮の幣を忌部宿禰《いんべのすくね》呰麻呂《あざまろ》に付け、また渡会神宮の幣を中臣朝臣古麻呂に付けたとする記事のあるのに注目し、「正確な記文に於ける外宮の初見かと思う」と述べられている。(12) ただし『続日本紀』によれば、忌部呰麻呂は七五七年（天平宝字元）五月丁卯（二十一日）に従五位下に叙され、七五九年（天平宝字三）

十月戊申（十五日）に、武部卿巨勢閑麻呂・神祇大副中臣毛人らとともに奉幣使として伊勢大神宮に遣わされている。右の「官曹事類」には錯誤があるように思われる。たとえ「官曹事類」の記事が正確であるとしても、「正確な記文に於ける外宮の初見」とするのは、いかがであろうか。ここには「渡会神宮」の名称はあるが、これを「外宮」とすることには躊躇される。

『日本書紀』によれば、伊勢に行幸した持統天皇は、「神郡」を通過しており[13]、このとき「二つの神郡[14]」のあったことが知られる。二つの神郡のうち、度会郡が太神宮の造営の資財として、また多気郡が豊受宮の造営の資財として設定されたとすれば、伊勢太神宮および豊受宮の造営開始の時期は、持統天皇の伊勢行幸の六九二年（持統六）以前であったとみるべきであろう。

ただし本書では、天照大神を祭神とする宮を「伊勢神宮」とし、天照大神と伊勢神宮を一体のものとみ、その歴史的解明を主題とする。豊受大神を祭神とする豊受宮＝度会宮については、本書の主題からはずす。

注

（1）津田左右吉『日本古典の研究』上（『津田左右吉全集』第一巻、岩波書店、一九六三年、二四四頁）。
（2）同右、五三七・五三九頁。
（3）丸山二郎『日本古代史研究』（大八洲出版、一九四七年）七四頁。
（4）直木孝次郎『日本古代の氏族と天皇』（塙書房、一九六四年）二七六頁。
（5）同右、二六〇頁。
（6）注（1）前掲書、二四六頁。

（7）『日本書紀』神代上、第九段（一書第一）。
（8）『古事記伝』巻十五（『増補本居宣長全集』第二、吉川弘文館、一九三七年、七四四頁）。
（9）菟田俊彦「外宮考」（古事記学会、一九六〇年度『古事記年報』）。
（10）青木紀元『日本神話の基礎的研究』（風間書房、一九七〇年）二三〇頁。
（11）『続日本紀』神護景雲元年八月癸巳条。
（12）福山敏男『日本建築史研究』（墨水書房、一九六八年）三七頁。
（13）注（7）前掲書、持統六年三月壬午条。
（14）同右、持統六年五月丁未条。

第一章　歴代の遷宮

一　一王一宮の慣行

古代の倭王＝天皇は、それぞれ所住の宮をもっていた。『古事記』には、神倭伊波礼毘古命《かみやまといわれびこのみこと》（神武）より豊御食炊屋比売命《とよみけかしきやひめのみこと》（推古）までの所住の宮の名が列記されている。また『日本書紀』には、神日本《かみやまと》磐余彦天皇《いわれびこのすめらみこと》（神武）より高天原広野姫天皇《たかまのはらひろのひめのすめらみこと》（持統）までの所住の宮の名が記載されている（表1）。なお「神武」などの漢風諡号《しごう》は、『古事記』には記載されていない。『日本書紀』には「神武天皇」から「持統天皇」までのすべての倭王・天皇に漢風諡号が付けられているが、いずれも後人の加筆と考えられる。

倭王・天皇の宮は、地名プラス宮の形式で統一されている。ただし宮の記述の方法は『古事記』と『日本書紀』では異なっている。

『古事記』は第一代の神倭伊波礼毘古天皇（神武）について、「畝火の白檮原宮に坐しまして天の下治らしめしき」と記すように、「治天下の天皇」に付加する形式であり、第三三代の豊御食炊屋比売命

表1　『古事記』『日本書紀』記載倭王・天皇所住宮名一覧

代	天皇(倭王)名	古事記	日本書紀	推定地名
一	神武	畝火白檮原宮	畝傍橿原宮	奈良県橿原市久米町
二	綏靖	葛城高岡宮	葛城高丘宮	奈良県御所市森脇
三	安寧	片鹽浮穴宮	片鹽浮穴宮	奈良県大和高田市三倉堂
四	懿徳	軽境岡宮	軽曲峡宮	奈良県橿原市大軽町付近
五	孝昭	葛城掖上宮	掖上池心宮	奈良県御所市池之内付近
六	孝安	室秋津島宮	室秋津嶋宮	奈良県御所市室
七	孝霊	黒田廬戸宮	黒田廬戸宮	奈良県磯城郡田原本町黒田
八	孝元	軽堺原宮	軽境原宮	奈良県橿原市大軽町付近
九	開化	春日伊邪河宮	春日率川宮	奈良市子守町率川の辺か
一〇	崇神	師木水垣宮	磯城瑞籬宮	奈良県桜井市金屋付近
一一	垂仁	師木玉垣宮	纏向珠城宮	奈良県桜井市北部(旧纏向村付近)
一二	景行	纏向日代宮	纏向日代宮	奈良県桜井市穴師
一三	成務	志賀高穴穂宮		滋賀県大津市穴太
一四	仲哀	穴門豊浦宮	穴門豊浦宮	山口県下関市豊浦村
	〃	筑紫訶志比宮	筑紫橿日宮	福岡市東区香椎
一五	応神	軽島明宮	明　宮	奈良県橿原市大軽町付近
	〃		難波大隅宮	大阪市東淀川区東大道町・西大道町
一六	仁徳	難波高津宮	難波高津宮	大阪市大阪城辺か
一七	履仲	伊波礼若桜宮	磐余稚桜宮	奈良県桜井市池之内付近か
一八	反正	多治比柴垣宮	丹比柴籬宮	大阪府松原市上田町付近か
一九	允恭	遠飛鳥宮		奈良県高市郡明日香村
二〇	安康	石上穴穂宮	石上穴穂宮	奈良県天理市田
二一	雄略	長谷朝倉宮	泊瀬朝倉宮	奈良県桜井市朝倉
二二	清寧	伊波礼甕栗宮	磐余甕栗宮	奈良県桜井市池之内付近か

二三	顕宗	近飛鳥宮	近飛鳥八釣宮	大阪府羽曳野市飛鳥
二四	仁賢	石上広高宮	石上広高宮	奈良県天理市石ノ上付近
二五	武烈	長谷列木宮	泊瀬列城宮	奈良県桜井市初瀬付近
二六	継体		樟葉宮	大阪府枚方市楠葉
	〃		筒城宮	京都府綴喜郡
	〃		弟国宮	京都府乙訓郡
	〃	伊波礼玉穂宮	磐余玉穂宮	奈良県桜井市池之内付近
二七	安閑	勾金箸宮	勾金橋宮	奈良県橿原市曲川町
二八	宣化	檜坰廬入野宮	檜坰廬入野宮	奈良県高市郡明日香村檜前
二九	欽明	師木島大宮	磯城嶋金刺宮	奈良県桜井市金屋付近
三〇	敏達		百済大井宮	奈良県橿原市高殿町
	〃	他田宮	訳語田幸玉宮	奈良県桜井市戒重か
三一	用明	池辺宮	池辺雙槻宮	奈良県桜井市安部か
三二	崇峻	倉椅柴垣宮	倉梯宮	奈良県桜井市倉橋
三三	推古		豊浦宮	奈良県高市郡明日香村豊浦
	〃	小治田宮	小墾田宮	奈良県高市郡明日香村
三四	舒明		飛鳥岡本宮	奈良県高市郡明日香村雷・奥山付近
	〃		田中宮	奈良県橿原市田中町
	〃		廐坂宮	奈良県橿原市大軽町
	〃		百済宮	奈良県橿原市高殿町
三五	皇極		小墾田宮	奈良県高市郡明日香村
	〃		飛鳥板蓋宮	奈良県高市郡明日香村
三六	孝徳		難波長柄豊碕宮	大阪市東区法円坂町
三七	斉明		飛鳥板蓋宮	奈良県高市郡明日香村
	〃		飛鳥川原宮	奈良県高市郡明日香村
	〃		後飛鳥岡本宮	奈良県高市郡明日香村
	〃		朝倉橘広庭宮	福岡県朝倉郡朝倉町

三八	天智	近江大津宮	滋賀県大津市
三九	天武	飛鳥浄御原宮	奈良県高市郡明日香村
四〇	持統	飛鳥浄御原宮	奈良県高市郡明日香村
	〃	藤原宮	奈良県橿原市高殿町

（推古）について、「小治田宮に坐しまして天の下治らしめすこと、参拾漆歳なりき」と記しており、この形式は終始変わらない。

『日本書紀』は、宮名の記載を欠く成務・允恭の二天皇を除き、他の三七天皇についてみると、「六合を兼ねて都を開き、八紘を掩ひて宇にせむこと、亦可からずや。……橿原宮に即帝位す」（神武）、「葛城に都つくる。是を高丘宮と謂ふ」（綏靖）、「都を片塩に遷す。是を浮孔宮《うきあなのみや》と謂ふ」（安寧）とあるように、「都」または「京都」の文字を用いるのは、神武・綏靖・安寧・懿徳・孝昭・孝安・孝霊・孝元・開化・崇神・垂仁・景行・仁徳・履中・反正・安康・雄略・顕宗・武烈・継体・安閑・宣化・欽明・孝徳・天武の二六倭王・天皇を数える。いっぽう、「宮室を穴門に興てて居します。是を穴門豊浦宮と謂す」（仲哀）、「皇太子、磐余稚桜宮に即位す」（履中）、「壇を泊瀬の朝倉に設けて、即天皇位す。遂に宮を定む」（雄略）のように、「都」の文字を出さず、「宮」の文字を記すのは、仲哀・履中・雄略・清寧・顕宗・仁賢・敏達・用明・崇峻・推古・舒明・皇極・斉明・天武・持統の一三倭王・天皇である。

「宮」は「御屋」を意味し、王者の住居である。[1] 王の住居は「宮」と称される。「都」は「宮処」の義であり、王の住む地をいう。[2]「都」は「国土」の観念にもとづいて成立する。つまり統治者・被統治者の存在が予想される。「宮」は王の私的な施設であるが、「都」は国家政治の中心地であり、公的な意味をもっている。「大業を恢弘《ひらきの》べて、天下に光宅《みちお》るに足」る地を求め、筑紫の日向を出発した神武天皇が、大和に到達したとき、「誠に皇都を恢き廓めて、大壮を規《はか》り摹《つく》るべし、……観れば、夫の畝傍山畝傍山、此をば宇禰縻夜摩と云ふ。の東南の橿原の地は、蓋し国の墺区か。治るべし」といい、「帝宅を経り始」めたとされる。神武天皇の「東征」の意図が、「都」を造ることにあったと記していることに注意される。

『日本書紀』の編纂者の意識において、「都」の観念は欽明天皇の時代に一段落がつけられ、以後は「宮」の名称に代っているように思われる。つまり「宮」を造ることが、天皇の統治に結びついている。しかし前半の「都」も後半の「宮」も、実質において、一王一宮の慣行が行われていた事実を否定するものではない。

ともあれ神武天皇以後、天武天皇に至るすべての倭王・天皇が、所住の宮を異にしているゆえに、宮の名称を各倭王・天皇の名称として用いることが可能となる。

二　古代東アジア諸国の宮都

古代中国王朝の前漢は長安を都とし、後漢は洛陽を都とした。三世紀の倭の卑弥呼が使者を遣わした魏の都は洛陽であり、五世紀の倭の五王がそれぞれ使者を遣わした宋の都は建康（南京）であった。古代中国の各王朝において、都の地は固定しており、したがって皇帝が一代ごとに各地を転々と移ることはなかった。

古代朝鮮半島の高句麗は丸都（鴨緑江中流の輯安）を都とした。四二七年に丸都から平壌に都を移すが、約五世紀に及ぶ高句麗の歴史のなかで、都はこの二ヵ所以外には動かなかった。百済の都は漢城（韓国ソウル）であったが、四七五年に熊津（忠清南道公州）に移り、五三八年に泗沘《しひ》（同扶余）に移り、百済はここで滅んでいる。百済の二度の遷都は、高句麗・新羅による軍事的圧力に原因をもっている。新羅の都は慶州であり、終始ここを離れなかった。つまり古代朝鮮半島の三国も一王一宮の遷宮の慣行とは無縁であった。

倭における一王一宮の遷宮の慣行は、古代中国王朝や朝鮮半島三国の示唆・影響によって成立したのでなく、倭王に固有であったとみるべきであろう。邪馬台国の女王卑弥呼が死に、男王が立てられたが、国中は服さず、誅殺がくりかえされた。この男王が卑弥呼の「宮室・楼観・城柵」(3)を棄て、新しい居処を設けて王位についたか否かは定かでない。しかし五世紀に、宋の王朝に使者を遣わした倭の讃・珍・済・興・武の五王のうち、武は雄略大王に擬せられ、他の四王もそれぞれ倭王に比定できることから、これらの倭の五王は、一王一宮の遷宮の慣行を遵守していたと推測される。

歴代遷宮の慣行は、倭王の陵墓が一処に集中せず、所住の宮と同様、大和および大和周辺の地域に散在している事実とも関連があるであろう。倭王には、倭の豪族一般にみられるような本貫がなかった。

葛城・蘇我・物部・大伴などの各豪族は本貫をもち、居宅を本貫の地に構えるとともに、先祖以来の墳墓をそこに営んだ。つまり倭の豪族は世系が続くかぎり、本貫の地を離れることはなかった。このことは、歴代遷宮の慣行が倭において一般化しておらず、つまり倭王にのみ伝承・遵守せられていた事実を語っていると解される。

歴代遷宮が倭王にとって、固有の慣行であったというとき、次の二つの視点が必要であろう。第一に、『古事記』『日本書紀』に記された歴代の倭王・天皇のなかで、実在が確認される応神大王以降の各倭王・天皇はいうまでもないが、その実在が定かでない、それ以前の天皇、つまり第一代の神武に始まり、仲哀に至る各天皇も歴代遷宮の慣行を厳重に遵守していた、とされていることである。歴代遷宮の慣行は、倭王・天皇の地位と統治の機能にとって、本質的なかかわりをもっていたと考えられる。したがって、造作されたとみられる第一代の神武天皇、および以降の各天皇にも、歴代遷宮の慣行を架上付加し、統治者としての天皇の整合性に配慮しているとみられよう。一王一宮の遷宮の慣行は、倭王・天皇によって世襲されている王位の正統性と連続性の証であった、と解される。

したがって第二に、『古事記』『日本書紀』にみられる歴代遷宮の記述を、すべて机上の造作とみなすことは困難であろう。歴代遷宮の慣行は第一代の神武天皇に始まり、終止符がうたれる天武天皇まで続いていたことになっており、そしてこの慣行を無視ないし放棄した倭王・天皇をみいだすことはできない。ともあれ同時代の東アジア諸国の中で倭王のみが、数世紀にわたり歴代遷宮の慣行を厳重に継承・遵守してきたが、したがってそれは、倭王・天皇の「私的」な儀礼であるにとどまらず、「公的」な慣行であったとみることができよう。

三　歴代遷宮の理由

歴代遷宮の慣行に注目し、その理由について考究されたのは喜田貞吉氏である。「我等が古史を読んで常に奇異に感ずるものゝ一は、我邦の古代に於て、歴代の天皇大抵御代毎に遷都の事あり、時としては御一代間数度他に遷り給ふが如き記事の繰り返される事である」と指摘する。神武天皇以降およそ四十代までの間は、遷都がくりかえされたが、「其の地は時に、山城・近江・河内・摂津等にも及んで居るが、而も大抵は、常に大和平野の中を彼方此方と遷り代つたかの如く、伝へられて居る」。遷都の終焉について喜田氏は、「所謂飛鳥時代を現出して、こゝに飛鳥京の固定を見るに至つた。而も尚、遷都の風習は全く廃した訳では無い。……藤原京を経て平城京に至り、茲にはじめて帝都固定の実を挙げ、七代七十余年の間相継続するに至つたが、其の間にも亦、恭仁京・難波京・信楽京などに、一時遷都になつた事もある」と述べられている。

遷都の理由として、喜田貞吉氏により第一に挙げられたのは父子別居説である。古代において夫婦は必ずしも同居せず、妻は生家にあり、夫はここに通っていた。生まれた子は母の家において成人したが、「皇室に於かせられても御同様で、新帝御即位後は其の従来住居したまひし場所が直ちに帝都となる」と説かれる。父子別居説である。ただし父子別居の習慣が、歴代遷都の慣行を導いたとすることに、喜田氏は否定的であった。なぜなら父子別居の習慣が、一般人民の間に行われていたかも知れないが、皇室においても行われていたと推論することはできないからである。「天皇と皇后と宮を同じうし給ふ事は更にも言はず、他の後宮の御方々も、必ずしも御別居とは限らなかつた」。したがって、「皇后が天皇と宮を同うしたまふ以上、其の所生の皇子御即位の場合には、必ず父天皇と同じ場所に於て、天下を知ろし食すべき筈であるのに、是れ亦常にさうでは無い」。ともあれ古代において、皇子は必ずしも生母の生家で成長せず、また即位前の住所が必ずしも帝都とならないことはあきらかである。したがつて父子別居説は、「未だ以て遷都の理由を説明するに足らぬと言はなければならぬ」。

第二に死穢嫌忌説が挙げられる。「古へは人死すれば、其の家を捨てゝ墳墓となし、別に新宮を営みて是に移る。帝都の御代毎に改まるも、畢竟之と同じ意味にて、極端に死穢を忌む習慣より、凶を去りて吉に就くものなりと解釈する」のである。これについて喜田氏は、「如何にも凶事のあつた旧い宮を捨て丶、新しい宮に就くといふ事は有り得べきである。併しながら、之が為に其の場所をまでも変更せねばならぬ必要はない」と反論する。たとえば景行天皇がなくなった近江の志賀高穴穂宮で、御子の成務天皇が即位されたのみならず、仲哀天皇も同じ宮で即位された例を提示し、「多くの場合に於て、新帝は旧宮に即位せられ、遷都は即位の後、時としては数年の後に、行はれるのが日本紀の伝ふる普通の例である。ひとり孝霊天皇が、新都に即位された事を伝ふるのはむしろ特別であつて、太古にあつては、一般には必ずしもさうではなかつた。果して然らば、凶があつた宮殿を改築する事と、帝都を他に遷す事とは、本来意味の違ふものである。前者を以て後者の理由となすは、妥当ならずと言はねばならぬ」と主張される。

喜田貞吉氏によれば、「日本紀には、明かに遷都の文字が常に繰り返されて居る。随つて遷都は極めて頻繁に実現したやうではあるが、実際之を地理上に就て観察する時は、必ずしも常にさうとは言ひ難い。……精密に言へば多少其の場所を異にするものであつても、前代の宮と新宮と極めて近い処に営まれた場合に於ては、之を同一の帝都と言って差支ない」と述べ、同一帝都内の新宮は、遷都というべきでないと断ずる。「此の意味から言へば、大和平野に於ける代々の宮は、其の名はそれ〳〵に異なりとも、之を概括すればほぼ四五箇所の外に出でない事にならうと思ふ」と指摘するとともに、『日本書紀』において「遷都」の語をくりかえしているが、これらは「遷都」ではなく、いずれも「遷宮」にすぎない、とされる。

喜田貞吉氏は「遷都」と「遷宮」を区別する。「比較的古代の俤を言ひ現はして居ると思はれる古事記に於ては、決して遷都と言ふ言葉を濫用して居らぬ。某の帝は某の宮に於て天が下を知ろし食すといふ風に、常に書いてある」(4)。

改めて、歴代遷宮の原因と考えられる死穢嫌忌説に注目したい。

倭において、人が死んだ場合、その死の穢れが周辺の人びとに付着し、これによって災いがおこることを恐れたことが、「魏志倭人伝」にみられる。「已に葬れば、挙家水中に詣りて澡浴し、以て練沐の如くす」とあるのは、三世紀の倭において、死穢を祓うための禊の習慣が行われていた事実を語っている。倭において死者は「汚穢」(5)であった。

ここで仮説を提示したい。

倭王・天皇は本質的に司祭者であった。したがって、その宮は司祭者の居住するところであり、また宮の近くに神を祀る聖なる祭場が設置されていた。もし倭王が死んだ場合、祭場はいうまでもなく、倭王の宮も死穢を受けるであろう。神事において最も忌み嫌われるのは死穢であった。したがって次の倭王は、死穢が付着した祭場、および宮とその土地を棄て、新しい地を求め、祭場と宮を設営し、そこに遷ることが求められるであろう。歴代遷宮の慣行は、死穢を嫌忌する倭王の習俗を背景に、祭祀を本務とする倭王の死を契機として発生・定着したと推察される。

喜田貞吉氏は、凶事にあった旧い宮を捨て、新しい宮に就くことはありうるが、しかしその場所をまで変更する必要はないとし、死穢による歴代遷宮説に疑念を投げられている。しかし司祭者としての倭王の死は、まず第一に、倭王が祭祀を行う聖なる場所に死穢が付いたことであり、第二に、倭王が居住する宮に死穢が付いたことであった。歴代の遷宮は、倭王の死を契機として始まり、慣行化したと考えられる。

四　倭王の宮

倭王の宮には「高台」(6)「宮垣」(7)「宮殿」(8)「宮室」(9)があった。宮の様式は、「宮柱底磐の根に太立て、高天原に搏風《ちぎ》峻峙《たかし》りて」(10)とされるように、茅葺または板葺の屋根に千木・鰹木を載せ、柱は地中に埋める神明造風であったと推察される。

倭王の宮の造営にあたり、用材を切り出す山が決まっていた。すなわち飛鳥（奈良県高市郡明日香村）・石村（同桜井市大字谷）・忍坂（同桜井市大字忍坂）・長谷（同桜井市大字初瀬）・畝傍（同橿原市畝傍町）・耳無（同橿原市木原町）であり、それぞれの山口に神が祭られていた[11]。

司祭者としての倭王が祀る神は農耕神であり、水田に関係がある。倭王の宮は、山や丘陵に設けられることは稀であり、おおむね平地に営まれた。

倭王の宮の造営を担当したのは、土師《はじ》氏や忌部《いんべ》氏であった。両氏は倭王の祭祀にもたずさわっていた。司祭者である倭王の宮の造作も神事であった。倭王の宮の造営工事には、「百姓[12]」「民[13]」が使役された。

倭王の宮で、「始めて楼閣」を造った「木工」の闘鶏御田《つけのみた》[14]、また、「石を以て質として、斧を揮りて材を斲《けず》」った「木工」の韋那部真根《いなべのまね》[15]は、倭王の宮の建築に、新しい様式を導入したのであろうか。

六三九年（舒明十一）七月に舒明大王は書直《ふみのあたい》県《あがた》を「大匠」として、百済川の側に「大宮」と「大寺」を造営せしめた。書直県は東漢《やまとのあや》氏の同族である。

難波に遷った孝徳大王は、「始めて新しき宮に処りて、将に諸の神に幣たてまつらむとおもふこと、今歳に属れり[16]」と詔している。「新宮」は難波長柄豊碕宮、すなわち前期難波宮を指すと考えられる。六五〇年（白雉元）十月に「将作大匠」の荒田井直比羅夫を遣わし、難波長柄豊碕宮の「堺標」を立てさせた[17]。

二十余年間の在唐生活を終えた僧旻らが、新羅を経由して帰国し、唐・新羅の宮室や、皇帝・国王建立の伽藍の事情を舒明大王に伝えたことが、「大宮」「大寺」の造建につながったと考えられる[18]。

舒明大王の百済宮は、瓦葺・礎石の大陸様式であったと推察されるかも知れないが、しかし皇極大王の宮は、名のとおり飛鳥板蓋宮であった。難波長柄豊碕宮＝前期難波宮は非瓦葺、掘立柱様式である。(19)また藤原宮・平城宮・平安宮において、天皇所在の宮＝内裏は、非瓦葺・掘立柱様式の伝統を継承していたことに注意される。

倭王の宮は司祭者の宮であり、このことが倭王の宮の形態ないし様式を、長く規制していたとみるべきであろう。

五　ムスビノ神＝産霊神

すでに「大八洲国」および「山川草木」を生んだイザナギ・イザナミの二神は、次に「天下之主者《あめのしたのきみたるもの》」として日神＝天照大神を生むが、「此の子」の光り輝く「霊《くしびにあやし》異」き容姿をみて、「此の国」に久しく留めておくべきでないと考えた二神は、「天上之事」を授け、「天」に送り上げたという。(20)では「天上之事」とは何であるか。

天照大神は天狭田《あめのさなだ》・長田の「御田」を経営しており、馬＝天斑駒《あめのぶちこま》も農耕に使役されていた。収穫された新穀は新嘗の祭事で神に奉献される。また天照大神は斎服殿で、神が召す神衣を織っていた。(21)つまり天照大神は司祭者であり、神事が天照大神の職務であったことが知られるであろう。

天照大神が奉祭するのはムスビノ神＝産霊神、とくにタカミムスビノ神であったと思われる。

高天原《たかまのはら》でムスビノ神を祭るのは、天照大神の「私的」なことではない。弟のスサノヲノ命が天照大神の農作や機織を妨害した結果、スサノヲノ命は八《や》十《お》万神《よろずのかみ》の非難を受け、罰を科せられて高天原を追放されたが、その要因は、天照大神の存在が「天下」に深くかかわっていたからである。スサノヲノ命の暴行に堪えかねた天照大神が天石屋に入り、岩戸を閉して隠《こも》ったため、天上の高天原はいうまでもなく、地上の葦原《あしはらの》中国《なかつくに》まで、「常闇にして、昼夜の相代も知らず[22]」と記されたのは、このことの一表現とみられるであろう。

ともあれ天照大神の姿が、司祭者として現わされていることは重要である。天照大神が司祭者であり、したがって天照大神を祖神とする歴代の倭王・天皇も司祭者であった、とみることができるかも知れないが、事実は逆であり、歴代の倭王・天皇の本質は、伝統的に司祭者であった事実が天照大神に反映している、と考えるべきであろう。

ムスビノ神＝産霊神の「産霊」は、本居宣長のいうように、「凡て物を生成《ナ》すことの霊異なる御霊を申す[23]」のであり、「万ノ物も事も、此ノ産霊より成生《ナレ》ば、此神は皇孫命の皇祖なるのみに非ず、凡て万姓万物万事の御祖に坐ます」が、したがって農業の生産もムスビノ神の「功徳[24]」であった。

『日本書紀』において、いわゆる天孫降臨説話は本文のほかに、五つの異伝が収録されているが、これを発展段階順に整理したとき、降臨を司令する神として現われるのは、前期の説話ではタカミムスビノ神であり、後期の説話ではタカミムスビノ神と天照大神の二柱である。発展段階の最後の説話では、天照大神一柱が現われる[25]。つまり降臨司令者の原初の姿は、タカミムスビノ神ただひとりであり、天照大神の姿のみえないことに注意しなければならない（表3、六四頁）。

歴代遷宮の慣行を遵守していた各倭王は、ムスビノ神を祭る司祭者であった。本居宣長は、「稲穂は、天津日嗣に、重き由縁あ(26)」ることを指摘しているが、ムスビノ神は農耕神であり、ムスビノ神の祭祀と、統治者としての倭王の地位と職掌とは不可分であった。倭王の宮は「治天下」の宮であるが、その根拠は、倭王の本質が司祭者であり、倭王みずからムスビノ神を祀っていたことに求められる。

倭王の宮の域内、または宮の近くの浄域に、ムスビノ神の神籬が立てられていたと考えられる。崇神大王の大殿の内で祭られていた天照大神を、倭の笠縫邑《かさぬいのむら》に祭るにあたり、神籬《ひもろき》を立てたという(27)。神籬は神の依代である。『釈日本紀』は「天津神籬」について、「蓋賢木之号歟《けだしさかきのなか》」という先師の卜部兼文の説を掲げているが、タカミムスビが高木神と呼ばれるのは、「高い神木を象徴する霊格を表わし(28)」ているからである、と説かれる。

ともあれ倭王が祭るムスビノ神には社殿がなかった。神籬はあったが、神籬が立てられている聖地と、倭王所住の場とは一体であったと考えられる。

なお神籬の近くに、ムスビノ神の祭祀にあてるべき井があったと思われる。すなわち一般の使用の井とは別に、ムスビノ神に供すべき水を扱む井が、遷宮のたびに新しく掘られた。

「神名帳」所載の大社・小社あわせて三一三二座のうち、井の字をもつ神社は約七十社を数え、そのうち大井神社・御井神社などは各七社以上に及ぶ。これらの神社をただちに井神、または井そのものを神として祭る神社であると速断することはできないが、井の信仰とつながりをもつと考えられる(29)。

倭王の死は、倭王が祀るムスビノ神の神籬、また井をふくむ倭王の宮とその地域に、死穢が及んだこととして理解されたであろう。

『日本書紀』大化元年（六四五）八月庚子（五日）条によれば、東国等の国司等を任命し、任地に派遣するにあたり、国司らに下された詔のなかで、「其れ倭国の六県に遣さるる使者、戸籍を造り、并て田畝を校ふべし。墾田の頃畝及び民の戸口の年紀を検覈るを謂ふ。汝等国司、明に聴《うけたまわ》りて退るべし」とある。「祝詞」の「祈年祭」によれば、高市・葛木・十市・志貴（磯城）・山辺・曾布（添）の六県で栽培された野菜を、倭王の食膳の料として奉献する慣例であった。この地の県主の伝承として注目されるのは、倭王への王妃擁立例の多いことである。すなわち、綏靖天皇より開化天皇にいたるまでの間に、『古事記』では師木県主の祖または女が三度、『日本書紀』では本文で一度、一書に六度もみえるのであり、十市県主の祖または女が、『古事記』では一度、『日本書紀』では二度も記されている。この地方の氏族の長としての県主と倭王との、密接な関係に注意される。また壬申の乱で活躍する高市・葛城・十市の各皇子や、功臣の田中足麻呂《たなかのたりまろ》（高市）・高市県主《たけちのあがたぬし》（同上）・多臣品治《おおのおみほんじ》（十市）・和珥部君手《わにべのきみて》（添）などの倭の傑豪の本貫も六県の地方にあり、かつこれを名とする者が多かったが、(30)ともあれ倭の六県は、歴代遷宮を続ける倭王の直領地であり、とくにムスビノ神に献進すべき農作物の生産・経営を負担していたと考えられる。

新嘗は、新穀を神に捧げ、感謝の意を表わす祭事である。「新嘗」の始まりの時期は定かでないが、このような感謝祭の出現は、稲作が始まった弥生時代にまで溯るのではないか。

新嘗の祭事の方法や規模は各地で異なっている。全国的統一的に行われたのでないことはあきらかである。各地域を領有支配する豪族は、地域の住民の安穏や農耕の豊作をそれぞれの神に祈った。新嘗は、豪族が掌握する祭祀権の一部であった。したがって新嘗の神は個別的であったといえよう。

皇極紀元年（六四二）十一月丁卯（十六日）条に、「天皇新嘗御す」とあり、この日に王子・大臣が各自の新嘗の祭事をとり行った。ただし皇極大王などが新嘗を行った場所についてはあきらかでない。『日本書紀』によれば、天照大神も「新嘗」[31]をしており、天稚彦も「新嘗」[32]をした。新嘗が倭王と豪族の共通の祭事であった事実を反映していると考えられるが、新嘗の神は倭王の場合、ムスビノ神としてて固定していたであろう。そして新嘗は、倭王と、倭王が祭るムスビノ神との間の祭事であった。それはまた倭王の王位継承の儀礼でもあった。

「神名帳」に挙げられたムスビノ神は、大和と山城にのみみえる。すなわち、大和では宇《う》奈《な》太《た》理坐《りにます》高《たか》御魂《みむすび》神社（添上郡）・神御《かむみ》子美《このみ》牟《む》須《す》比女命《びめのみこと》神社（宇陀郡）・巻向《まきむく》坐《にます》若御《わかみ》魂《たま》神社（城上郡）の三座、山城では羽《は》束師《つかし》坐《にます》高御《たかみ》産日《むすび》神社（乙訓郡）の一座であり、畿外にはない。ムスビノ神が倭王の神であった事実に関係があるであろう。

ともあれ司祭者としての倭王が奉祭していたのはムスビノ神であり、天照大神でなかったことに注意される。

六　「儀礼」としての歴代遷宮

神武天皇より天武天皇までの所住の宮についてみると、大和＝三三、難波＝二、河内＝一、近江＝三であり、倭王の宮が大和に集中していたことが知られる。

遷宮のための新しい土地の選定、また遷宮の時期の決定などには神意をうかがったと思われる。つまり卜占である。卜占された土地について、いかなる王族・豪族も、その収用を拒むことはできなかった。

遷宮の行装は時代とともに変化があったと考えられる。しかし行装の中心は常に、タカミムスビの神の神籬と、これを奉ずる倭王であり、祭祀にあずかる氏族が従い、大臣・大連などの上層豪族とその領有民の集団が続いた。

歴代遷宮の行装について想起されるのは、『古事記』『日本書紀』に記された天孫降臨の際の一行の姿である（表3）。ホノニニギノ命に随伴する神がみは、成立時期の古いと考えられる(1)『日本書紀』本文と(2)『日本書紀』第六ノ一書には現われず、(3)『日本書紀』第四ノ一書（以上、Aグループ）にはじめて現われるが、それは大伴連の遠祖の天忍日命《あまのおしひのみこと》と来目部《くめべ》の遠祖の天槵津大来目《あめくしつのおおくめ》であった。倭王の軍事力の中核である大伴氏と久米氏が、歴代遷宮の警護にあたっていたことの反映と解される。

成立の時期がおくれると考えられる(4)『日本書紀』第二の一書、(5)『古事記』、(6)『日本書紀』第一の一書（以上Bグループ）において、いずれも中臣氏の上祖の天児屋命《あめのこやねのみこと》、忌部氏の上祖の太玉命《ふとだまのみこと》および諸部神（五伴緒・五部神）がホノニニギノ命に随伴するが、しかしタカミムスビノ神を中心とする歴代遷宮の行列に、天照大神とのみ関係がある中臣氏が加わっていたとするのは困難であろう。

倭王による歴代の遷宮は、いかめしい武人に守護され、山を越え、川を渡り、豪族やその領有民が住む平野を横切って進んだが、これは倭王の即位を告知するとともに、倭王の権威と権力を誇示する機会でもあった。天孫降臨の際、ホノニニギノ命は、「天磐座《あまのいわくら》天磐座、此をば阿麻能以簸矩羅と云ふ。を離ち、且天八重雲を排分けて、稜威の道別に道別きて、日向の襲の高千穂峯に天降[33]」ったという。沿道に並んだ人びとは、目の前を進むタカミムスビノ神と、これを奉ずる倭王に恭敬の礼を捧げたであろう。歴代の遷宮は、新しく王位を嗣いだ倭王の威信を地域の民衆に示す一世一度の神事であり、儀礼であった[34]。

注

（1）『大言海』「宮」の項。
（2）同右、「都」の項。
（3）『魏志』巻三十、東夷伝・倭人（「魏志倭人伝」）。
（4）喜田貞吉『帝都』（日本学術普及会、一九三九年）一一〜一七頁。
（5）『日本書紀』神代下、第九段（本文）。
（6）同右、仁徳四年二月甲子条。
（7）同右、仁徳四年三月己酉条。
（8）同右、仁徳七年九月条。
（9）同右、仁徳十年十月条。
（10）同右、神武元年正月庚辰条。

(11)「祝記」「新年祭」
(12)注(5)前掲書、仁徳四年二月甲子条。
(13)同右、舒明十一年七月条。
(14)同右、雄略十二年十月壬午条。
(15)同右、雄略十三年九月条。
(16)同右、大化二年三月辛巳条。
(17)同右、白雉元年十月条。
(18)田村圓澄『飛鳥・白鳳仏教史』上(吉川弘文館、一九九四年)二〇一頁。
(19)中尾芳治『難波宮の研究』(吉川弘文館、一九九五年)一〇八頁。
(20)『日本書紀』神代上、第五段(本文)。
(21)同右、神代上、第七段(本文)。
(22)同右。
(23)『古事記伝』巻三、(『増補本居宣長全集』第一、吉川弘文館、一九三七年、一四一頁)。
(24)『古事記伝』巻十三、(『増補本居宣長全集』第二、吉川弘文館、一九三七年、六一一頁)。
(25)三品彰英「天孫降臨神話異伝考」(同『建国神話の諸問題』平凡社、一九七一年)。
(26)『古事記伝』巻十六、(注(23)前掲書、八一九頁)。
(27)『日本書紀』崇神六年条。
(28)松前健『古代伝承と宮廷祭祀』(塙書房、一九七四年)五三頁。
(29)日色四郎『日本上代井の研究』(日色四郎先生遺稿出版会、一九六七年)一一頁。
(30)上田正昭『日本古代国家成立史の研究』(青木書店、一九五九年)一六八頁。
(31)『日本書紀』神代上、第七段(本文)。
(32)同右、神代下、第九段(本文)。

(33) 同右。
(34) 田村圓澄「古代遷宮考」(『史淵』九二、一九六四年)。「古代の遷宮」の題名で、同『日本仏教史』第四巻(法蔵館、一九八三年)所収。

第二章　『古事記』『日本書紀』の日神・天照大神

一　日神と天照大神

『日本書紀』神代史に記された「日神《ひのかみ》」について検討する（表2）。

(1)既而伊奘諾尊・伊奘冉尊、共議曰、吾已生二大八洲国及山川草木一。何不レ生二天下之主者一歟。於是、共生二日神一。号二大日孁貴一。……一書云、天照大神。此子光華明彩、照二徹於六合之内一。故二神喜曰、吾息雖レ多、未レ有二若此霊異之児一。不レ宜三久留二此国一。自当下早送二于天一、而授以中天上之事上。是時、天地相去未レ遠。故以二天柱一、挙二於天上一也[1]。

(2)一書曰、日神本知三素戔嗚尊、有二武健凌レ物之意一。及二其上至一、便謂、弟所二以来一者、非二是善意一。必当奪二我天原一、乃設二大夫武備一。……於是、日神、方知三素戔嗚尊、固無二悪意一、乃以二日神所生三女神一、令レ降二於筑紫洲一[2]。

(3)一書曰、日神与二素戔嗚尊一、隔二天安河一、而相対乃立誓約曰、汝若不レ有二姦賊之心一者、汝所生子、必男矣。如生レ男者、予以為レ子、而令レ治二天原一也。……故日神方知三素戔嗚尊、元有二赤心一、便取二

表2 天照大神・日神・伊勢大神一覧

	(イ)天照大神	(ロ)天照太神宮	日神
A	1 神代上、第五段、本文 2 神代上、第五段、一書第六 3 神代上、第五段、一書第十一 4 神代上、第六段、本文 5 神代上、第六段、一書第二 6 神代上、第七段、本文 7 神代上、第七段、一書第一 8 神代下、第九段、本文 9 神代下、第九段、一書第一 10 神代下、第九段、一書第二 11 神武即位前紀、戊午・六・二三丁巳 12 崇神六 13 垂仁二五・三・一〇丙甲 14 景行二〇・二・四甲申 (15) 仲哀八・九・五乙亥 15 神功摂政元・二		1 神代上、第五段、本文 2 神代上、第六段、一書第一 3 神代上、第六段、一書第三 4 神代上、第七段、一書第二
B			8 用明即位前紀、九・一九壬申 9 用明元・正・壬子朔
C	16 天武元元・六・二六丙戌(天照太神)	1 天武二・四・一四己巳	

(ハ)	(ニ)大日孁尊	(ホ)伊勢崇秘之大神	(ヘ)伊勢大神	(ト)伊勢神宮	(チ)五十鈴宮
5 神代上、第七段、一書第三 6 神武即位前紀、戊午・四・九甲辰 7 顕宗三・四・五庚申	1 神代上、第五段、本文（天照大日孁尊） 2 神代上、第五段、一書第一 3 神武即位前紀	1 神代上、第七段、一書第二		1 景行四〇・一〇・七戊午 2 景行四〇・是歳条（神宮） 3 景行五一・八・四壬午（神宮） 4 仁徳四〇・二	1 神功摂政前紀、仲哀九・三・一壬申
			1 欽明二・三 2 皇極四・正	5 用明即位前紀、九・一九壬申	
			3 持統六・五・二六庚寅 4 持統六・閏五・一三丁未	6 天武三・一〇・九乙酉 7 天武四・二・一三丁亥 8 朱鳥元・四・二七丙申	

(リ)伊勢大神祠	(ヌ)伊勢祠	(ル)伊勢神祠	(ヲ)伊勢(社)
1 雄略元・三 2 継体元・三・一四癸酉	1 敏達七・三・五壬申		
		1 朱鳥元・一一・一六壬申	1 持統六・一二・二四甲申

其六男一、以為二日神之子一、使レ治二天原一。即以二日神所生三女神一者、使レ降二居于葦原中国之宇佐嶋一矣。[3]

(4)一書曰、日神尊、以二天垣田一為二御田一。時素戔嗚尊、春則塡レ渠毀レ畔。又秋穀已成、則冒以二絡縄一。且日神居二織殿一時、則生二剥斑駒一、納二其殿内一。凡此諸事、尽是無状。雖レ然、日神、恩親之意、不レ慍不レ恨、皆以二平心一容焉。及二至日神当新嘗之時一、素戔嗚尊、則於新宮御席之下、陰自送糞、日神不レ知、徑坐二席上一。由レ是、日神、挙レ体不平、故以恚恨、廼居二于天石窟一、閉二其磐戸一。……於是、日神方開二磐戸一而出焉。是時、以レ鏡入二其石窟一者、触レ戸小瑕、其瑕於今猶存。此即伊勢崇秘之大神也(4)。

(5)一書曰、是後、日神之田、有二三処一焉。……故素戔嗚尊、妬二害姉田一。……至三於日神、閉二居于天石窟一也、諸神遣二中臣連遠祖興台産霊児天児屋命一、而使レ祈焉。……是時、天手力雄神、侍二磐戸側一、則引開之者、日神之光、満二於六合一。……既而諸神、嘖二素戔嗚尊一曰、汝所行甚無頼、故不レ可レ住二於天上一。亦不レ可レ居二於葦原中国一。宜急適二於底根之国一、乃共逐降去。……是後、素戔嗚尊曰、諸神逐レ我、我今当永去、如何不下与二我姉一相見上、而擅自俓去歟、迺復扇レ天扇レ国、上二詣于天一。……於是、素戔嗚尊、白二日神一曰、吾所二以更昇来一者、衆神処二我以根国一。今当二就去一。若不二与レ姉相見一、終不レ能二忍離一。故実以二清心一、復上来耳。……請姉照二臨天国一、自可二平安一。……已而復還降焉(5)。

日神を主題とする『日本書紀』神代史の本文、および一書は右の通りであるが、その日神は、(イ)イザナギ・イザナミ二神の「子」「児」であり…(1)、(ロ)スサノヲノ命の姉である…(2)(3)(4)(5)。(ハ)天上で神事を行っており…(4)、(ニ)神事を妨害するスサノヲノ命の悪行を憤り、天岩屋に身を隠した…(4)(5)。(イ)〜(ニ)の日神の属性は、そのまま天照大神の属性である。つまり(1)から(5)までの日神は、天照大神でもあった。

興味あるのは、日神の住所と天照大神の住所の相違である。日神の住所は、「天」…(1)(5)、「天原」…(2)(3)、「天上」…(5)、「天国」…(5)であり、「高天原《たかまのはら》」とすることを注意深く避けている。高天原こそ、日神ではなく天照大神の世界であった。

二　天照大神の出生

『古事記』では「日神」の名称が一ヵ所あり、[6]これを除くと、「天照大御神」（上巻）、「天照大神」（中巻）に統一されている。[7]

『日本書紀』で「天照大神」の名称が始見されるのは、次の条である。

既而伊奘諾尊・伊奘冉尊、共議曰、吾已生二大八洲国及山川草木一。何不レ生二天下之主者一歟。於是、共生二日神一。号二大日孁貴一。大日孁貴、此云二於保比屢咩能武智一。孁音力丁反。一書云、天照大神。一書云、天照大日孁尊。此子光華明彩、照二徹於六合之内一。[8]

イザナギ・イザナミ二神から、「天下の主者」として生まれたのが「日神」であり、また「大日孁貴」と申したと、『日本書紀』の本文に記されている。

『日本書紀』は、「日神」「大日孁貴《おおひるめのむち》」「天照大神」「天照大日孁尊《あまてらすおおひるめのみこと》」の四つの名称を掲げるが、「日神」の名称を第一としている「光華明彩《ひかりうるわ》しくして、六合の内に照り徹る」という記述も、「日神」にかけられており、「天照大神」でなかったことに注意される。

「日神」は日＝太陽の神である。自然神信仰の段階である。イザナギ・イザナミの二神が、「日神」を「天上」に挙げ、また、「其の光彩しきこと、日に亜ぐ」とされる「月神」をも「天」に送っているのは、「日神」と「月神」が太陽＝日と月に擬されていたことを示している。

「大日孁貴」の「大」は美称、「孁」は助詞のノ、「貴」は尊貴な人を意味する。すなわち日＝太陽に仕える巫女を指している。「日神」を祀る司祭者＝巫女が神となったのであり、「大日孁貴」は人格神信仰の段階といえよう。

「天照大神」の出生について、『日本書紀』に異伝がある。

火神のカグツチを生んだばかりに、イザナミノ命は火に焼かれて死ぬが、イザナギノ命は妻に会うために黄泉国《よみのくに》に行く。みるなとのイザナミノ命の懇請を聴かず、櫛の歯に火をつけて妻をみると、「膿沸き蟲流」る有様である。驚いたイザナギノ命は逃げ帰り、「吾前に不須也凶目き汚穢き処に到る、故、吾が身の濁穢を滌《あら》ひ去てむ」といい、筑紫の日向の小戸の橘の檍原《あわきはら》で祓ぎ除えをした。このとき住吉大神である底筒男 命《そこつつのおのみこと》・中筒男 命《なかつつのおのみこと》・表筒男 命《うわつつのおのみこと》の三神と、阿曇連《あずみのむらじ》らが祭る底津少童命《そこつわたつみのみこと》・中津少童命《なかつわたつみのみこと》・表津《うわつわ》少童命《たつみのみこと》の三神等が生まれた。

然後、洗二左眼一。因以生神、号曰二天照大神一。復洗二右眼一。因以生神、号曰二月読尊一。復洗レ鼻。因以生神、号二素戔嗚尊一。凡三神矣。已而伊奘諾尊。勅二任三子一曰。天照大神者、可三以治二高天原一也。月読尊者。可三以治二滄海原潮之八百重一也。素戔嗚尊者、可三以治二天下一也。(9)

『古事記』も、黄泉国から逃げ帰ったイザナギノ命が、「穢き国」にいたことを恐れ、「竺紫の日向の橘の小門の阿波岐原」で禊ぎ祓いをするが、このとき三柱の綿津見神《わたつみのかみ》や三柱の墨江の三前の大神等が生まれたとする。

是に左の御目を洗ひたまふ時に、成れる神の名は、天照大御神。次に右の御目を洗ひたまふ時に、

成れる神の名は、月読命。次に御鼻を洗ひたまふ時に、成れる神の名は、建速須佐之男之命。(10)

右に挙げた『日本書紀』の異伝および『古事記』は、天照大神・月読命《つくよみのみこと》・スサノヲノ命の出生の場所を、高天原ではなく筑紫の日向とし、住吉三神や綿津見三神と同様、イザナギノ命の禊のときに出生したとする点で共通している。

三　倭王と日神

『日本書紀』の神武紀より天智紀までの各条に現われる「日神」は、四ヵ所を数える。

(1)　神武天皇とその軍が、膽駒山（生駒山）を越え、孔舎衛坂（大阪府中河内郡孔舎衛村大字日下）で長《なが》髄彦《すねびこ》と戦い、戦局が不利となったときの神武天皇の言葉として、

今我是日神子孫、而向レ日征レ虜、此逆二天道一也。不レ若、退還示レ弱、礼二祭神祇一、背負二日神之威一、随レ影壓躡。如レ此、則曾不レ血レ刃、虜必自敗矣。(11)

「我はこれ日神の子孫」「背に日神の威を負」う、と神武天皇がいう「日神」とは、自然神＝太陽神ではなく、祖神としての天照大神であろう。したがって天照大神には、「皇孫」が「虜」を征つことを支援する軍神的側面があったと考えられるが、基本的に「始馭天下之天皇」による「国家」創業＝肇国を援助することが、天照大神の本来の姿勢であったと思われる。

(2)　顕宗三年（四八七）二月に阿閉臣事代は、命をうけて任那に赴いたが、壱岐を通ったとき、壱岐

県主の先祖が祭っていた月神が、人に著《かか》りていうには、「我が祖高皇産霊、預ひて天地を鎔ひ造せる功有します。民地を以て、我が月神に奉れ。若し請の依に我に献らば、福慶あらむ」と。帰京した阿閉臣事代は、このことを顕宗大王に奏した。こうして壱岐の月神を山背国に分祀することになったが、山背国葛野郡の歌荒樔《うたあらす》田《だ》は、月神に奉献された神田である。[12]

「我が祖高皇産霊」は、「神名帳」の壱岐嶋壱岐郡の高御《たかみ》祖《おや》神社（長崎県壱岐郡芦辺町諸吉触）に祀られており、月神は同じく月読神社（同芦辺町国分）に祀られている。山背国に分祀された月読神は、「神名帳」の葛野坐月読神社（京都市西京区松室山添町）の祭神であろう。

同年四月に日神が人にかかり、阿閉臣事代に語るには、「磐余の田を我が祖の高皇産霊に奉献せよ」と。阿閉臣事代の奏により、日神の乞うままに磐余の田一四町が奉献された。対馬の下県直が祀る高皇産霊は、「神名帳」の高御魂神社（長崎県下県郡厳原町豆酘）の祭神であり、日神は同じく阿麻氐留《あまてる》神社（同美津島町小船越）の祭神であった。大和国に分祀された高皇産霊は、「神名帳」の目原坐高御魂《めはらにますたかみむすび》神社（奈良県橿原市太田市町）の祭神であろう。[13]

顕宗三年（四八七）紀に記されるように、日神を祀る対馬の下県直、また月神を祀る壱岐県主はともにタカミムスビノ神を「我が祖」と呼んでいた。

対馬の下県直が日神を祭る阿麻氐留神社の「阿麻氐留」は、「天照る」であるが、祭神は「天日神」であり、「天照大神」ではない。対馬の日神＝自然神信仰と、壱岐の月神＝自然神信仰は関連しており、両者はあい並んで崇敬されていた。対馬の「日神」は、倭王が伊勢で祀る「日神」と直接の関係をもたなかったことが注意される。

(3)　用明大王は即位の一四日後に詔を下し、酢香手姫王女を、「伊勢神宮に拝して、日神の祀に奉らし」めた。

酢香手姫王女《すかてひめのみこ》は、用明・崇峻・推古の三代三七年間、「日神」の祭祀に奉えた。[14]とすれば、酢香手姫王女は五八六年（用明元）から六二二年（推古三十）までの間、「伊勢神宮」の「日神」を祀っていたことになる。その後、葛城に退いた。酢香手姫王女の母は、葛城磐村の女の広子であった。[15]

用明大王は酢香手姫王女をもって「伊勢神宮」に拝し、「日神」の祀につかえさせた。「拝」は朝廷から官を賜わることを意味する用語であるが、「伊勢神宮」で「日神」を祀らせたのであり、つまりこのとき「伊勢神宮」に奉祀されていたのは、「天照大神」ではなく「日神」であった。

「伊勢大神」に対する王女の侍祭が始まったと考えられる雄略期ごろから、「伊勢大神」と「日神」とは合体していたとみることができるが、また敏達紀六年（五七七）二月甲辰朔条に日祀部を設置した記事があるのに注目し、倭王の「日神」＝太陽信仰がこの頃から高まったとする見解がある。[16]

倭王の未婚の王女によって侍祭される「伊勢大神」が、当初は伊勢の一地方神であったのか、あるいは初めから「日神」と重ねられた神であったのか、の問題がある。

この問題は、(イ)はじめに地方神としての「伊勢大神」があり、次の段階で倭王の崇敬が加わったとするか、(ロ)はじめに倭王により「伊勢大神」が伊勢の地において奉祀されていたとするか、の二説に分かれる。(イ)の見解をとれば、「日神」はある時期に加上されたと考えられる。(ロ)の見解をとれば、始めから「日神」の祭祀の場として、伊勢の地が選ばれ、したがって「伊勢大神」＝「日神」として、倭王の崇敬を受けてきたとみることができるであろう。

伊勢の地は大和にとって東方にあたる。しかしこの実感は、伊勢と往来する道の大和側の出入口周辺に居住し、大和と伊勢の間を往還する人、またこれを身近に見聞できる人にとって、より深いものであったといえよう。伊勢に通じる道の起点とその周辺に倭王の宮が設けられた理由の一つは、倭王が伊勢に対して特別の観念をもったからではないかと考えられる。こうして大和の東にあたる伊勢の地に、「日神」信仰の拠点が倭王によって設けられた。すなわち「伊勢大神」である。

用明紀に二ヵ所みえる「日神」を、「天照大神」と同一の神であるとすることは困難であろう。ともあれ『日本書紀』の神代史、および神武紀以外に現われる「日神」を、「天照大神」に置き換えることに躊躇される。「天照大神」の出現は、時期的に「日神」の次の段階であったと考えられるからである。

なお『日本書紀』の「日神」の記事は、(3)用明紀元年（五八六）正月壬子朔条の、「葛城直磐村が女広子、一の男・一の女を生めり。……女をば酢香手姫皇女と曰す。三代を経て日神に奉る」を最後として消滅する。

四　倭王と天照大神

『日本書紀』に登場する天照大神の特性について検討しよう。

既而伊奘諾尊・伊奘冉尊、共議曰、吾已生二大八洲国及山川草木一。何不レ生二天下之主者一歟。於是、共生二日神一。……一書云、天照大神。

日神すなわち天照大神は、イザナギ・イザナミノ命により、「天下之主者」として生まれた。「天下」は、イザナギ・イザナミノ命が生んだ大八《おおや》洲国《しまのくに》、すなわち後の天皇統治の日本＝食国《おすくに》である。したがって天照大神は生まれながらに大八洲国の統治者、瑞穂国の政治的君主であったのであり、みずからの力、みずからの仕事によって肇国の大業を成就したのではない[17]。

天照大神は「光華明彩しくして、六合の内に照り徹る」という光り輝く姿であり、イザナギ・イザナミノ命から「天上の事」を授けられ、高天原に送られた。高天原の天照大神には司祭者としての特性が加わる。

天照大神、以二天狭田・長田一為二御田一。時素戔嗚尊、春則重播種子、且毀二其畔一。秋則放二天斑駒一。使二伏田中一。復見二天照大神当新嘗時一、則陰放二屎於新宮一。又見下天照大神、方織二神衣一、居中斎服殿上、則剝二天斑駒一、穿二殿甍一而投納[18]。

天照大神は神に供えるために田を営作し、そのために農耕用の馬を所有していた。神衣を織る斎服殿も天照大神の所有・管理するところであった。

高天原の天照大神は司祭者＝巫であった。御田の経営・神衣の機織は神事である。したがって、たとえば重播種子《しきまき》や畔《あ》毀《はなち》は、土地の占有・用益権に対する侵害の行為であるが、しかし高天原の天照大神にとって、スサノヲノ命の悪行は、第一義的に「神事」の妨害にほかならなかった。

なぜ「日神」は、「天照大神」に転身しなければならなかったのであろうか。

日神は太陽＝自然神であり、時間と空間を超越した存在である。それは崇拝の対象であるが、歴史的存在ではない。必要なのは天皇の尊貴性と、天皇が継承している統治権の始源についての「歴史」を創造する神の出現であった。天皇との血縁的なつながりをもつために、その神は人格神でなければならない。天照大神は、天皇家の「歴史」の出発点＝祖神であり、つまり天皇家と「歴史」を共有する存在であった。

日神は「祭られる神」であった。しかし天照大神は「祭る神」になることにより、人の側に近づいた。天照大神は人の「姿」をし、人の「言葉」を話した。「弟」をもっており、最も重要なことであるが「子」をもっていた。これらのことは日神と異なる点である。

高天原の天照大神は、「祭る神」＝司祭者としての日常生活を送っていたが、「祭る神」である天照大神を「祭られる神」に転換させたのは、というより、「祭られる神」である天照大神に、本来の姿を現わす機縁をつくったのは、弟のスサノヲノ命であった。

高天原に上ったスサノヲノ命は、天照大神の祭事の妨害を執拗にくりかえした。スサノヲノ命は、天照大神が神衣を織らしめている斎服殿の屋根に穴をあけ、馬の皮を剝いで、投げこんだという。斎服殿はたちまち死穢をうけた。

　是時、天照大神驚動、以㆑梭傷㆑身。由㆑此、発慍、乃入㆓于天石窟㆒、閉㆓磐戸㆒而幽居焉。故六合之内常闇、而不㆑知㆓昼夜之相代㆒。于時、八十万神、会㆓於天安河辺㆒、計㆓其可㆑禱之方㆒。故思兼神、深謀遠慮、遂聚㆓常世之長鳴鳥㆒、使㆓互長鳴㆒。亦以㆓手力雄神㆒、立㆓磐戸之側㆒。而中臣連遠祖天児屋命、忌部遠祖太玉命、掘㆓天香山之五百箇真坂樹㆒、而上枝懸㆓八坂瓊之五百箇御統㆒、中枝懸㆓八咫鏡㆒、一云真経津鏡。下枝懸㆓青和幣、和幣、此云㆓尼枳底㆒。白和幣㆒、相与致其祈禱焉。又猨女君遠祖天鈿女命、則手持㆓茅纏之矟㆒、立㆓於天石窟戸之前㆒、巧作俳優。亦以㆓天香山之真坂樹㆒為㆑鬘、以㆑蘿蘿、此云㆓比舸礙㆒。為㆓手繦㆒、手繦、此云㆓多須枳㆒。而火処焼、覆槽置覆槽、此云㆓于該㆒。顕神明之憑談。顕神明之憑談、此云㆓歌牟鵝可梨㆒。是時、天照大神、聞之而曰、吾比閉㆓居石窟㆒。謂当豊葦原中国、必為長夜、㆒云何天鈿女命嘘㆓楽如此㆒者乎、乃以㆓御手㆒、細開㆓磐戸㆒窺之。時手力雄神、則奉㆓承天照大神之手㆒、引而奉出。於是、中臣神・忌部神、則界㆓以端出之縄㆒。縄、亦云、左縄端出。此云㆓斯梨俱梅儺波㆒。乃請曰、勿㆑復還幸。然後、諸神帰㆓罪過於素戔嗚尊㆒、而科之以㆓千座置戸㆒、遂促徴矣。至㆑使㆓抜㆑髪、以贖㆓其罪㆒。亦曰、抜㆓其手足之爪㆒贖之。已而竟逐降焉。(19)

天照大神が天岩屋に姿をかくしたため、六合、すなわち天地と四方が常闇となり、昼と夜の代ることもわからない有様となった。この異常事態に直面した八十万神は、天安河の川原に集まり、「禱るべき方」を協議した。けっきょく、中臣氏の遠祖の天児屋命《あめのこやねのみこと》と忌部氏の遠祖の太玉命《ふとだまのみこと》の「祈禱」、また猨《さる》女《め》氏の遠祖の天鈿女命《あめのうずめのみこと》の「作俳優」により、天照大神を天岩屋から引き出すことに成功し、天下は光をとりもどした。

天照大神の天岩戸がくれは、天照大神の「私事」ではなかった。高天原も葦原中国《あしはらのなかつくに》も常闇となり、そして天照大神が天岩戸を出ない限り、八十万神が再び光を仰ぐことができないことはわかっていた。

天照大神は「祭る神」であると同時に「祭られる神」であった。ここに天児屋命や太玉命などの登場の理由があったといえよう。ともあれスサノヲノ命の無道・悪行によってひきおこされた天照大神の天岩戸がくれは、「祭る神」であるとともに「祭られる神」である天照大神の本来の姿をあらわにした。

さて天照大神は弟のスサノヲノ命が、「暴悪」であることを知っていた。したがって父母のイザナギ・イザナミの二神から、根国に行くように命じられたスサノヲノ命が、姉の天照大神に別れを告げるため高天原に上って来た時、天照大神から「吾が弟の来ることは、豈善き意を以てせむや。謂ふに、当に国を奪はむとする志有りてか」と嫌疑をかけられる。天照大神は弓矢をもち、武装してスサノヲノ命を詰問した。スサノヲノ命が「吾は元黒き心無し」と弁明しても聞き入れない。その理由は、イザナギ・イザナミの両親が、天照大神・月読命・スサノヲノ命に「各其の境を有たしむ。如何ぞ就くべき国を棄て置きて、敢へて此の処を窺窬《うかが》ふや」ということであった(20)。

高天原は、天照大神がイザナギ・イザナミの両親から与えられた「国」であり、また両親から授けられた「天上の事」、すなわち祭祀を行う「聖地」であった。スサノヲノ命が姉の「国」を奪うのは、したがって身内の葛藤ではなく、「祭る神」であるとともに「祭られる神」である天照大神の「公的」「国家的」な職務の否定につながる。イザナギ・イザナミの二神から、「聖地」である高天原とともに与えられた「祭祀」を一個人の意志によって否定・妨害することは、「公的」「国家的」な犯罪であった。

高天原の八十万神により決罰されたスサノヲノ命は、千座置戸を科され、髪を抜いて贖罪したにもかかわらず、最終的に高天原を追放されている。天照大神とスサノヲノ命の「私的」な争いが高天原全体の問題とされ、そして高天原全体の意志によって決着がつけられている。この展開は、「祭る神」であるとともに「祭られる神」である天照大神の存在理由にかかわっていると考えられる。
天照大神は高天原を離れることはなかった。なぜなら、天照大神が天照大神である限り、「祭祀」のための「聖地」である高天原から離脱することはありえなかったからである。天照大神は高天原を必要とし、高天原は天照大神を必要とした。

注
(1)『日本書紀』神代上、第五段（本文）。
(2)同右、神代上、第六段（一書第一）。
(3)同右、神代上、第六段（一書第三）。
(4)同右、神代上、第七段（一書第二）。
(5)同右、神代上、第七段（一書第三）。
(6)『古事記』中巻、神武天皇・1東征条。
(7)吉井巖『天皇の系譜と神話』（塙書房、一九六七年）三四〇頁。
(8)『日本書紀』神代上、第五段（本文）。
(9)同右、神代上、第五段（一書第六）。
(10)『古事記』上巻、伊邪那岐命と伊邪那美命、7禊祓と神々の化生。
(11)『日本書紀』神武即位前紀、戊午年四月甲辰条。
(12)同右、顕宗三年二月丁巳条。
(13)同右、顕宗三年四月庚申条。
(14)同右、用明即位前紀、九月壬申条。

(15) 同右、用明元年正月壬子条。
(16) 岡田精司『古代王権の祭祀と神話』(塙書房、一九七〇年)一一三頁。
(17) 津田左右吉『日本古典の研究』上(『津田左右吉全集』第一巻、岩波書店、一九六三年、六四二頁)。
(18) 『日本書紀』神代上、第七段(本文)。
(19) 同右。
(20) 同右、神代上、第六段(本文)。

第三章　天孫降臨説話

一　修史と大極殿

壬申の乱が終わり、六七二年（天武元）九月に倭京＝飛鳥京に帰った大海人皇子《おおあまのおうじ》は、まず嶋宮に着き、数日後に岡本宮に移った。岡本宮は、斉明大王の後飛鳥岡本宮である。

是歳、営㆓宮室於岡本宮南㆒。即冬、遷以居焉。是謂㆓飛鳥浄御原宮㆒。[1]

大海人皇子は翌年二月に飛鳥浄御原宮《あすかのきよみはらのみや》で即位した。天武天皇である。

天武二年（六七三）二月癸未（二十七日）、天皇命㆓有司㆒設㆓壇場㆒。即㆓帝位於飛鳥浄御原宮㆒。[2]

大海人皇子は、飛鳥浄御原宮に設けられた壇場で即位の儀礼を行ったと解されるが、いっぽう、

朱鳥元年（六八六）七月戊午（二十日）、改㆑元曰㆓朱鳥元年㆒。朱鳥、此云㆓阿訶美苔利㆒。仍名㆑宮曰㆓飛鳥浄御原宮㆒。[3]

とある。これによれば六七二年（天武元）より、死去直前の六八六年（朱鳥元）七月まで、天武天皇の所住の宮には名称がなく、たとえあったとしても「飛鳥浄御原宮」の名称ではなかったことになる。とも

あれ天武天皇の即位の壇場が設けられた地は、後に飛鳥浄御原宮が造営された地と同じであったと考えられる。

天武天皇の即位の儀礼が行われた地に、天皇居住の宮殿や官衙が建てられた。大安殿[4]・内安殿[5]・外安殿[6]・向小殿[7]・朝堂[8]などの建物があった。

『日本書紀』における「大極殿」の名は、六四五年（皇極四）六月戊申条の、蘇我倉山田石川麻呂が三韓の表文を読む段にみえる。

戊申、天皇御二大極殿一。古人大兄侍焉。

しかし『日本書紀』の入鹿滅亡のあたりの記事は、潤色的字句が多く、史料価値がとぼしいとみられ、右の「大極殿」も、藤原宮あたりまで降った時代の知識による作文と考えられる[9]。したがって『日本書紀』における「大極殿」の初見は、天武十年（六八一）二月条である。

二月庚子朔甲子、天皇々后、共居二于大極殿一、以二喚親王諸王及諸臣一、詔之曰、朕今更欲下定二律令一改中法式上。故俱修二是事一。然頓就二是務一、公事有レ闕。分レ人応レ行。是日、立二草壁皇子尊一、為二皇太子一。因以令レ摂二万機一。

この日、天皇と皇后は大極殿に出御し、集められた親王・諸王・諸臣らに、「律令」の制定を詔した。同日、草壁皇子を皇太子に立て、万機を摂らしめた。

草壁皇子の立太子の儀礼が行われた場所については、記されていないが、大極殿ではなかったかと思われる。

七三八年(天平十)正月壬午(十三日)に阿倍内親王の立太子式が挙げられた。同日、大納言従三位橘《たちばなの》諸兄《もろえ》に正三位が授けられ、右大臣に任ずるなどの人事が行われたが、[10]いずれも挙式の場所についての記述がない。しかし、たとえば粟田真人《あわたのまひと》らの中納言任官は大極殿で行われており、[11]また親王以下五位以上の男女一一〇人の叙位が、大極殿でなされていることから推察すれば、[12]阿倍内親王の立太子式も、大極殿で行われたのではないか。とすれば、草壁皇子の立太子の儀式も、大極殿で行われたと考えられる。

草壁皇子の立太子式が挙げられたとき、天武天皇は「明神」=「現人神」であった。「明神」としての尊貴身分と、これと不可分な日本の統治権は、「天照大神」にその根源がある。律令制は、「明神」である「天皇」が君臨する「日本」の、公地公民制を基盤とする統治体制であるが、立太子式は皇位継承予定者を決定・告知する「国家」的儀礼であり、その場所は大極殿でなければならなかった。

「律令」制定の詔が下された翌三月に、天武天皇は大極殿に出御し、「史書」撰述の詔を下した。

天武十年(六八一)三月丙戌(十七日)、天皇御㆓于大極殿㆒、以詔㆓川嶋皇子・忍壁皇子・広瀬王・竹田王・桑田王・三野王・大錦下上毛野君三千・小錦中忌部連首・小錦下阿曇連稲敷・難波連大形・大山上中臣連大嶋・大山下平群臣子首㆒、令㆑記㆓定帝紀及上古諸事㆒。大嶋・子首、親執㆑筆以録焉。

「帝紀」すなわち歴代天皇の系譜と、「上古の諸事」すなわち「天照大神」、および天皇を中心とする説話などを記定すること、つまり天皇統治の「日本」の「歴史」を総括した「史書」撰述の任務が、川嶋皇子らに課せられた。

これについて『古事記』は次のように語る。

是に（飛鳥の清原の大宮に大八州御しめしし）天皇詔りたまひしく、「朕聞く、諸家の賷る帝紀及び本辞、既に正実に違ひ、多く虚偽を加ふと。今の時に当りて、其の失を改めずば、未だ幾年をも経ずして其の旨滅びなむとす。斯れ乃ち、邦家の経緯、王化の鴻基なり。故惟れ、帝紀を撰録し、旧辞を討覈して、偽りを削り実を定めて、後葉に流へむと欲ふ」とのりたましき。(13)

諸家すなわち各貴族・豪族が伝えている「帝紀」と「本辞」＝「上古の諸事」は正実に違い、多くの虚偽が加えられているため、「今の時に当り」、偽りを削り、実を定めて後世に伝えるべきであるとする。天武天皇のこの意図を裏書きするのは、『日本書紀』などに採録されている天孫降臨説話の数々の異伝であるが、ここで留意されるのは、「天照大神」の存在と役割について、統一的な見解がみられないことである。「天照大神」を天皇の祖神とする「帝紀」、また「日本」の始原を語る「上古の諸事」の記述内容は、統一・確定されていなければならない。「帝紀」について、たとえば「各天皇の即位から崩御に至る皇統譜のような記録(14)」とされるが、天武天皇が意図したのは、「天照大神を祖神とする皇統譜」の確定であった。

天武天皇が、「今の時に当り」、川嶋皇子らに「帝紀及び上古の諸事」の記定を命じたのは、構築せられるべき律令国家の中枢、とくに天皇の地位と、天皇が掌握する日本統治権の由来を述べた「歴史」をあきらかにするためであった。同時に、国家制度の原点となる「歴史」を、統一的・決定的なものにすることに最重点が置かれていたのではないか。つまり天皇の尊貴性と統治権の根源を歴史的に裏付けることが、「史書」撰述の眼目であったと思われる。

高天原の「天照大神」は、「帝紀」および「上古の諸事」の出発点であると同時に、帰着点であった。「天照大神」が天皇の祖神であることは「帝紀」の明記するところであり、また「天照大神」の全体像は、「上古の諸事」に叙述されている。「天照大神」こそ律令国家成立の基点であり、また律令政治展開の要であった。

ともあれ六八一年（天武十）の「史書」撰述の下詔について注目されるのは、「史書」の撰述が第一に、「律令」の制定と並ぶ国家の事業であったとされていることである。『古事記』には天武天皇の言葉として、正実な「帝紀」と「本辞」＝「上古の諸事」こそ、「邦家の経緯」「王化の鴻基」、すなわち国家の組織、天皇の統治の根本であるとしているのは、それが天武天皇の個人的な事業ではなく、「国家」の大業であると判断されたことを示している。したがって第二に、撰述されたのは「史書」であるにもかかわらず「歴史」を超えた規範、つまり律令国家成立の基調であり、「後葉」に伝えられるべきものであると考えられていたことである。

藤原宮の大極殿においては、文武百官および新羅貢調使が参列する正月の拝賀や、即位・任官授位などの国家的行事が行われた(15)。平城宮の大極殿に天皇が出御し、閤門の隼人らが風俗の歌舞を奏することがあったが(16)、これは服属儀礼であり、その行事化にほかならない。つまり天皇の「統治」が、隼人《はやと》が住む大隅・薩摩の僻遠の地にまで及んでいることの国家的確認の儀礼の場であった。

「律令」の制定は、天皇統治の日本に新しい「未来」を開くことであった。そして「帝紀」と「上古の諸事」を核とする「史書」の撰述は、悠久の「過去」＝神代に「天照大神」を仰ぎ、皇祖神であるとともに、天皇の統治権の原点であることを「歴史」として後世に伝えることが意図された。したがって「律令」の制定と「史書」の撰述の両者は、天武天皇にとって相即不離の「国家」の大業であった、といわなければならない。天武天皇がまず「律令」の制定を大極殿において宣言し、一〇日後に「史書」の撰述を同じく大極殿において宣言したことは重要である。憶測すれば、天武天皇と持統皇后はこの二つの大業の開始を宣言するために、そして草壁皇子の立太子式の挙行を含め、かねて大極殿の造営に着手し、その完成を一日千秋の思いで待っていたが、やがて律令国家の構築に直接間接かかわる三つの大業の宣言・公示の儀式を、竣功したばかりの大極殿で集中的に挙行したのではないか。

しかし注意されるのは、大極殿の創建に先立って、「律令」の制定、草壁皇子の立太子、および「史書」撰述の計画があったことであり、しかもその前に「天照大神」が出現していたことであった[17]。

二　中臣氏と忌部氏

六八一年（天武十）三月丙戌（十七日）に、天武天皇から「帝紀」と「上古の諸事」を記定する委員として、川嶋皇子ら一二名が指名されたが、委員について注目されるのは第一に、壬申の乱の際、大海人皇子側にあった忍壁皇子《おさかべのおうじ》、三野王（美濃王）、忌部首《いんべおびと》（子人）の三人の名が見出されることである。天武天皇による律令国家構築の前提として、壬申の乱を経過しなければならなかったと考えられる。第二に、委員のなかにみずから筆を執って録した中臣大嶋《なかとみのおおしま》と子首《こびと》がいたことである。

子首は平群臣《へぐりのおみ》子首と同一人とする説がある。(18)ただし忌部連首は子首・子人《こびと》にも作り、「帝紀及び上古の諸事」の記定に参加したのは忌部連子首であったとする説もある。(19)後者とすれば、「帝紀」と「上古の諸事」のなかの「天照大神」を中心とする『古事記』『日本書紀』の神代史にあたる部分、すなわち天岩屋の物語、また天孫降臨の物語に、中臣氏の遠祖の天児屋命《あめのこやねのみこと》と並んで、忌部氏の遠祖の太玉命《ふとだまのみこと》を登場せしめていることが注意される。

『古事記』『日本書紀』の天岩屋の物語に共通するのは中臣氏の遠祖の天児屋命が「祝詞」を申し、忌部首の遠祖の太玉命が幣帛にたずさわることであるが、この叙述は令制の大嘗祭における両氏のあり方とほぼ同一である。すなわちこの物語の誕生の場が宮廷儀礼の整備を前提とするものであったことをうかがわせるとともに、天孫降臨の物語にみえる天児屋命らの五伴緒《いつとものお》の実態が、宮廷の大嘗祭を背景として定着した部分のあることを示している。(20)

中臣および忌部の両氏は元来、倭王の祭祀を輔佐する職を世襲していたと考えられるが、中臣と忌部の両氏が宮廷の祭官の上位を占め、あい並んで宮廷神事の中心的役割を果たすのはいつ頃から始まるのであろうか。

大化元年（六四五）七月庚辰（十四日）、蘇我石川麻呂大臣奏曰、先以祭二鎮神祇一、然後応レ議二政事一。是日、遣二倭漢直比羅夫於尾張国一、忌部首子麻呂於美濃国一、課二供レ神之幣一。(21)

神に供る幣を課すために、倭漢直比羅夫を尾張国に、忌部首子麻呂を美濃国に遣わしたが、両人の使命は同じであり、つまり忌部首子麻呂のみが神事の幣にかかわっていたのではない。

大化二年（六四六）三月辛巳（十九日）……忌部木菓・中臣連正月、二人亦有レ過也[22]。

官人等の罪科を決罰する条に記されている。忌部木菓と中臣連正月の二人の名が連記されているのは、同一犯罪に関連してからであろうが、また両名が宮廷の神事にあずかっていたことを推測させる。ただし神事の内容などについては不明である。

天智九年（六七〇）三月甲戌朔壬午（九日）、於二山御井傍一、敷二諸神座一、而班二幣帛一。中臣金連宣二祝詞一[23]。

「山の御井」は長等山にあり、後の三井寺（滋賀県大津市園城寺町）の泉であるという。「祝詞」を宣べた中臣金《なかとみのかね》は、中臣大嶋の伯父にあたる（図1）。六七一年（天智十）正月癸卯（五日）に、大臣などの高官の人事が行われる直前に、中臣金が「祝詞」を宣べた。そしてこのときの人事で中臣金は右大臣に任じたが、壬申の乱で大友皇子側に加わり、中臣金は斬殺され、その子は配流された。

天武二年（六七三）十二月壬午朔丙戌（五日）、侍二奉大嘗一中臣・忌部及神官人等、并播磨・丹波、二国郡司、亦以下人夫等、悉賜レ禄、因以郡司等、各賜二爵一級一[24]。

右の「大嘗」は、天皇の即位後はじめて新穀を神祇に奉献する祭事であるが、「中臣・忌部及び神官の人等」とあることから、令制の神祇官ないし神祇官の先行官司が、このときに設置されていたように解される。中臣・忌部の二氏が「神官」を率いて大嘗の祭事に侍奉していたことが推測される。ともあれ宮廷に「神官」が設置され、中臣・忌部の二氏が上首の座を占めるとともに、あい並んで大嘗の神事にたずさわっている。つまりその時期が天武天皇の即位を契機としていたことに注目される。

「神祇令」において、

(1)凡践祚之日、中臣奏二天神之寿詞一。忌部上二神璽之鏡剣一。

(2)其祈年・月次祭者、百官集二神祇官一。中臣宣二祝詞一。忌部班二幣帛一。

の二条で、中臣と忌部の両氏がかかわる祭事と両氏の職掌が規定されている。すなわち「大祀」とされる践祚大嘗祭において、中臣氏は「天神寿詞《あまつかみのよごと》」を奏し、忌部氏は神璽の鏡剣を天皇に奉上する。また「中祀」とされる祈年祭は仲春（二月）に、同じく月次祭は季夏（六月）と季冬（十二月）にそれぞれ神祇官で行われ、百官が参集するが、そのとき中臣氏は「祝詞」を宣べ、忌部氏は幣帛を班かつ。

(1)践祚大嘗祭との関連で注意されるのは、持統天皇の即位である。

持統四年（六九〇）春正月戊寅朔、物部麻呂朝臣樹二大盾一。神祇伯中臣大嶋朝臣読二天神寿詞一。畢忌部宿禰色夫知奉二上神璽剣鏡於皇后一。皇后即天皇位。公卿百寮、羅列匝拝、而拍レ手焉。(25)

即位の場における、中臣氏による「天神寿詞」の奏上、また忌部氏による神璽の剣鏡の奉上の事例は、持統天皇の即位以前にはない。すなわち持統天皇以前の倭王・天皇の即位礼において、中臣・忌部の二氏があい並び、職務を執行することはなかった。(26)即位礼において中臣・忌部の二氏がそれぞれ固有の職務に服する慣行は、持統天皇の即位のときに始まり、「神祇令」によって法制化されたと考えられる。

ともあれ中臣氏と忌部氏が、「大祀」の践祚大嘗祭や「中祀」の祈年祭・月次祭などの国家的祭事において重要な役割を果たすことになるのは、「天照大神」の出現と関連しており、とくに神祇官の成立が、中臣・忌部両氏の官廷祭祀における地位と役割を決定的にしたとみるべきであろう。

なお持統天皇の即位の儀式が行われた場所について、『日本書紀』は明記していないが、これには次のような事情があったのではないか。すなわち持統天皇が住んでいる飛鳥浄御原宮の大極殿において、持統天皇の即位の儀式を挙げるべきであったが、しかし飛鳥浄御原宮は天武天皇の死去により、死穢をうけていた。したがって大極殿において、持統天皇の即位の儀式行うことはできなかった。⑶の『日本書紀』の記述は、暗にこの事実を語っていると思われる。

三　中臣大嶋

六九〇年（持統四）正月元日に、持統皇后の即位の儀式が行われた。『日本書紀』によれば、当日物部（石上）麻呂が大盾を樹て、神祇伯の中臣大嶋が「天神寿詞」を読み、忌部色夫知が神璽の剣・鏡を奉り、皇后は天皇位に即いた。

図1　中臣氏系図

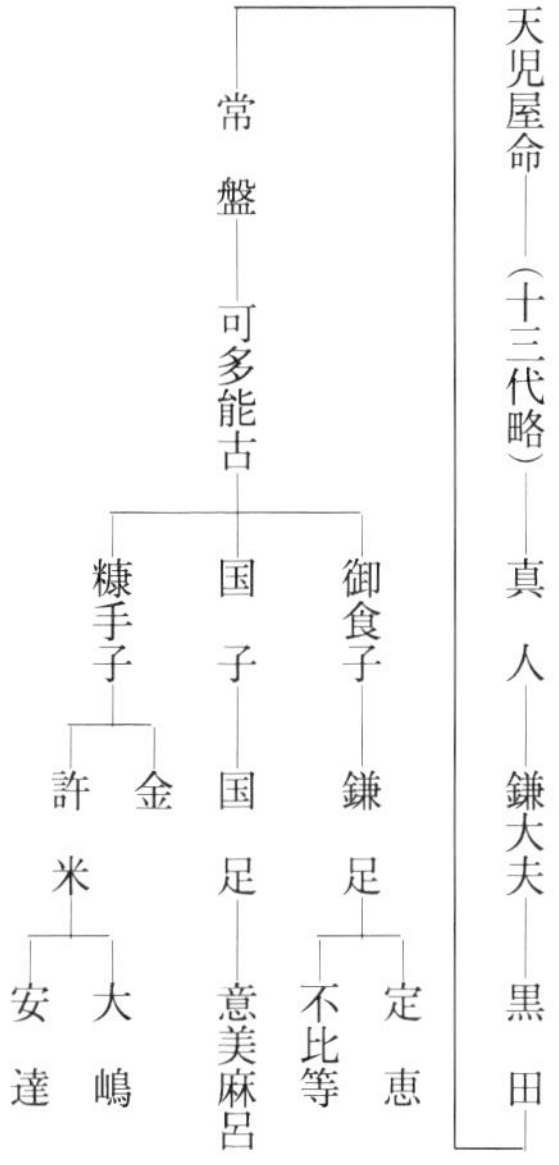

『台記』の別記に載せる「中臣寿詞」は、一一四二年（康治元）十一月十五日の大嘗会において、大中臣清親が奏した寿詞であるが、そこには、「皇孫尊は、高天原に事始めて、豊葦原の瑞穂の国を安国と平らけく知ろしめ

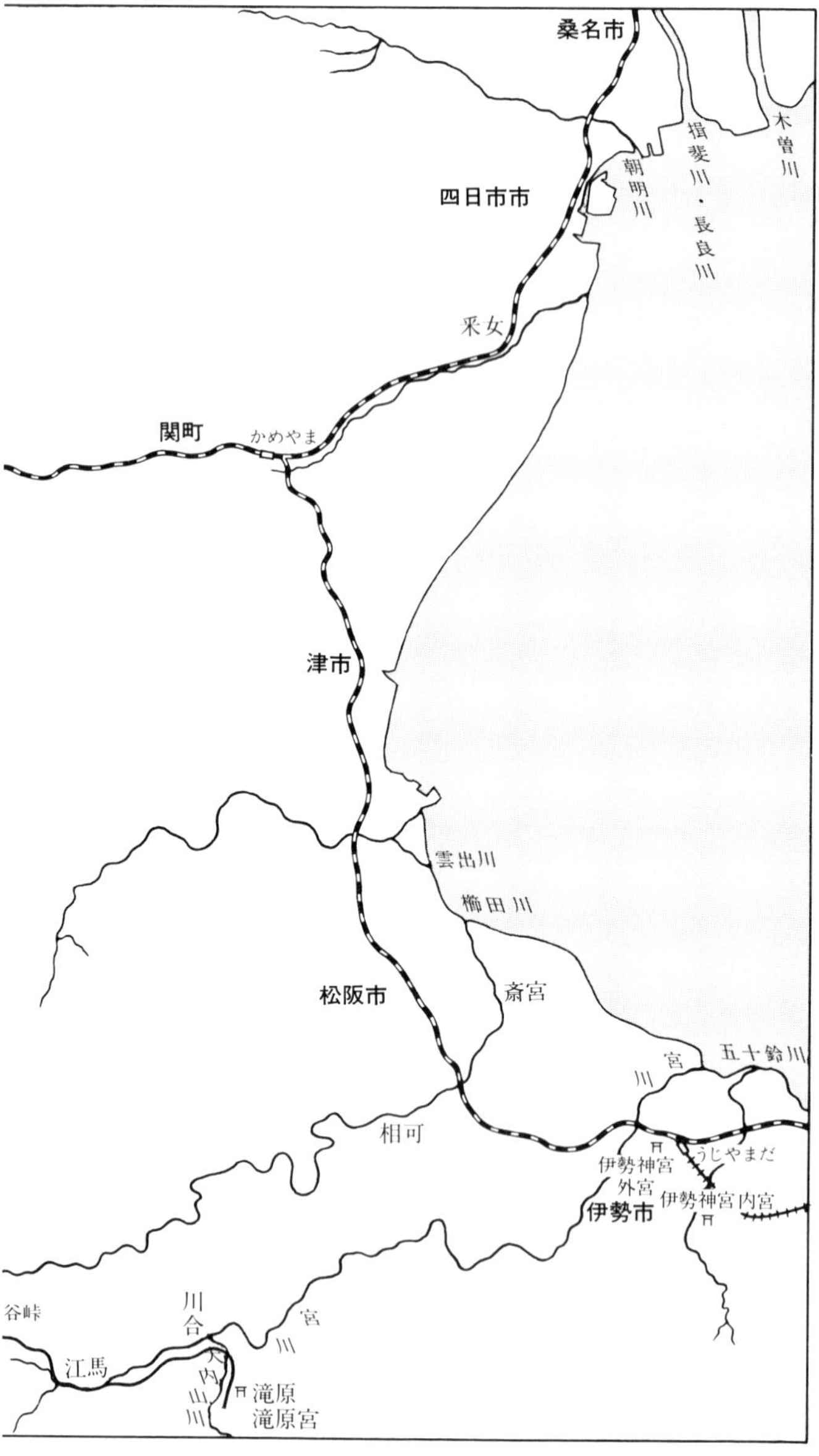
桑名市
木曽川
揖斐川・長良川
朝明川
四日市市
采女
関町
かめやま
津市
雲出川
櫛田川
松阪市
斎宮
宮川
五十鈴川
相可
伊勢神宮外宮
うじやまだ
伊勢神宮内宮
伊勢市
谷峠
川合
江馬
大内山川
宮川
滝原
滝原宮

伊勢概略図

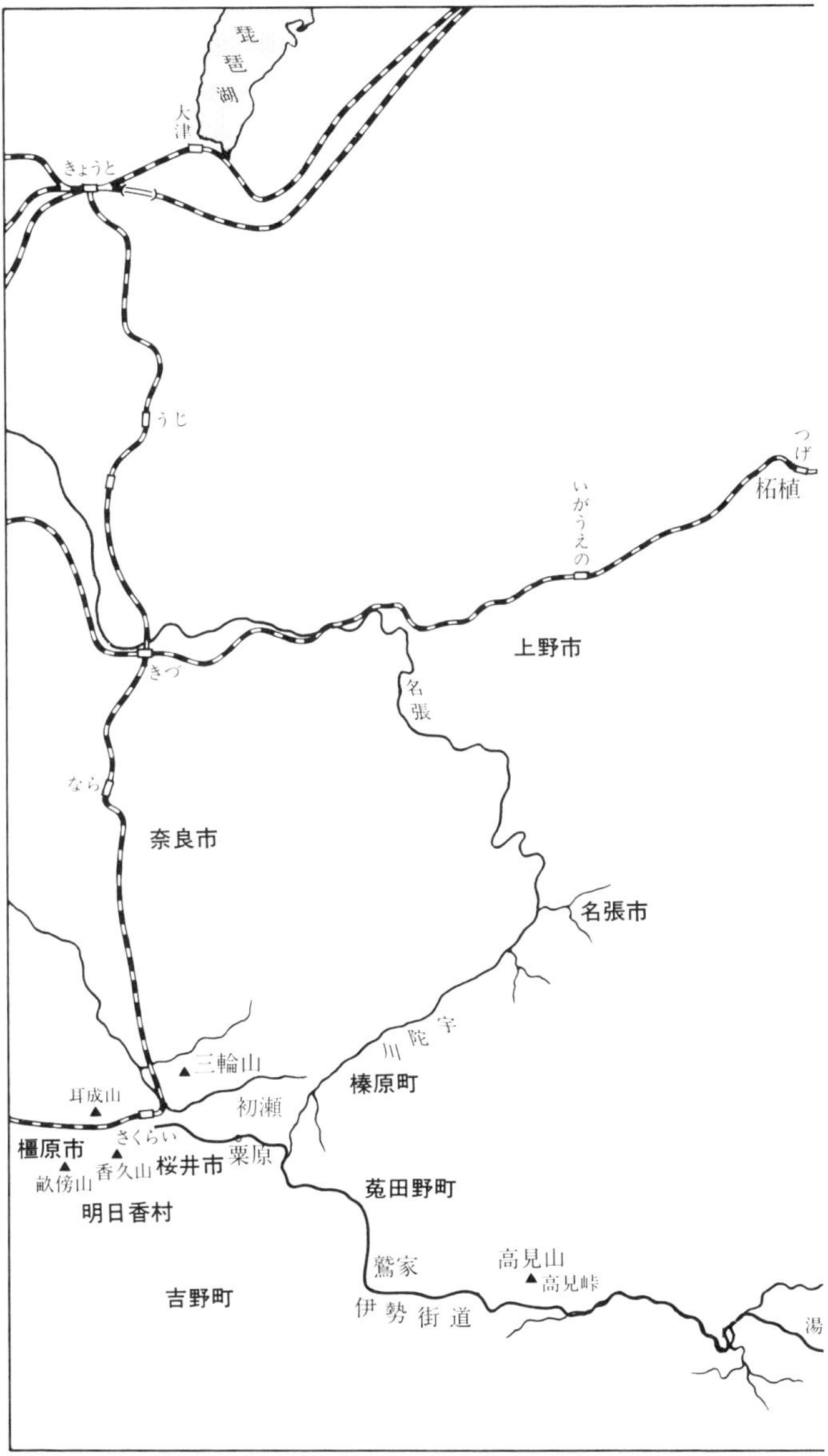
琵琶湖
大津
きょうと
うじ
つげ
柘植
いがうえの
上野市
きづ
名張
なら
奈良市
名張市
宇陀川
三輪山
榛原町
耳成山
初瀬
さくらい
橿原市
香久山
桜井市
粟原
畝傍山
菟田野町
明日香村
鷲家
高見山
高見峠
吉野町
伊勢街道
湯

図2　大和・

して、天都日嗣の天都高御座に御座しまして」とある。「中臣寿詞」には「天照大神」の名は出ないが、しかし「高天原」「豊葦原の瑞穂国」「天都日嗣」の言葉があり、したがって中臣大嶋が奏上した「天神寿詞」の段階で、皇祖神としての「天照大神」が出現していたと考えられる。

中臣大嶋の本貫である粟原（奈良県桜井市）に粟原寺の遺跡がある。談山《だんざん》神社に蔵する粟原寺三重塔の伏鉢の銘文によれば、草壁皇太子の追善のため、中臣大嶋が伽藍の造立を発願したが、大嶋在世中に伽藍は完成しなかった。大嶋の死後、比売朝臣額田《ひめあそんぬかた》が六九四年（持統八）に造営を始め、七一五年（和銅八）までの二二年間を経過して伽藍を造り終えた。金堂には釈迦丈六尊像を安置し、また同年四月に三重宝塔の鑪盤《ろばん》を上げた。

「中臣氏系図」（延喜本系帳）によれば、中臣氏は可多能古《かたのこ》から三流に分かれる（図1）。御食子《みけこ》・国《くに》子《こ》・糠手子《あらてこ》である。各流の仏教帰依の時期をみると、第一流は鎌足（六一四～六六九）の時代である。鎌足が厩坂寺を造営した時期は定かでないが、[27]長子の定恵が学問僧として入唐したのは六五三（白雉四）五月壬戌（十二日）であった。[28]この頃までに中臣鎌足は仏教帰依に踏みきっていたと考えられる。倭の仏教伝来を五五二年（欽明十三）とすると、定恵の入唐は仏教伝来の一〇一年目にあたっていた。

第二流は国足《くにたり》の時代であった。国足は孝徳大王から天武天皇の頃にかけての人であったと考えられる。法光寺（中臣寺、奈良県天理市中之庄町付近）は国足の建立である。[29]

第三流は大嶋の時代である。大嶋は粟原寺の建立を発願し、その造営を始めたが、また大嶋の弟の安達は六五三年（白雉四）に道昭・定恵らとともに、学問僧として入唐した。

倭王家の祭祀を世職とする中臣氏の仏教受容は、時期的に倭王家の仏教受容に先行することはなかった。すなわち、倭王として仏教に帰依し、はじめて伽藍を建てたのは舒明大王であるが[30]、したがって中臣氏の三流の仏教受容の時期が、いずれも舒明期以後であることに注意される。

天武天皇の命により、「帝紀」と「上古の諸事」の記定に参加した中臣大嶋の宅は栗原にあったが、栗原の地は、桜井—栗原—菟田野—鷲家—高見峠に通じる、後の伊勢街道に接している（図2）。磯城・磐余の地に宮都をもつすべての倭王よりも、中臣大嶋は、伊勢大神が鎮座する伊勢の地により近く、そして大和と伊勢の間を往来する主要道路に沿って、居宅を構えていた（図2）。

四　天孫降臨説話の発展過程

いわゆる天孫降臨説話は、『古事記』『日本書紀』『古語拾遺』「祝詞」などの諸書にみえており、その数は一六を数えるが、そのなかで神話的な内容を欠き、単なる神名の羅列にすぎないものなどを除き、残る六個について三品彰英氏は、「降臨を司令する神」などの七個の要素によって分析された。その表を左に掲げる[31]（表3）。

三品彰英氏によれば、天孫降臨説話は、内容の簡単な(1)『日本書紀』本文（神代下、第九段）から、内容の豊富な(6)『日本書紀』第一ノ一書へと発展している。前半の(1)『日本書紀』本文と(2)『日本書紀』第六ノ一書は、早期的・基本的所伝として、また後半の(5)『古事記』、(6)『日本書紀』第一ノ一書

表3　天孫降臨説話比較一覧

グループ	(A)			(B)		
典拠／要素	(1)書紀本文	(2)書紀第六ノ一書	(3)書紀第四ノ一書	(4)書紀第二ノ一書	(5)古事記	(6)書紀第一ノ一書
(一)降臨を司令する神	高皇産霊神	高皇産霊神	高皇産霊神	高皇産霊神と天照大神	高木ノ神と天照大神	天照大神
(二)司令をうけて降臨する神	火瓊瓊杵尊	火瓊瓊杵尊	火瓊瓊杵尊	天忍穂耳尊、後に火瓊瓊杵尊之に代わる	天忍穂耳命、後に火瓊瓊芸命之に代わる	天忍穂耳尊、後に火瓊瓊杵尊之に代わる
(三)降臨の際の天孫の容姿	真床追衾で覆われた姿	真床追衾で覆われた姿	真床追衾で覆われた姿	降臨の際虚空に於いて出誕する	降臨の間際に出誕したがその容姿には特別の記載なし	降臨の間際に出誕したがその容姿には特別の記載なし
(四)降臨地	日向ノ襲ノ高千穂ノ峯	日向ノ襲ノ高千穂ノ添山峯	日向ノ襲ノ高千穂ノ槵日ノ二上峯	日向ノ槵日高千穂ノ峯	日向高千穂久士布流多気	日向ノ高千穂ノ槵触ノ峯
(五)随伴する神がみ			天津忍日命、天槵津大来目	天児屋命、太玉命、諸部神	五伴緒（天児屋命・布刀玉命・天宇受売命・伊斯許理度売命・玉祖命）、常世思金神、手力男神、天石戸別神、豊由宇気神、猿田毘古神、天忍日命、天津久米命	五部神（天児屋命・天鈿女命・石凝姥命・玉屋命）、猿田彦大神
(六)神宝の授与				神鏡の授与と神鏡に関する神勅	三種神宝授与と神鏡に関する神勅	三種神宝の授与
(七)瑞穂国統治の神勅					水穂国統治の神勅	瑞穂国統治の神勅

注　グループ(A)(B)欄は田村が追加した。

は、後期的・発展的所伝として位置づけられる。

さて前半の(1)(2)(3)の所伝をⒶグループ、(4)(5)(6)の所伝をⒷグループとすると、二つのグループには重要な相違のあることが知られるであろう。まず㈠「降臨を司令する神」についてみると、Ⓐグループがすべてタカミムスビノ神一人であるのに対し、Ⓑグループの(4)はタカミムスビノ神と「天照大神」の並立であるが、なおタカミムスビノ神が主位であるのに対し、(5)は「天照大神」が主位である。(6)は「天照大神」一人であり、タカミムスビノ神は姿を消している。

㈡「司令をうけて降臨する神」は、Ⓐグループはすべてホノニニギノ命である。Ⓑグループは、アメノオシホミミノ命がまず降り、途中でホノニニギノ命に代わっている。㈢「降臨の際の天孫の容姿」は、Ⓐグループはすべて真床追衾《まとこおうふすま》で覆われている。床は寝る台であり、これを覆う夜具が衾である。つまりホノニニギノ命は、真床追衾に寝かされた嬰児の姿で降臨している。Ⓑグループの(4)は、父のアメノオシホミミノ命が降臨する途中の「虚空」で、ホノニニギノ命が生まれたとする。アメノオシホミミノ命を、タカミムスビノ神とホノニニギノ命との間にはめこんだ結果、降臨の途中で、ホノニニギノ命が生まれたとする造作がなされたのである。(5)(6)も(4)に準じて考えるべきであろう。

Ⓑグループにおいて、㈡「司令をうけて降臨する神」としてなぜアメノオシホミミノ命を追加したのであろうか。これには、㈠「降臨を司令する神」として「天照大神」を追加したことに関連している。

天孫降臨説話の原形であるタカミムスビノ神――ホノニニギノ命の組合せ（Ⓐグループ）では、倭王の血縁をこれに結びつける動機が見付からない。すなわち倭王の血縁を天上の神に結びつけるために、

「天照大神」の登場が必要とされた。つまり「天照大神」を「皇祖」とし、ホノニニギノ命を「天孫」とすることを意図したのが、(B)グループである。注意されるのは、はじめに「天照大神」があり、次に「天孫」のホノニニギノ命があったのではないことである。はじめにあったのはホノニニギノ命であり、「天照大神」はホノニニギノ命の存在を前提として現われている。

ともあれ「天照大神」の「児」のアメノオシホミミノ命を、(二)「司令を受けて降臨する神」とすることにより、「天照大神」――アメノオシホミミノ命――ホノニニギノ命の組合せ（(B)グループ）、つまり「皇祖」と「皇孫」の血縁関係が成立したが、天孫降臨説話の発展段階の最後に位置する(6)『日本書紀』第一ノ一書が示すように、ここでは(一)「降臨を司令する神」は「天照大神」ただひとりとなり、タカミムスビノ神は排除されている。

注意されるのは、(5)「随伴する神がみ」において、(A)グループで現われない天児屋命・太玉命をふくむ諸部神（五伴緒・五部神）が、(B)グループのすべてにみられることである。高天原説話のハイライトの一つである天岩屋がくれの物語に登場する天児屋命と太玉命などは、[32]天孫降臨説話の(B)グループの(五)「随伴する神がみ」と重なる。

「日神」＝「伊勢大神」より「天照大神」への転換の時期について示唆を与えるのは、『古事記』『日本書紀』に収録された天孫降臨説話である。すなわち、(一)「降臨を司令する神」が、(A)グループではタカミムスビノ神ひとりであるのに対し、(B)グループではタカミムスビノ神に「天照大神」が加わり、最後の段階で「天照大神」ただひとりになるが、ここに「天照大神」の出現の時期が暗示されている。

注目されるのは、「天照大神」の登場には五部神、とくに中臣氏の祖とされる天児屋命と、忌部氏の祖とされる太玉命が関与していると考えられることである。高天原における「天照大神」の天岩屋がくれの場においても同様であるが、中臣氏と忌部氏が宮廷祭祀を掌る中心となり、そして「天照大神」が宮廷祭祀の主座の地位を確保した事実が反映しているとみるべきであろう。

「天照大神」あるところ天児屋命・太玉命の二神あり、と解されるかも知れないが、事実は逆であって、二神を遠祖とする中臣氏と忌部氏のあるところ「天照大神」あり、といわねばならない。

五　三つの天孫降臨説話

(イ)　『日本書紀』本文の場合

天孫降臨説話の発展段階の最初に位置する(1)『日本書紀』本文（神代下、第九段）は、ホノニニギノ命に降臨を司令したのが「天照大神」ではなく、タカミムスビノ神であったとする。

まず「皇祖」のタカミムスビノ神は、「皇孫」のホノニニギノ命を「葦原中国の主」としようとし、真床追衾につつんだホノニニギノ命をただひとり降した。ホノニニギノ命は日向の襲の高千穂峯に天降った。

『日本書紀』本文のはじめに、「天照大神」の「子」のアメノオシホミミノ命が、タカミムスビノ神の「女」の栲幡千千姫と婚し、ホノニニギノ命が生まれたと記している。

故皇祖高皇産霊尊、特鍾二憐愛一、以崇養焉。遂欲下立二皇孫天津彦彦火瓊瓊杵尊一、以為中葦原中国之
主上。

「皇祖」のタカミムスビノ神の名や、「皇孫」のホノニニギノ命の名は、本文の随所にみえているが、「天照大神」の名は冒頭の、

天照大神之子正哉吾勝勝速日天忍穂耳尊、娶二高皇産霊尊之女栲幡千千姫一、生二天津彦彦火瓊瓊杵
尊一。

の一ヵ所だけである。

高天原説話のハイライトである天岩屋がくれの物語で、「天照大神」は終始主役をつとめているが、もう一つのハイライトである天孫降臨説話の(A)グループでは、主役をつとめるのはタカミムスビノ神であり、「天照大神」は疎外された形である。

ホノニニギノ命の名は、本居宣長が説くように「穂《ホ》之《ノ》丹《ニ》饒《ニギ》君」であり、「丹」は稲穂の赤熟《あから》むこと、「饒」は豊かに実ることを意味する。「ホノニニギ」は成熟した稲穂を象徴している。[33]

また高千穂峯の名について、『日向国風土記』(逸文)によれば、ホノニニギノ命が天降ったとき、天地は暗く昼夜の別もなかったが、土蜘蛛の大鉏《おほくは》・小鉏《をくわ》の奏言によりホノニニギノ命がみずから稲千穂を抜いて籾とし、四方に投げ散らしたところ、天は晴れ日月は照り輝いたので、その場所を高千穂の二上峯といったという。ともあれ高千穂の名も、稲穂に関連があったと考えられる。

(ロ)『日本書紀』第二ノ一書の場合

はじめにタカミムスビノ神は天児屋命と太玉命に、「天津神籬を持ちて葦原中国に降りて、亦吾孫の為に斎い奉れ」と命じ、二神をアメノオシホミミノ命に添えて降した。

吾則起二樹天津神籬及天津磐境一、当為二吾孫一奉レ斎矣。汝天児屋命・太玉命、宜持二天津神籬一、降二於葦原中国一、亦為二吾孫一奉レ斎焉。乃使二二神一、陪二従天忍穂耳尊一以降之。

このとき「天照大神」は、手にした宝鏡をアメノオシホミミノ命に授け、「この宝鏡を見ること、吾を見るごとく、床を同じくし、殿を共にして、斎鏡とせよ」といい、また天児屋命と太玉命に、「汝二神は同じ殿の内に侍し、斎鏡を防護せよ」と命じた。さらに、「吾が高天原に所御《きこしめ》す斎庭の穂を、吾が児のアメノオシホミミノ命にまかせるように」といった。

是時、天照大神、手持二宝鏡一、授二天忍穂耳尊一、而祝之曰、吾児視二此宝鏡一、当レ猶レ視レ吾。可三与同レ床共レ殿、以為二斎鏡一。復勅二天児屋命・太玉命一、惟爾二神、亦同侍二殿内一、善為二防護一。

タカミムスビノ神がアメノオシホミミノ命を葦原中国に降したとき、「天照大神」もアメノオシホミミノ命を葦原中国に降している。そしてそれぞれ天児屋命と太玉命の二神を随従させたが、二神に課せられた職務は、前者では「吾孫の為に斎い奉」ることであり、後者では、殿内に奉安された宝鏡＝「天照大神」を防護することであった。

(4)『日本書紀』第二ノ一書の天孫降臨説話では、㈠「降臨を司令する神」は、タカミムスビノ神と「天照大神」の二本立であるが、これはタカミムスビノ神――ホノニニギノ命の組合せの原形に、「天照大神」――アメノオシホミミノ命の組合せを付加したものの、一元化するまでに至らなかったことを示している。

(八)『日本書紀』第一ノ一書の場合

「天照大神」は、「豊葦原中国は、是吾が児の王たるべき地なり」といい、しかし暴悪な神がいるので、まず天稚彦に命じて平定せしめるが、天稚彦は八ヵ年を経ても報命せず、「天照大神」が投げた矢によって射殺された。

「天照大神」の命によって出雲に降ったタケミカヅチとフツヌシの二神は、オホナムチノ神に「この国」を「天照大神」に奉るように求め、オホナムチノ神は児のコトシロヌシの了解をえたのち、奉進の旨を伝える。タケミカヅチとフツヌシの二神は「葦原中国は皆已に平け竟へぬ」と報命した。

「天照大神」が「吾が児」のアメノオシホミミノ命を葦原中国に降そうとする間に、「皇孫」のホノニニギノ命が生まれたので、アメノオシホミミノ命は「天照大神」に奏し、「皇孫」を代りに降すことになった。「天照大神」はホノニニギノ命に、八坂瓊曲玉《やさかにのまがたま》・八咫鏡《やたのかがみ》・草薙剣《くさなぎのつるぎ》の「三種の宝物」を賜うた。また中臣氏の上祖の天児屋命、忌部氏の上祖の太玉命、猨女《さるめ》氏の上祖の天鈿女命《あめのうずめのみこと》、鏡作《かがみつくり》氏の上祖の石《いし》凝姥命《こりどめのみこと》、玉作氏の上祖の玉屋命《たまのやのみこと》の「五部神」をホノニニギノ命に配侍させた。そして「天照大神」は「皇孫」のホノニニギノ命に、

　葦原千五百秋之瑞穂国、是吾子孫可レ王之地也。宜爾皇孫、就而治焉。行矣。宝祚之隆、当与二天壌一無レ窮者矣。

という、いわゆる天祖の神勅を下した。

高天原から葦原中国に降るホノニニギノ命の行列の先駆の者から、天八達之衢《あまのやちまた》に異形の者のいることが報告される。随従の神が遣わされるが、そこにいる八十万の神はみな相手をおびやかす形相であり、問うことができなかった。改めて天鈿女が遣わされた。このとき衢の神は「天照大神の子」を迎えるためにここで待っていると答え、「吾が名は是、猨田彦大神《さるたひこのおおかみ》」と答えた。猨田彦大神が天鈿女に予告したように、「皇孫」のホノニニギノ命は筑紫の日向の高千穂の槵触峯《くじふるのたけ》に降り、猨田彦大神自身は伊勢の狭長田の五十鈴川の川上に到った。

葦原中国を「吾が児の王たるべき地」とする「天照大神」の意志と、この意志が長期にわたる障碍にもかかわらず、ついに貫徹したことを語る天稚彦《あめわかひこ》の物語、タケミカヅチとフツヌシの二神の出雲奉進の物語[34]、また降臨する「皇孫」のホノニニギノ命を出迎える猨田彦大神の物語などが加わっているが、すべて「天照大神」が主役の座を占めている。

『日本書紀』第一ノ一書において注意されるのは、「天照大神」がいるところは「天」であり、「高天原」の名が記されていないことである。「神代史」構成の意識における「天照大神」と「高天原」の成立の順序は、はじめに「高天原」があり、後に「天照大神」があらわれたのではない。まず「天照大神」があり、後に「高天原」が成立したと考えられるが、『日本書紀』第一ノ一書は、この過程を暗示しているのではなかろうか。

葦原中国の統治者である「王」を指名したのは「天照大神」であった。「王」であるべき者が、統治者としての地位を「皇孫」に代えることにも、「天照大神」の承認を必要とした。「皇孫」のホノニニギノ命に「天照大神」から「三種の宝物」が与えられ、また五部神はホノニニギノ命の随従を命じられる。「天照大神」からホノニニギノ命に授けられた勅によって、「天照大神」の「子孫」が葦原中国の王となることが決定された。「三種の宝物」は、「宝祚の隆えまさむこと、当に天壌と窮り無けむ」と宣言された天照大神の勅の証であり、またホノニニギノ命に随従して、「天」＝高天原から葦原中国に降ってきた五部神は、葦原中国とその統治権が、「天照大神」から「吾が児」のアメノオシホミミノ命を経て、「皇孫」のホノニニギノ命に授けられた一部始終を悉知している証人であった。

天孫降臨説話の最終的な発展段階を示す(6)『日本書紀』第一ノ一書において、タカミムスビノ神が姿を消しているのは当然である。タカミムスビノ神は元来、農耕の神であり、「国」「政治」にはかかわらなかったからである。

六　天照大神と持統天皇

六八九年（持統三）四月乙未（十三日）に皇太子草壁皇子が死亡した。翌年正月戊寅（元日）に持統天皇が即位し、同年七月庚辰（五日）に高市皇子を太政大臣に任ずるとともに、中央・地方の官司・官人を選任し、「浄御原令」にもとづく統治機構が発足した。

六九六年（持統十）七月庚戌（十日）に太政大臣高市皇子が没した。四十三歳であった。新しい皇太子を立てることを決意した持統天皇は、「王公卿士」、すなわち王・臣を藤原宮に集め、皇太子選定の会

議を開いた。群臣の意見はわかれ、決着がつかなかったが、このとき葛野王が、

我国家為レ法也、神代以来、子孫相承、以襲二天位一。若兄弟相及、則乱従レ此興。仰論二天心一、誰能敢測。然以二人事一推之、聖嗣自然定矣。此外誰敢間然乎。(35)

と発言した。

葛野王《かどののおおきみ》は、天武天皇の皇子の中から皇太子を選定する兄弟相承の方式をしりぞけ、子孫相承の原則を主張したが、それは草壁皇子の嫡男子である軽王の立太子を意味した。

存命中の草壁皇太子には即位の機会がなく、二十八歳で没したが、祖母の持統天皇はこのとき七歳の軽王を皇位継承者とすることを決意した。葛野王の意見は、持統天皇の立場を支持するものであった。つまり草壁皇太子の嫡男子である軽王を皇太子とすることが、「神代」より遵守されてきた「国家の法」

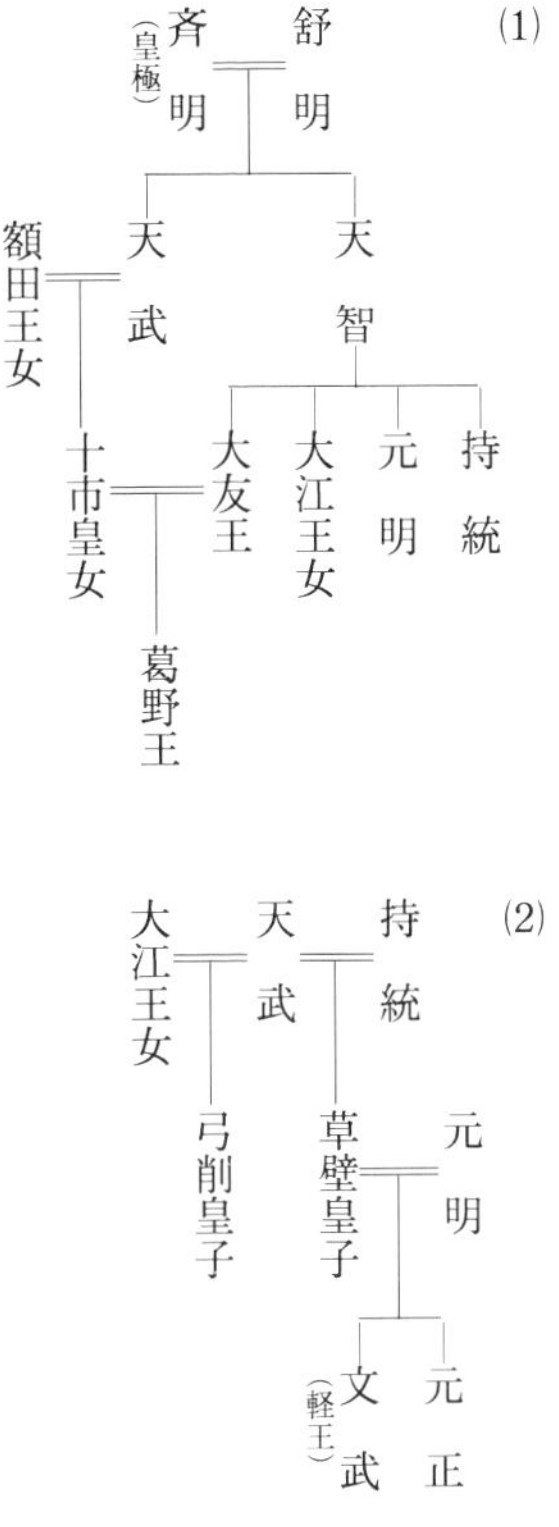

図3　舒明大王一家系図

を承け嗣ぐことである、と主張されたからである。天武天皇を父とし、大江王女《おおえのひめみこ》を母とする弓削皇子《ゆげのみこ》が異議を述べようとしたところ、葛野王が叱りつけ、弓削皇子は発言を思いとどまった。持統天皇が主宰する皇太子選定会議の大勢は、葛野王の見解に同調していることがあきらかとなり、持統天皇の意図は実現することとなった（図3）。

葛野王の父は大友王であり、つまり葛野王は天智大王の孫であるが、いっぽう母は天武天皇の女の十市皇女《とおちのひめみこ》であり、したがって天武天皇の孫でもあった。天皇家の中でも血統上の優位にあったことが、皇太子選定会議において葛野王の発言に重みを加える結果となり、弓削皇子の反撃を抑えることができたのであろう。

注意されるのは、持統天皇の時代において皇太子の選定を含む皇位継承法がなかったと考えられることである。天智大王によって制定された「不改常典」が、皇位継承法であるとする説があるが[36]、もしそうであるとすれば、高市皇子の死去の直後に開かれた皇太子選定会議は紛糾することなく、また葛野王による主導的発言の必要もなかったのではないか。草壁皇子は即位はしなかったが、約八年間皇太子の地位にあった。もし病死をしなかったとすれば、即位の機会がめぐってきたであろう。したがって嫡男子の軽王を皇太子に立てることに、異論をさしはさむ余地はなかったと考えられる。

ともあれ皇位継承についての「国家の法」は存在しなかった[37]。ここでいう「国家の法」とは、慣行を意味していたと解される。したがって葛野王の咄嗟の智恵によって混乱は回避され、軽王の立太子の道が開かれた。

高市皇子の死去の八ヵ月後の六九七年（持統十一）二月壬午（十六日）に、軽王は皇太子となり、同年八月甲子朔に持統天皇の禅譲によって即位した。文武天皇であり、十五歳であった。

持統天皇は軽王の立太子、および即位を急いだが、それは天武天皇の皇子を中心とする反対・批判の動向を察知したからであった。そうであればなお、軽王＝文武天皇の政治的立場とその地位の強化について、配慮しなければならなかったであろう。「神代より以来」の「国家の法」の存在を裏付けるに足る歴史的背景の構想について、持統天皇とその周辺は考えるところがあったと思われる。天孫降臨説話の加工・修正は、その一手段である。すなわち、表3（六四頁）の(B)グループにみられる、「天照大神」――アメノオシホミミノ命の組合せの割りこみがこれにあたるのではないか。

表3の(A)グループの(1)『日本書紀』本文、(2)『日本書紀』第六ノ一書、(3)『日本書紀』第四ノ一書において、「皇孫」のホノニニギノ命を葦原中国に降したのはタカミムスビノ神であるが、しかし、ホノニニギノ命の父とされるアメノオシホミミノ命は、(A)グループにはあらわれない。タカミムスビノ神が直接ホノニニギノ命に降臨を指示するからである。ところが(B)グループでは、アメノオシホミミノ命を降すのはタカミムスビノ神と「天照大神」であるが、降臨の途中の「虚空」で生まれたホノニニギノ命を、「天照大神」の命によりアメノオシホミミノ命に代えて降臨させる(4)『日本書紀』第二ノ一書）。あるいは、「天照大神」が高木神＝タカミムスビノ神の命によって、アメノオシホミミノ命に降臨を命じるが[38]、降る支度をしている間に子のホノニニギノ命が生まれたので、「天照大神」が「高木神の命以ちて」ホノニニギノ命に降臨を命じた(5)『古事記』）。また「天照大神」が「吾が児」のアメノオシホミ

ミノ命を葦原中国に降そうとするが、「且将降しまさむとする間」にホノニニギノ命が生まれたので、「皇孫」を代りに降すについての承認を「天照大神」からえて、降臨することになる（6）『日本書紀』第一ノ一書）。

(B)グループでは降臨の司令、すなわち葦原中国の統治権の授受は、「天照大神」から「児」のアメノオシホミミノ命に対してなされているが、しかしこれは造作の結果というべきであり、実質は(A)グループと同様、ホノニニギノ命が主役である。つまり(A)グループのタカミムスビノ神――ホノニニギノ命の組合せが原形であり、(B)グループの、「天照大神」――アメノオシホミミノ命の組合せは意図をもって割り込ませたことはあきらかである。

(B)グループに示される「天照大神」――アメノオシホミミノ命――ホノニニギノ命の統治権の継承は、持統天皇――草壁皇太子――軽王の血縁関係、およびそれにもとづく皇位継承の次第と相似している。持統天皇の「児」の草壁皇子は、皇太子であったが即位せず、皇位は持統天皇から「孫」の軽王＝文武天皇に伝えられた。持統天皇はみずからを「天照大神」に擬すことにより、「祖母」から「孫」に次第する皇位継承の「歴史」を、「天照大神」――アメノオシホミミノ命――ホノニニギノ命の継承の次第に求めたのではなかろうか。持統天皇にとって、「孫」の文武天皇への譲位は、持統天皇一個人の恣意によることではなく、「天照大神」によってなされた「神代」の、統治権の継承法を嗣ぐことであった。

「天照大神」――アメノオシホミミノ命が登場する、天孫降臨説話の(B)グループの発展には、文武天皇の即位の正統性を、「神代より以来」の「国家の法」に求めようとする、持統天皇の意図が反映しているように解される(39)。

七〇二年（大宝二）十二月甲寅（二十二日）に持統太上天皇は死去した。五十八歳であった。その翌年、一周忌を間近にひかえた十二月癸酉（十七日）に、持統太上天皇は「大倭根子天之広野日女尊」と諡された。当日、飛鳥の岡で火葬され、数日後に夫の天武天皇が眠る檜隈大内《ひのくまのおおうちの》陵《みささぎ》（奈良県高市郡明日香村野口）に合葬された。葬儀にあたり、造御竈長《みかまつくるつかさのかみ》官が任命されていることなどから考えると、火葬は持統太上天皇の生前の指示であったのであろう。

さて諡号の「根子」は尊称であり、天皇が大倭国＝大和国を支配していることから、「大倭根子《おおやまとねこ》」と称したと解される。「日女」は「天照らす日孁の命(40)」の「天照大神」と同じであり、すなわち持統太上天皇を、暗に「天照大神」になぞらえる意図があったと思われる(41)。

ところで『日本書紀』によれば、持統天皇の諡号は「高天原広野《たかまのはらひろの》姫《ひめ》天皇」であった。「高天原」は「天照大神」が住む「国」であり、無限定な「天」と異なる。持統天皇の最初の諡号である「大倭根子天之広野日女尊」が、「高天原広野姫天皇」の諡号に改定されたのであるが、その背景に、持統天皇を「天照大神」に重ねあわせる観念が強まっていたことを窺わせる。

山田英雄氏は、持統太上天皇の最初の諡号が七〇三年（大宝三）におくられている事実を踏まえ、「高天原広野姫」と文武天皇の「天之真宗豊祖父」の諡号が、いずれも七〇七年（慶雲四）十一月丙午（十二日）以降、『日本書紀』成立の七二〇年（養老四）五月癸酉（二十一日）までの間に改定されたと推測されている(42)。

持統天皇によって着手された伊勢神宮の造営が、ほぼ完成するのは六九二年（持統六）頃と考えられるが、「天照大神」を祭神とする伊勢神宮が正式に発足するのは六九八年（文武二）十二月乙卯（二十五日）であった。五十鈴川の現在地に創建された伊勢神宮の重要性が増すにしたがい、持統天皇を「天照大神」に擬し、持統天皇に対する崇敬が深まったのではないか。この潮流の中で、持統天皇の「大倭根子天之広野日女尊」の謚号は、「高天原」を冠する「高天原広野姫」に変えられたと考えられる。

注

（1）『日本書紀』天武元年九月是歳条。
（2）同右、天武二年二月癸未条。
（3）同右、朱鳥元年七月戊午条。
（4）同右、天武十四年九月辛酉条。
（5）同右、天武十年正月丁丑条。
（6）同右。
（7）同右、天武九年正月甲申条。
（8）同右、持統四年七月甲申条。
（9）福山敏男『住宅建築の研究』（中央公論美術出版、一九八四年）三七頁。
（10）『続日本紀』天平十年正月壬午条。
（11）同右、慶雲二年四月辛未条。
（12）同右、慶雲四年正月甲午条。
（13）『古事記』序。
（14）日本古典文学大系『古事記・祝詞』（岩波書店、一九九三年）「帝紀」註、四五頁。

(15) 注(9)前掲書、四五頁。
(16) 『続日本紀』天平元年六月庚辰条。
(17) 日本における大極殿の成立について、福山敏男氏は飛鳥浄御原宮説を主張されているが、いっぽう飛鳥浄御原宮における大極殿の存在を認めず、藤原宮の大極殿が日本最初の例であるとする見解がある（直木孝次郎「大極殿の起原についての一考察」〈同『飛鳥奈良時代の研究』塙書房、一九七五年〉。鬼頭清明「日本における大極殿の成立」〈井上光貞博士還暦記念会編『古代史論叢』中巻、吉川弘文館、一九七八年〉。狩野久『日本古代の国家と都城』東京大学出版会、一九九〇年。今泉隆雄『古代宮都の研究』吉川弘文館、一九九三年）。ただ飛鳥浄御原宮についていえば、その所在地もあきらかでなく、したがって宮跡の発掘調査による実態の把握が不可能な現時点において、飛鳥浄御原宮に大極殿が存在しなかったと断定するのは、尚早の感じを免れないように思われる。本書は、『日本書紀』の当該の記事および福山敏男氏の見解により、飛鳥浄御原宮に大極殿が存在していたとする立場をとる。
(18) 『日本古代氏族人名辞典』（吉川弘文館、一九九〇年）「平群臣子首」の項。
(19) 『日本古代人名辞典』第一巻（吉川弘文館、一九五八年）「忌部首子首」の項。津田左右吉「古語拾遺の研究」（『津田左右吉全集』第二巻、岩波書店、一九六三年、五三二頁）。
(20) 上田正昭『日本古代国家論究』（塙書房、一九六八年）二一七頁。
(21) 『日本書紀』大化元年七月庚辰条。
(22) 同右、大化二年三月辛巳条。
(23) 同右、天智九年三月壬午条。
(24) 同右、天武二年十二月丙戌条。
(25) 同右、持統四年正月戊寅朔。
(26) 岡田精司『古代祭祀の史的研究』（塙書房、一九九二年）五〇頁。
(27) 福山敏男『日本建築史研究』（墨水書房、一九六八年）二二九頁。

(28) 田村圓澄「大唐学問僧定恵」(同『仏教史散策』山喜房仏書林、一九八四年)。
(29) 福山敏男『奈良朝寺院の研究』(高桐書院、一九四八年)一二九頁。
(30) 田村圓澄『飛鳥・白鳳仏教史』上(吉川弘文館、一九九四年)二〇一頁。
(31) 三品彰英「天孫降臨神話異伝考」(同『建国神話の諸問題』平凡社、一九七一年)。
(32) 『日本書紀』神代上、第七段(本文)。同(一書第二)。同(一書第三)。
(33) 『古事記伝』巻十五(『増補本居宣長全集』第二、吉川弘文館、一九三七年、七一七頁)。
(34) 『日本書紀』神代下、第九段(一書第二)において記される、フツヌシノ神・タケミカヅチノ神・オホナムチノ神による出雲奉進の相手は、タカミムスビノ神である。
(35) 『懐風藻』葛野王条。
(36) 岩橋小弥太「天智天皇の立て給ひし常の典」(同『上代史籍の研究』二、吉川弘文館、一九五八年)。
(37) 田村圓澄「不改常典考」(竹内理三博士還暦記念会『律令国家と貴族社会』吉川弘文館、一九六九年)。「不改常典」の題名で、同『日本古代の宗教と思想』(山喜房仏書林、一九八七年)所収。
(38) 岡田精司『古代王権の祭祀と神話』(塙書房、一九七〇年)三八三頁。
(39) 田村圓澄「天孫降臨説話と中臣・藤原氏」(『史淵』一〇三、一九七一年)。同『日本仏教史』第二巻(法蔵館、一九八三年)所収。
(40) 『万葉集』巻二、一六七、日並皇子尊殯宮之時柿本朝臣人麻呂作歌一首并短歌
(41) 黛弘道『律令国家成立史の研究』(吉川弘文館、一九八二年)六三三頁。
(42) 山田英雄「古代天皇の謚について」(『日本書紀研究』七、塙書房、一九七三年)。

第四章　『古事記』『日本書紀』の天照大神像

一　天照大神の種々相

『日本書紀』の神武天皇より安康大王までの各条において、「天照大神」「伊勢神宮」についての記事があるのは、(1)神武、(2)崇神、(3)垂仁、(4)景行、(5)仲哀、(6)神功、(7)仁徳の各天皇・大王・皇后条である。そのなかで(5)仲哀と(6)神功の各条の記事は、同一事件に関連していると考えられるので、神功皇后条においてまとめてとりあげる（表2）。

(1)神武紀には、「天照大神」による神武天皇の「東征」援助の記事がみられる。

日向の神武天皇は、「六合之中心」と考えられた大和に都をつくるため、(1)「東征」(2)に出発したが、熊野の荒坂津で神の毒気にあたり、「皇軍」が不振となったところ、熊野の高倉下が夢をみた。それによると、葦原中国《あしはらのなかつくに》が喧擾であることを聞いた「天照大神」が、タケミカヅチノ神に命じて伐たしめようとしたところ、タケミカヅチノ神は、かつて自分が国を平定したときに用いた剣を下すならば、国はおのずから平静になるであろう、と答えた。「天照大神」はこれを了承した。タケミカヅチノ神から、自分の剣は名を「韴霊《ふつのみたま》」といい、いま汝の庫の内に置かれているから、取って「天孫」に献上せよ、といわれた高倉下が、恭しんで承諾した、と答えたところで夢が覚めた。翌朝、高倉下は「夢の中の教」によって庫を開いて剣を発見し、これを「天孫」すなわち神武天皇に進上した。天皇も士卒も毒から醒め、進軍を続けることができた。

神武天皇の「皇師」が嶮しい山中で路を見失い、困却しているとき、神武天皇の夢に現われた「天照大神」から、八咫烏《やたのからす》を遣わすから「郷導者」とするように教えられたが、果たして八咫烏が翔び降りて来た。神武天皇は、「此の烏の来ること、自づからに祥き夢に叶へり、大きなるかな、赫なるかな。我が皇祖天照大神、以て基業を助け成さむと欲せるか(3)」といって悦んだ。

神武天皇の「東征」は、「凶徒」を殺して国を平定し、「上は乾霊の国を授けたまひし徳に答へ、下は皇孫の正を養ひたまひし心を弘(4)」め、「大業を恢弘(5)」べることであった。その間に神武天皇とその「皇軍」が困難に直面したとき、「天照大神」は武神に命じ、あるいは八咫烏を遣わして危急を救った。「天照大神」は「始馭天下之天皇《はつくにしらすすめらみこと》(6)」である神武天皇の「国家」の創業を援助し、とくに軍事面で、「天下の主者(7)」としての責任を果しているように思われる。

(2)崇神紀では、「天照大神」の笠縫邑《かさぬいのむら》鎮座が語られる。

「天照大神」と倭大国魂神は、これまで天皇の居処である大殿の内で祭られていたが、国内に疾疫がひろがり、死者が多く、また百姓の流離・背叛の事態が続いた。この二神を大殿で祭っていることに原因があると考えた崇神天皇は、「天照大神」をトヨスキイリヒメノ命に託《つ》け、倭の笠縫邑において祭らせた。笠縫邑には磯堅城《しかたき》の「神籬」が立てられた。倭大国魂神の祭祀を託されたヌナキノイリヒメは、髪は抜け痩せ衰えて、祭ることができなかった(8)。

「天照大神」を天皇の大殿に祭るのは、天孫降臨に際し「天照大神」が、宝鏡をアメノオシホミミノ命に授けたことに起源があると考えられる。

高皇産霊尊、因勅曰、吾則起二樹天津神籬及天津磐境一、当為二吾孫一奉レ斎矣。汝天児屋命・太玉命、宜持二天津神籬一、降二於葦原中国一、亦為二吾孫一奉レ斎焉。乃使二二神一、陪二従天忍穂耳尊一以降之。是時、天照大神、手持二宝鏡一、授二天忍穂耳尊一、而祝之曰、吾児視二此宝鏡一、当レ猶レ視レ吾、可三与同レ床共レ殿、以為二斎鏡一。復勅二天児屋命・太玉命一、惟爾二神、亦同侍二殿内一、善為二防護一(9)。

「天照大神」は手にした宝鏡をアメノオシホミミノ命に授け、この鏡をみること、吾をみるごとくし、床を同じくし、殿を共にして斎鏡とせよ、と命じた。「天照大神」の分身である鏡は、「皇孫」であることの証であり、アメノオシホミミ——ホノニニギと承け継がれ、神武天皇を経て崇神天皇に至るまで、「皇孫」の身辺に奉安されてきた、とされているのであろう。

右のように考えることができるならば、疑問がおこってくる。「天照大神」から直接、殿内に侍って宝鏡を防護せよと命じられた天児屋命《あめのこやねのみこと》の後裔の中臣氏、同じく太玉命《ふとだまのみこと》の後裔の忌部氏が、崇神天皇の大殿に侍していなかったことである。また「天照大神」を倭の笠縫邑において祭るにあたり、磯堅城に「神籬」を立てたとする反面、「宝鏡」奉安の「宮」を造営した、と記していないことにも注意される。

(3)垂仁紀では倭の笠縫邑の「天照大神」が、伊勢に遷座した経緯が語られている。

垂仁天皇は「天照大神」をトヨスキイリヒメノ命より離し、倭姫命に託けた。倭姫命は「天照大神」の鎮座の地を求めて、菟田《うだ》の筱幡《ささはた》――近江国――美濃を経て伊勢に入った。そして「天照大神」の教にしたがって大神の「祠」を伊勢国に立て、また斎宮を五十鈴川の川上に建てた。「則ち天照大神の始めて天より降ります処なり」とあるのは、「天照大神」のための「祠」と、倭姫命が忌みこもる「斎宮」が、伊勢の地に営まれたことを指していると解される。

異伝の「一に云はく」には、垂仁天皇から倭姫命が「御杖」すなわち憑代として「天照大神」に奉献されたことと、倭姫命が、磯城の厳橿の本に「天照大神」を鎮め祀ったこと、その後、神の教にしたがい、「天照大神」を伊勢の渡遇宮に遷したことなどが記されている。(10)

(4)景行紀には、皇女の伊勢派遣の記事がある。

景行天皇は五百野皇女《いおのののひめみこ》を遣わし、「天照大神」を祭らしめた。(11) 東国に向かう日本武尊は、まず「伊勢神宮」を拝んだ。(12) 大和への帰途、日本武尊は俘虜の蝦夷らを「神宮」に献じたが、(13) その後「神宮」に献じられた蝦夷らが昼も夜も騒ぎ、また出入に礼がなく、倭姫命から「神宮」に近づくべからずと制止された。(14)

(5)神功皇后条では、熊襲平定と新羅征討の物語があり、そのなかに「天照大神」が現われる。

筑紫の橿日宮《かしひのみや》(福岡市東区香椎)で、仲哀天皇は群臣に熊襲平定について審議させたが、このとき神が神功皇后に託き、「熊襲の住むところは『膂宍之空国《そししのむなくに》』、つまり荒れてやせた不毛の国であり、兵をもって伐つに値しない。しかしこの国にまさる『財宝国』、金・銀・彩色が多い国がある。それは新羅である。もし吾を祭るならば、刃に血をぬることなく、その国はおのずから帰服するであろう。また熊襲《くまそ》も服従するであろう」と告げた。神の言葉に疑いをいだいた仲哀天皇は、高い岳に登って大海を見渡したが、国がみえない。「自分をあざむくのは、どこの神か」といったが、また神が神功皇后に託《つ》き、「自分の言葉を信じないならば、汝はその国を手に入れることはできない。いま皇后が胎んでいる子が、その国を獲るであろう」と告げた。なお仲哀天皇はこれを信ぜず、熊襲平定にのり出したが、勝つことができずに帰ってきた(15)。

半年後に仲哀天皇は死去した。神の言葉を信ぜず、その教に従わなかったからである。祟るところの神の名を知ろうと願い、また「財宝国」を求めようとした神功皇后はみずから神主となり、斎宮に入って祈ったところ、七日七夜に及んで名をあらわした神は、伊勢の国の五十鈴宮に坐す神＝「天照大神」と、伊勢国の伊雑宮《いざわのみや》に坐す神と事代主神、および表筒男《うわつつのお》・中筒男《なかつつのお》・底筒男《そこつつのお》の住吉三神であった。神功皇后は教のままにこれらの神を祭った。その後、吉備臣の祖である鴨別を遣わして熊襲国を撃たしめたところ、十日余りで熊襲は服従した(16)。

神の教の験のあることを知った神功皇后はさらに神祇を祭ったところ、「和魂は王身に服ひて寿命を守らむ。荒魂は先鋒として師船を導かむ」という「天照大神」などの諸神の教を受けることができた(17)。そして「天神地祇」の助けを得た神功皇后は、「金銀之国」「財宝国」の新羅に進攻した。新羅王は、東にある「神国」の「神兵」が来たことを知り、抵抗を断念して降伏し、神功皇后に永代の貢納を誓った(18)。

『古事記』によれば、筑紫の訶志比宮《かしひのみや》（橿日宮）で、神を招き寄せた神功皇后に、西の方に国有り。金銀を本と為て、目の炎耀く種種の珍しき宝、多に其の国に在り、吾今其の国を帰せ賜はむ。

との神の言葉があった。これを信じなかった仲哀天皇はその神の忿りをうけて死ぬが、また神功皇后に神がかかり、

凡そ此の国は、汝命の御腹に坐す御子の知らさむ国なり。

とさとした。「今如此言教へたまふ大神は、其の御名を知らまく欲し」と請うと、

是は天照大神の御心ぞ。亦底筒男、中筒男、上筒男の三柱の大神ぞ。

との告げがあった(19)。

新羅から還った神功皇后は、穴門の豊浦宮（山口県下関市豊浦村）に移り、仲哀天皇の遺体を収めて海路京に向かったが、応神大王の異母兄弟であるカゴサカ・オシクマの二王が反逆を企てた。カゴサカ王は猪に咋い殺されたが、オシクマ王の軍兵は住吉（大阪市住吉区）に集結し、神功皇后を待ちうけた。神功皇后の船は難波を目指したが、進むことができず、務古水門（兵庫県尼崎市・西宮市の武庫川河口付近）に還ってトったところ、「天照大神」・稚日女尊《わかひるめのみこと》・事代主尊・住吉三神が現われ、神ごとに祭祀の場所を指定し、祭ることを命じた。神の教に随いそれぞれ鎮め坐《す》えたところ、神功皇后らは平らかに海を渡り、オシクマ王を討つことができた(20)。

神功皇后の新羅征討は歴史的事実でなく、物語として構想されたものである(21)。「財宝国」の新羅を神功皇后の胎中の子に授けるといい、また神功皇后の新羅征討を終始援助したのは、「天照大神」をはじ

めとする諸神であったが、とくに「天照大神」は、神功皇后による新羅征討に主導的役割を果たしている。

(6)仁徳紀に、隼別王《はやぶさわけのみこ》らが「伊勢神宮」に逃がれようとした記述がある。

仁徳大王の追求を受けた隼別王は、嶋鳥王女《めとりのひめみこ》とともに「伊勢神宮に納らむと欲ひて馳」せて伊勢に来た。(22)「納」は「献」であり、神に奉進する意である。しかし隼別王と嶋鳥王女が伊勢に来たのは「伊勢神宮」に拝礼するためではなく、仁徳大王による殺害を逃れるためであった。景行紀の「伊勢神宮」と同様、この条の「伊勢神宮」も持統期に成立する「伊勢神宮」の投影と考えられ、したがって天皇の許可なき皇子の「伊勢神宮」参拝は、違法であるとする前提があったと考えられる。(23)

二　天照大神の特性

「天照大神」が天皇＝倭王の統治圏の拡大・発展＝平定・侵攻を教導・援助した例として、(イ)神武天皇の「東征」、(ロ)景行天皇――日本武尊の熊襲平定、および(ハ)蝦夷平定、(ニ)神功皇后の新羅征討を挙げることができる。「天照大神」による「援助」は(イ)(ロ)(ハ)であり、「天照大神」による「教導」「援助」は(ニ)である。

豊秋津洲《とよあきづしま》および筑紫洲をふくむ「大八洲国《おおやしまのくに》」(24)は、イザナギノ命・イザナミノ命の二神の生むところであった。そして「天照大神」は、ひとたびは「大八洲国」＝「天下」の「主者」として、二神から生まれるが、姿・形が「霊異」であることを理由に「天上」に挙げられた。したがって「大八洲国」の統治者は不在のままとなったが、しかし「大八洲国」の領有者は、これを生んだイザナギ・イザナミの二神であり、また「天照大神」は、「大八洲国」の統治権の潜在的な掌握者であるとみることができるであろう。高天原の「天照大神」が「皇孫」のホノニニギノ命に、「瑞穂の国は、是、吾が子孫の王たるべき地なり」といい、「爾皇孫、就でまして治せ」と命じたのは、その下命者が、「天下の主者」の任務を課された「天照大神」であり、「吾が子孫の王たるべき地」が、イザナギ・イザナミの二神によって生まれた「大八洲国」であることにおいて、受命者であるホノニニギノ命の正統性は、疑うことはできない、とみられるであろう。

ともあれ「大八洲国」の統治権は、「皇孫」のホノニニギノ命に対する「天照大神」の命令にもとづいており、以後、歴代の天皇の継承するところであった。したがって天皇に叛く者は「虜」[25]「賊」[26]である。「大八洲国」は天皇が統治するところであり、「大八洲国」のすべての人は、天皇の統治に服さねばならなかった。

(イ)神武天皇の「東征」、(ロ)日本武尊の熊襲平定、(ハ)同じく蝦夷《えみし》平定は、豊秋津洲また筑紫洲に住む蝦夷・熊襲が、天皇に叛いて朝貢などを欠くこと[27]、つまり「王沢に霑は[28]」ない「賊[29]」に対する天皇側の対応であった。(イ)(ロ)(ハ)は、「皇祖」の「天照大神」に発する「基業[30]」「天業[31]」の一環であると考えられた。

神武天皇が率いる軍勢は「皇師[32]」「皇軍[33]」と呼ばれ、これに対する「賊衆[34]」は、「天皇」に叛くものであり、そして「天皇」に叛くことは、「天照大神」に叛くことであった。

熊襲と蝦夷は、天皇に叛いたゆえに、景行天皇――日本武尊の平定を免れなかったが、『日本書紀』の記述による限り、両者の地位に相違がみられる。つまり天皇との距離において、熊襲はより近く、蝦夷ははるかに離れていた。

蝦夷は「東夷」であった。識性は暴強であり、凌犯を宗としている。日常、男女は交わって居住し、父子の区別もない。恩を受けては忘れ、怨をみては必ず報いる。つまり儀礼を知らぬ種族である。往古より以来、「王化」に染《したが》わない(35)。

しかし熊襲の場合、「夷」とする記述はない。襲国（日向）を平定した景行天皇は、その国の御刀媛を妃としている(36)。いわゆる天孫降臨のとき、ホノニニギノ命は「日向の襲の高千穂峯(37)」に天降り、以後、神武天皇に至るまで、熊襲の地に住んでいた。天皇家の郷国にあたる熊襲の地とその住民を、「夷」と見下すことは避けねばならなかったのであろう。

ところで㈡新羅は、天皇が統治する「大八洲国」の圏外にある異国であった。この点が、㈠神武天皇の「東征」、㈢日本尊命の熊襲平定、㈧同じく蝦夷平定と異なっている。つまり神功皇后の新羅征討の動機を、日本の天皇に対する新羅王の「叛逆」に帰することはできない。ここで考え出されたのが「天照大神」の登場である。神懸りした神功皇后を通して、新羅国を授けるという「天照大神」の意志が伝えられる。

熊襲が「膂宍《そしし》の空国《むなくに》」であるのに対し、新羅は「金銀の国」「財宝国」であった。「若し能く吾を祭りたまはば、曾て刃に血らずして、其の国必ず自づから服ひなむ」という神の教とともに、その祭儀の方式も提示されている。

異国である新羅への出兵は、「新羅の役」と記されている。[38]ところで「新羅の役」の時点で、「新羅」に対するのは「倭」でなく、「日本」であり、「神国」であった。また「日本」に君臨するのは「倭王」でなく、「天皇」である。[39]「日本の国号」と「天皇の称号」の不可分の事例が示されている。

もともと「倭王」と「新羅王」は、「王」であることにおいて対等であった。しかし「倭王」に代わる「天皇」の称号は、たとえば道教において天帝の観念を含むとともに、宗教的意義をもっており、また天界の衆星運行の中心である北極星を指す「天皇」に由来している。[40]「倭王」に代わる「天皇」の称号は、「新羅王」の上位にあることを表現するのに相応しいと考えられた。神功皇后が率いる「神兵」を前にして、新羅王は「豈兵を挙げて距ぐべけむや」といって降伏し、みずから「飼部《みまかい》」となり、また年毎に貢納することを誓ったという。

注目されるのは、服属した新羅が「西蕃」[41]とされていることである。「西の蕃国」は「東の神国」に対応している。「天照大神」は、神功皇后に新羅征討を教導・援助したのみならず、「蕃国」として新羅を蔑視する道を開いたといいえよう。しかし歴史に即していえば、「倭」が「日本」と国号を替え、「倭王」の名称を「天皇」と替えた天武・持統期の、律令体制成立の時点で、「国」であった新羅を「蕃国」に格付けした事実を想起しなければならない。[42]

神武紀・景行紀・神功皇后紀に現われる「天照大神」において共通するのは第一に、倭王＝天皇が統治し、また支配しようとする「国土」に関係していることである。国土の中央に「都」をつくるべく「東征」する神武天皇や、東国の蝦夷平定に挺身する日本武尊を擁護する「天照大神」、熊襲のみならず、異国の新羅を討つことを神功皇后に教示・援助する「天照大神」の姿は、「天照大神」が終始、そして積極的に、「天皇」とその統治の対象である「国土」の拡大に深くかかわっていたことを示している。第二に、「天照大神」が教示・援助する対象は、「天皇」または「天皇」の命を受けた「皇后」「皇子」に限られていたことである。「天照大神」は「天皇」の「統治」にのみかかわっている。したがって日本武尊も、みずからの「私的」な祈願のために「伊勢神宮」を拝むことは許されないと、考えられていたのではないか。このことは「天皇」においても同様である。つまり「伊勢神宮」と「天皇」との関係は、天皇による「統治」に限定されていた。

注意されるのは、伊勢神宮の祈年祭（二月）、月次祭（六月・十二月）、神嘗祭《かんなめ》（九月）の恒例の神事において、幣帛使が奏上する「祝詞」に、祈願・感謝の文言がないことである(43)。一般に神は人間を超越した威力をもち、人間に対して禍福を下すと考えられている。人間は神を畏怖し、またさまざまな祈願をささげるのであるが、しかし伊勢神宮の神前で奏上される「祝詞」には、祈願や感謝の言葉がない。

「天照大神」は天皇の「祖神」である。しかしこれは「天照大神」と天皇との「私的」なつながりといえよう。「天照大神」と天皇との関係の原点は、天皇の「統治」であるとしなければならない。「統治」は天皇の根幹である。すなわち天皇が継承する「統治」権は、「天照大神」の命令にもとづくところであった。「天照大神」は下命者であり、天皇は受命者である。天皇は、天皇である限り「天照大神」の命令を拒むことはできなかった。「統治」権の継承者としての立場に注目するならば、下命者の「天照大神」に対し、受命者の天皇が祈願や感謝の言葉を発する余地はないと思われる。

三節祭である神嘗祭および月次祭は伊勢神宮の重儀であり、これに祈年祭を加えた四つの祭事は天皇の「私的」な祭祀ではなく、「公的」な祭祀であった。幣帛使が奏上する「祝詞」に、天皇の「私的」な祈願・感謝の文言を入れることは差し控えられた。天皇にとって「天照大神」は、祈願や感謝の対象ではなかったからである。

『日本書紀』『古事記』に現われた「天照大神」の特性を摘記すれば、次のとおりである。

(1)「天下の主者」である。
(2)天皇家の祖神である。
(3)容姿・振舞は人間的であり、「言葉」を発する人格神であるが、また永遠の「生命」と無量の「光」をもっている。
(4)高天原に居住しており、また高天原を離れることはない。
(5)天皇の「尊貴」身分は「天照大神」から源流する。
(6)天皇が継承する日本の「統治」は、「天照大神」の命令にもとづく。
(7)天皇の統治権の内外にわたる拡大＝侵攻につき、積極的な教導・援助をする。

ともあれ「天照大神」は、豪族や民衆の一人ひとりの「私的」な祈願に応じて利益を授ける神ではなく、「天皇」ひとりに対し「日本」の「統治」を命じ、ときには「国土」の拡大について教導・援助を与える「政治」的な神であったといえよう。

注

（1）『日本書紀』神代上、第五段（一書第十一）。
（2）同右、神武即位前紀。
（3）同右、神武即位前紀、甲寅年十月辛酉条。
（4）同右、神武即位前紀、戊午年六月丁巳条。
（5）同右、神武即位前紀、己未年三月丁卯条。
（6）同右、神武即位前紀。
（7）同右、神武元年正月庚辰朔条。
（8）同右、神代上、第五段（本文）。
（9）同右、崇神六年条。
（10）同右、神代上、第九段（一書第二）。
（11）同右、垂仁二十五年三月条。
（12）同右、景行二十年二月甲申条。
（13）同右、景行四十年十月戊午条。
（14）同右、景行四十年是歳条。
（15）同右、景行五十一年八月壬子条。
（16）同右、仲哀八年九月己卯条。
（17）同右、神功皇后摂政前紀、仲哀九年三月壬申朔条。
（18）同右、神功皇后摂政前紀、仲哀九年九月己卯条。
（19）同右、神功皇后摂政前紀、仲哀九年十月辛丑条。

(20)『古事記』中巻、仲哀天皇、2神功皇后の新羅征討。
(21)『日本書紀』神功皇后摂政元年二月条。
(22)津田左右吉『日本古典の研究』上、(『津田左右吉全集』第一巻、岩波書店、一九六三年、八七頁)。
(23)『日本書紀』仁徳四十年二月条。
(24)同右、神代上、第四段(本文)。
(25)同右、神武天皇即位前紀、戊午年四月甲辰条。
(26)同右、戊午年九月戊辰条。
(27)同右、仲哀二年三月丁卯条。
(28)同右、神武即位前紀。
(29)同右、神武即位前紀、景行十二年十二月丁酉条。
(30)同右、神武即位前紀、戊午年六月丁巳条。
(31)同右、景行四十年七月戊戌条。
(32)同右、神武即位前紀、戊午年二月丁未条。
(33)同右、神武即位前紀、戊午年六月丁巳条。
(34)同右、神武即位前紀、己未年二月辛亥条。
(35)同右、景行四十年七月戊戌条。
(36)同右、景行十三年五月条。
(37)同右、神代下、第九段(本文)。
(38)同右、仲哀九年、是年条。
(39)同右、神功皇后摂政前紀、仲哀九年十月辛丑条。
(40)津田左右吉「天皇考」(『津田左右吉全集』第三巻、岩波書店、一九六三年)。
(41)『日本書紀』神功皇后摂政前紀、仲哀九年十月辛丑条。

(42) 田村圓澄『大宰府探求』(吉川弘文館、一九九〇年)九一頁。
(43) 三宅和朗『古代国家の神祇と祭祀』(吉川弘文館、一九九五年)一二三頁。

第五章　伊勢大神と滝原

一　『日本書紀』の天照大神・日神・伊勢大神

『日本書紀』において、(1)「天照大神」、(2)「日神《ひのかみ》」、(3)「伊勢大神《いせのおおかみ》」があらわれる箇所について検討しよう（表2、三四頁）。

(1)「天照大神」（(イ)天照大神・(ロ)天照太神宮）は、神代史より神功皇后条まで（Aグループ）と、天武紀（Cグループ）の二つに分けられる。

(2)「日神」（(ハ)日神・(ニ)大日孁尊《おおひるめのみこと》）は、神代史より神武紀まで（Aグループ）では、「天照大神」と重なるが、用明紀（Bグループ）では「日神」だけであり、「天照大神」はあらわれない。なお顕宗紀（Aグループ）の「日神」は対馬の下県氏が祀っており、倭王によって祀られる「日神」の系列とは異なると考えられるので除外する。

(3)「伊勢大神」（(ホ)伊勢崇秘之大神・(ヘ)伊勢大神・(ト)伊勢神宮・(チ)五十鈴宮・(リ)伊勢大神祠・(ヌ)伊勢祠・(ル)伊勢神祠・(ヲ)伊勢〈社〉）は、「伊勢神宮」（(ト)の1・2・3・4）と「五十鈴宮」（(チ)の1）（以上Aグループ）を除くならば、雄略紀から持統紀までの間に見出せる。すなわち、(ヘ)の1・2、(ト)の5、(リ)の1・2、(ヌ)の1(以上Bグループ)と、(ヘ)の3・4、(ト)の6・7・8、(ル)の1、(ヲ)の1(以上Cグループ)である。

要約すれば、「天照大神」はAグループとCグループにあらわれる。「日神」はAグループとBグループにあらわれる。「伊勢大神」はBグループとCグループにあらわれる。注意されるのは、「天照大神」がBグループにあらわれないことである。

「天照大神」「日神」「伊勢大神」の三者は、性格・姿形・はたらきなどを異にしており、したがって『日本書紀』で三者の名を使いわけているのは、それだけの理由があると考えられる。「天照大神」「日神」「伊勢大神」の三者を無限定に同一の神であるとする視点は、三者の「歴史」をあきらかにする立場とあい容れないと思われる。

「天照大神」「日神」「伊勢大神」の出現の時期の順位についていえば、『日本書紀』の記述に従う限り、はじめに「天照大神」があらわれ(Aグループ)、「伊勢大神」は次の段階(Bグループ)であらわれたと解されるであろう。しかし「天照大神」の前に「伊勢大神」があった。伊勢の地に祀られている「伊勢大神」は、したがって葦原中国《あしはらのなかつくに》の神であった。

「伊勢大神」を「天上」の神にするために、「日神」が重ねられたと思われる。倭王によって始められた「伊勢大神」の祭祀は、地域神としての「伊勢大神」の祭祀に終わったのではない。「日神」の信仰が加上され、王女による侍祭の慣行が成立する。もし「伊勢大神」に「日神」が重ねられなかったとすれば、「伊勢大神」は「天上」に上ることはできなかったであろう。「伊勢大神」と「日神」の合体により、「天照大神」出現の道が開かれたと考えられる。

「伊勢大神」「日神」「天照大神」の出現の時期の前後についていえば、第一に、地域神としての「伊勢の神」があった。この段階の「伊勢の神」は、倭王とは関係がなかった。

第二に、雄略期ごろに、倭王による「伊勢の神」の祭祀が始まる。そして「日神」が重ねられ、「伊勢大神」となる。

第三に、天武期に「天照大神」が出現する。

『日本書紀』の記述は、天照大神（Aグループ）→伊勢大神（Bグループ）→天照大神（Cグループ）の順になっているが、三神の出現の順位は伊勢大神（Bグループ）→天照大神（Cグループ）→天照大神（Aグループ）であったと思われる。

二　王女侍祭の慣行

『日本書紀』によれば、倭王が王女に命じ、「天照大神」または「伊勢大神」に侍祭せしめる記事は崇神紀に始見し、天武紀まで続く。次の通りである。

(1)崇神六年、……以㆓天照大神㆒、託㆓豊鍬入姫命㆒、祭㆓於倭笠縫邑㆒。
(2)垂仁二十五年三月丁亥朔丙申、離㆓天照大神於豊耜入姫命㆒、託㆓于倭姫命㆒。
(3)景行二十年二月辛巳朔甲申、遣㆓五百野皇女㆒、令㆑祭㆓天照大神㆒。

⑷雄略元年（四五七）三月、……稚足姫皇女……侍㆓伊勢大神祠㆒。

⑸継体元年（五〇七）三月、……荳角皇女……侍㆓伊勢大神祠㆒。

⑹欽明二年（五四一）三月、……磐隈皇女……初侍㆓祀於伊勢大神㆒。

⑺敏達七年（五七八）三月壬申（五日）、以㆓菟道皇女㆒、侍㆓伊勢祠㆒。

⑻（用明即位前紀）（五八五）九月壬申（十九日）、詔曰、云々、以㆓酢香手姫皇女㆒、拝㆓伊勢神宮㆒、奉㆓日神祀㆒。是皇女、自㆓此天皇時㆒、逮㆓乎炊屋姫天皇之世㆒、奉㆓日神祀㆒。自退㆓葛城㆒而薨。見㆓炊屋姫天皇紀㆒。或本云、卅七年間、奉㆓日神祀㆒。自退而薨。

⑼天武二年（六七三）四月己巳（十四日）、欲㆑遣㆓侍大来皇女于天照太神宮㆒、而令㆑居㆓泊瀬斎宮㆒。……

同三年（六七四）十月乙酉（九日）、大来皇女、自㆓泊瀬斎宮㆒、向㆓伊勢神宮㆒。


倭王が王女に託《つ》けて「天照大神」を祭らしめると記す⑴⑵⑶（以上Aグループ）の史実性には、問題があると考えられる。未婚の女王を「伊勢大神」に侍らせたのは、雄略大王の時代に始まり、以後慣行化された（Bグループ）。

注意されるのは、第一に、王女はAグループではすべて「天照大神」に侍祭しているが、Bグループでは「伊勢大神」「伊勢大神祠」に侍祭していることである。つまり説話的要素が多いとみられるAグループでは「天照大神」となっており、史実としての信憑性が高いBグループでは「伊勢大神」となっている。

第二に、⑻酢香手《すかて》姫王女《ひめのみこ》の後、約半世紀の中断をさしはさんで登場する⑼大来皇女《おおくのひめみこ》が、「天照太神の

大和神社
竜王山
やなぎもと
初瀬山
纒向(ロ)
穴師(ハ)
三輪山
初瀬(ト)
磯城
大神神社
初瀬川
初瀬川
はせでら
寺川
金屋(イ)(リ)
耳成山
みみなし
さくらい
朝倉(ホ)
戒重(ヌ)
桜井
かぐやま
香久山
香久山
池之内(ニ)(ヘ)(チ)
阿部(ル)
粟原
倉橋(ヲ)
関係大王の宮都の所在地
金屋＝(イ)崇神，(リ)欽明
纒向＝(ロ)垂仁
穴師＝(ハ)景行
池之内＝(ニ)履仲，(ヘ)清寧，(チ)継体
朝倉＝(ホ)雄略
初瀬＝(ト)武烈
戒重＝(ヌ)敏達
阿部＝(ル)用明
倉橋＝(ヲ)崇峻
明日香
飛鳥川
談山神社
多武峰

図4　磯城・磐余概略図

宮」に遣わされたことである。つまり年代的に⑼大来皇女は、Bグループの「伊勢大神」を嗣ぐべきであるにもかかわらず、Aグループの「天照大神」を嗣いでいる。Bグループの「伊勢大神」と、⑼大来皇女の「天照太神」との不連続性に注目しなければならない。

第三に、Bグループに関係ある倭王の宮が、大和平野の東部、とくに磯城《しき》と呼ばれた現桜井市とその周辺にあったことである。すなわち、雄略（奈良県桜井市朝倉）・継体（同桜井市池之内付近）・欽明（同桜井市金屋付近）・用明（同桜井市戒重か）の各大王の宮は磯城に集中している（図4）。磯城の地について注目されるのは、御諸山＝三輪山を神体山とする大神《おおみわ》神社（奈良県桜井市三輪）が所在することと、大和と伊勢を結ぶ通路の、大和側の出入口を扼していたことである。大和から伊勢に向かうには、三輪山の南側を東西に走る横大路（後の伊勢街道）を通らなければならない。六七三年（天武二）四月に「天照太神宮」に遣侍されることになった大来皇女は、泊瀬《はつせ》（奈良県桜井市初瀬）の斎宮で身を潔めたが、ここは「稍に神に近づく所」とされている。翌年十月に大来皇女は、泊瀬の斎宮より「伊勢神宮」に向かっている。

第四に、舒明大王から天智大王に至る約半世紀間に、伊勢大神侍祭の王女の派遣がないことである。皇極紀に「伊勢大神之使」の記事がある。

皇極四年（六四五）春正月、或於㆓阜嶺㆒、或於㆓河辺㆒、或於㆓宮寺之間㆒、遙見有㆑物。而聴㆓猴吟㆒。或一十許、或廿許。就而視之、物便不㆑見、尚聞㆓鳴嘯之響㆒。不㆑能㆑獲㆑覩㆓其身㆒。旧本云、是歳、移㆓京於難波㆒、而板蓋宮為㆑墟之兆也。時人曰、此是伊勢大神之使也。

丘の峰つづきで、あるいは河辺で、また宮寺の間で猿のうめく声が聞こえるとあるのは、飛鳥の丘や川、また板蓋宮《いたぶきのみや》と法興寺の間ということであろうか。声は聞こえるが、姿をみることはできなかった。人びとは「伊勢大神の使」であるといったという。ともあれ皇極大王の時代に、王女の伊勢大神侍祭はなかったが、しかし「伊勢大神」の存在は、「時の人」の知るところであった。

舒明大王から天智大王までの半世紀間に、伊勢大神侍祭のための王女の派遣が行われなかったのは、倭王による仏教帰依と関連があるのではなかろうか。五三八年（欽明戊午）に百済の聖王から欽明大王の許に仏教が伝えられた。いわゆる仏教の伝来であるが、このとき欽明大王は、蘇我氏の奉仏と物部氏の反仏の両者の立場を認めるとともに、みずからは傍観中立の立場を選んだ。欽明大王のこの立場は、以後、敏達・崇峻・推古の各大王によって継承される。用明大王は仏教帰依を表明した最初の大王であったが、そのことは奉仏派と反仏派の衝突を招く結果となったのみならず、用明大王自身、仏教帰依の素志を実現することなく死去せざるをえなかった。

仏教受容に踏みきり、伽藍を建立した最初の大王は舒明大王であった(1)。

舒明大王以降、伊勢大神侍祭のための王女の派遣がなかったことと、倭王の仏教受容＝「伽藍仏教」受容が舒明大王に始まり、以後、皇極――孝徳――斉明――天智と続く各倭王によって承け嗣がれたこととは関連があるように思われる。

三祠・斎宮

「斎宮」の名称が『日本書紀』に始見するのは、垂仁二十五年三月条である。

時天照大神誨二倭姫命一曰、是神風伊勢国、則常世之浪重浪帰国也。傍国可怜国也。欲レ居二是国一。故随二大神教一、其祠立二於伊勢国一。因興二斎宮于五十鈴川上一。是謂二磯宮一。

「天照大神」が倭姫命に、「是の国に居らむと欲ふ」といったことを受けて、伊勢国に「祠」を「立」てた。また「斎宮」を五十鈴川の川上に「興」てた。これを磯宮という。したがって「天照大神」を鎮め坐す「祠」と、「天照大神」を祭る倭姫命が忌みこもるための「斎宮」が存在したことになる。「斎宮」は泊瀬にあり[2]、倉梯川の川上にも「竪」てられた[3]。後者は、天武天皇が「天神地祇」を祭るためのものであるが、ともあれ「天照大神」が鎮座する「宮」と、「天照大神」に侍祭する王女がこもる「斎宮」とは別である。

王女が「伊勢大神」に侍祭する慣行が行われた(B)グループの時代、すなわち雄略大王から推古大王に至る一七〇年間に「斎宮」があったか否かは定かでない。『日本書紀』には、この間に「斎宮」の記述がみられないからである。しかし「斎宮」の名称はともかくとして、「伊勢大神」に侍祭する王女が忌みこもる施設はあったであろう。

(B)グループの「伊勢大神」の祭祀形態について、『日本書紀』には、「侍《はべり》二伊勢大神祠《まつり》一」[4]、「侍《つかへ》二祀《まつる》於伊勢大神一[5]」、「侍《はべらしむ》二伊勢祠《まつり》一[6]」と記されている。「伊勢大神」の「やしろ」があり、王女は「やしろ」に侍したと解されるかも知れない。しかし用字法からすれば、「侍」は「神」について用いられているのであって、「ほこら」＝建物についてではない。日本古典文学大系本『日本書紀』が、稚足姫王女の「伊勢大神の祠《やしろ》に侍《はべ》り」の場合を除き、「伊勢大神の祠《まつり》に侍り」「伊勢大神に侍《つか》へ祠《まつ》る」「伊勢の祠《まつり》に侍らしむ」と訓ませている。

皇祖神としての「天照大神」は、高天原《たかまのはら》をみずからが領有支配する「国」とし、そこの宮に住んでいたが、したがって葦原中国においても「天照大神」には所住の宮が必要であった。「伊勢大神」は「日神」と重ねられているが、姿や形はみえず、したがって当初から「宮」を必要としたとは考えられない。いわゆる初期の斎王、すなわち雄略・継体期の王女侍祭の「伊勢大神」について、桜井勝之進氏が、「清浄な聖域に賢木を樹てさえすれば、神の降臨を仰いで祭を営むことは可能であるから、当初はおそらく『磯堅城の神籬』と同様の設備によって祭が行われたものとしてよいであろう[7]」とされるのは示唆的である。したがって「侍二伊勢大神祠一」の「祠」は、「やしろ」ではなく、「まつり」でなければならない。

四　滝原宮

「伊勢神宮」が、当初から五十鈴川のほとりの現在地にあったとする説と、ある時期に現在地に移ってきたとする説がある。崇神紀六年条・垂仁紀二十五年条の記載を史実ないし史実の反映と解し、「伊勢神宮」が創建されたのは五十鈴川のほとりの現在地であり、したがって雄略期頃より始まる王女侍祭の慣行も、現在の「伊勢神宮」の地においてなされていたとする後者の説が、一般に支持されている。

筑紫申真氏は、『続日本紀』文武二年（六九八）条の、

十二月乙卯（二十九日）、遷㆓多気大神宮于度合郡㆒。

の記事に注目し、多気大神宮は滝原（三重県度会郡大宮町滝原）の地にあり、六九八年（文武二）に度会に遷った。現在の伊勢神宮であると説かれた(8)。また川添登氏は、古代の大和と伊勢の主要な交通ルートが、櫛田川またその川沿いにあったとした上で、相可《おうか》（多気郡多気町）の磯宮＝伊蘇上神社の地に伊勢神宮があり、それが文武期に度会に移ったとされる(9)。

相可説についていえば、川添登氏が挙げられた伊《い》蘇上《そのかみの》神社は「神名帳」の相鹿上《あうかのかみの》神社にあたると考えられるが、祭神は、天児屋根命・中臣大鹿嶋命など中臣氏にゆかりがあり、「天照大神」の神名はみられない(10)。つまり「天照大神」を祭る伊勢神宮との連関性をあとづけることが困難である。

「神名帳」によれば、伊勢国度会《わたらい》郡の五八座のうち、「大社」一四座のすべては伊勢神宮とその別宮である。

太神宮三座　相殿坐神二座。並大。預㆓月次新嘗等祭㆒。
荒祭宮　大。月次新嘗。
滝原宮　大。月次新嘗。

伊佐奈岐宮二座。伊佐奈弥命一座。並大。月次新嘗。
月読宮二座。荒御魂命一座。並大。月次新嘗。
度会宮四座。相殿坐神三座。並大。月次新嘗。
高宮大。月次新嘗。

滝原宮は太神宮の別宮のなかで、荒祭宮《あらまつりのみや》につぐ第二位の宮であった。第一位の荒祭宮は宮名が示すように、「天照大神」の荒魂を祭る宮であることを考えれば、滝原宮の格式の高いことが理解できるであろう。滝原宮は、伊勢神宮から直線距離にして南西約三十キロメートルのところにある。滝原宮は「天照太神遙宮」[11]「太神遙宮」[12]と呼ばれていたが、「天照大神」を遠く離れたところから拝む宮の意であり、祭神は天照坐皇大御神御魂《あまてらしますすめおおみかみのみたま》とされる[13]。

滝原宮の境内は約三百七十四平方メートル（約一一三・一〇五坪）あり、深い森でつつまれている。伊勢神宮と同様、滝原宮は南面し、また後方に山をひかえている。滝原宮の西を北流する大内山川は、宮川に注いでいる。

五　滝原の地理的位置

筑紫申真氏は、伊勢の皇大神宮は滝原宮の地（三重県度会郡大宮町滝原）にあった多気大神宮《たけのだいじんぐう》が、現在地に移されたものであると主張し、典拠として次の三つの資料を挙げられた。すなわち、第一に、『続日本紀』文武二年（六九八）十二月乙卯（二十九日）条に、「多気大神宮を度合郡に遷す」とあるのは、滝原の多気大神宮が度会郡に遷って皇大神宮になったことである。滝原の地は現在は度会郡であるが、文武二年当時は多気郡に属していたと推断されている。

第二に、『伊勢国風土記』（逸文）に、「倭姫命、船に乗りて度会の上河に上りまして、滝原の神の宮を定めたまひき」とあるのに注目し、「天照大神」を奉じた倭姫命が大和から伊勢に遷り、「度会の上河」すなわち宮川を溯り、滝原の地に「天照大神」の宮を定めた、と解する。

第三に、『倭姫命世記』によれば、「天照大神」を奉じた倭姫命が、宮川をさかのぼって滝原に至り、そこに宮を造って住んだという(14)。

滝原宮は「太神遙宮」とされているように「天照大神」を祀る遙宮、すなわち皇大神宮から遠く隔てられた宮であるが、ともあれ「天照大神」に関連ある宮として終始している。

「伊勢大神」は、滝原の地に祭られていたと考えられる。このように仮定するならば、大和と滝原との陸路は、初瀬（奈良県桜井市）――榛原《はいばら》（同宇陀郡）――菟田野《うたの》（同上）――高見峠（同宇陀郡菟田野町）――湯谷峠（三重県飯南郡飯高町）――江馬《えま》（同多気郡宮川村）――川合（同大台町）――滝原のコースが推定できるであろう。江馬から川合までは宮川に沿っているが、川合からは大内山川に沿って滝原に至る（図2、六〇～六一頁）。

滝原の地は、宮川から約五キロ南にあるが、宮川や五十鈴川の下流域、すなわち伊勢神宮の所在地と熊野（和歌山県熊野市）、また紀国造の支配地である紀ノ川下流域の紀伊の地を結ぶ陸上交通路上に位置していた。

『日本書紀』では、イザナミノ命との関連で熊野が出てくる。

一書曰、伊奘冉尊、生二火神一時、被レ灼而神退去矣。故葬二於紀伊国熊野之有馬村一焉。土俗祭二此神之魂一者、花時亦以レ花祭。又用二鼓吹幡旗一、歌舞而祭矣。[15]

天照大神が天岩屋に身をかくし、天も地も闇くなった。タカミムスビノ神の子の思兼神の提案によって石凝姥《いしこりどめ》を治工とし、天香山の金をとり、丸剝にした真名鹿でつくられた天羽鞴《あまのはぶき》をもって、「天照大神」の光を象るもの、すなわち鏡が造られた。「紀伊国に坐所す日前神」である。[16]

日前大神を祭る日前神宮（和歌山市秋月）は、国懸大神を祭る国懸神宮と同じ境内にあり、紀伊国造の紀氏が祭っていた。

スサノヲノ命が自分の鬚髯を抜いて捨てたところ、それが杉になった。胸の毛は檜に、尻の毛は柀に、眉の毛は杼樟になった。「暮しのための八十木種を播き、そだてるように」とスサノヲノ命はいい、三人の子に分け与えた。[17] 三人の子はこれを「紀伊国」に渡したが、後にスサノヲノ命は熊成峯におり、ついに根の国に入った。[18] 熊成峯は熊野であるとする見解がある。

孔舎衛坂《くさえのさか》の戦いで長髄彦《ながすねびこ》に敗れた神武天皇の軍は、紀国で神の毒気にあてられ、進むことができなくなる。ようやく熊野の高倉下によって救われるが、それは「天照大神」の夢告があったからである。また神武天皇の軍が熊野の山中で道に迷ったとき、神武天皇の夢にあらわれた「天照大神」が、「頭八咫烏を遣わすから、これを郷導者とせよ」といったが、果たして頭八咫烏が空から翔び降り、神武天皇は、

「我が皇祖天照大神、以て基業を助け成さむと欲せるか」といった。(19)

紀伊・熊野は、神武天皇の軍が頽勢を立て直すことができた地であった。熊野国造の支配地である熊野の「神邑」は、熊野本宮大社（和歌山県東牟婁郡本宮町）・熊野速玉大社（同新宮市新宮）・熊野那智大社（同東牟婁郡那智勝浦町那智山）の熊野三山の一部、または全部を指すと考えられるが、紀伊・熊野が「天照大神」と関連をもっていることに注目される。

崇神天皇の妃の遠津年魚眼眼妙媛《とおつあゆめまくはしひめ》は紀伊国の荒河戸畔《あらかわとべ》の女であり、豊城入彦命《とよきいりびこのみこと》と豊鍬入姫命《とよすきいりひめのみこと》を生んだ。(20)『古事記』は、「木国造、名は荒河刀辨の女、遠津年魚目目微比売」とする。豊鍬入姫命は「天照大神」を倭の笠縫邑において祭った。(21)

孝元天皇の孫の家主忍男武雄心命《やぬしおしおたけおごころのみこと》が、紀直の遠祖菟道彦《うじひこ》の女の影媛《かげひめ》を娶って生んだのが、武内宿禰である。(22)『日本書紀』によれば、武内宿禰は景行二年に生まれ、仁徳五十年三月にまだ存命していた。『公卿補任』には、「武内宿禰行事絶筆於此、薨年未詳、在官二百四十四年、春秋二百九十五年」(23)と記されている。神功皇后に仕え、神功皇后を輔佐したのは武内宿禰であった。

筑紫の橿日宮で神功皇后に神が託《かか》り、「眼炎く金・銀・彩色、多に其の国に在り。是を栲衾新羅国《たくぶすましらきのくに》と謂ふ。若し能く吾を祭りたまはば、曾て刃に血らずして、其の国必ず自づから服ひなむ」と知らされ、(24)後でその神は、「天照大神」であることが分かった。(25)

新羅より帰った神功皇后が京に向かおうとしたところ、誉田別皇子《ほむたわけのみこ》＝応神天皇の異母兄弟である忍熊王が反逆の兵を挙げ、住吉で迎え撃とうとしていると聞かされた。神功皇后は武内宿禰に命じ、誉田別皇子をいだいて紀伊水門に泊らしめ、みずからは難波に直行することとした。しかし皇后の船は進むことができず、務古水門に引き返して占ったところ、「天照大神」が「我が荒魂をば皇后に近くべからず、当に御心を広田国に居らしむべし」と告げたという。広田神社（兵庫県西宮市大社町）の創建を語っているが、神功皇后の紀伊航行に、紀直の祖豊耳が加わっていたことが知られる(26)。つまり武内宿禰を介して「天照大神」と神功皇后がつながるが、ここでも紀伊が舞台となっている。

「天照大神」が登場する神武天皇の熊野迂回の物語、また神功皇后の新羅征討の物語は、七世紀後半の造作と考えられるが、この頃に「伊勢大神」を祭る聖地が滝原にあった。伊勢と熊野、また伊勢と紀伊をつなぐ陸上の道は、滝原の地を通っていた、というより、滝原を経由する伊勢と熊野・紀伊の交渉・交流の事実が、「天照大神」や武内宿禰の物語創出の背景にあったと思われる。

古代の滝原は孤立した地ではなく、また袋小路でもなかった。伊勢と熊野・紀伊を結ぶ陸路の要衝であった。滝原がもつ地理的位置・歴史的役割は、倭王が祀る「伊勢大神」の滝原鎮座の要因であり、また背景をなしていた点に注目しなければならない。

注

（1）田村圓澄『飛鳥・白鳳仏教史』上（吉川弘文館、一九九四年）一九二頁。
（2）『日本書紀』天武二年四月己巳条。
（3）同右、天武七年是春条。
（4）同右、雄略元年三月条・継体元年三月条。
（5）同右、欽明二年三月条。

(6) 同右、欽明七年三月戊辰朔壬申条。
(7) 桜井勝之進『伊勢神宮の祖型と展開』(国書刊行会、一九九一年)一〇六頁。
(8) 筑紫申真『アマテラスの誕生』(角川書店、一九六二年)一六頁。
(9) 川添登「伊勢神宮の創祀」(『文学』四一―一二、一九七三年)。
(10) 『式内社調査報告』第六巻(皇学館大学出版部、一九九〇年)四七四頁。
(11) 『皇太神宮儀式帳』管神宮肆院行事条。
(12) 『延喜式』巻四、伊勢太神宮。
(13) 注(10)前掲書、一六一頁。
(14) 注(8)前掲書、一九頁。
(15) 『日本書紀』神代上、第五段(一書第五)。
(16) 同右、神代上、第七段(一書第一)。
(17) 田村圓澄「根の国考」(『古代文化』二七―三、一九七五年)。「根の国」の題名で、同『日本仏教史』第四巻(法蔵館、一九八三年)所収。
(18) 『日本書紀』神代上、第八段(一書第六)。
(19) 同右、神武即位前紀、戊午年六月丁巳条。
(20) 同右、崇神元年二月丙寅条。
(21) 同右、崇神六年条。
(22) 同右、景行三年二月庚寅朔条。
(23) 『公卿補任』仁徳天皇条。
(24) 『日本書紀』仲哀八年九月己卯条。
(25) 同右、神功皇后摂政前紀、仲哀九年三月壬申朔条。
(26) 同右、神功皇后摂政元年二月条。

第六章　天照大神の出現

一　天照大神と天武天皇

六七二年（天武元）六月二十四日に吉野を出発した大海人皇子とその一行は、菟田郡家《うだのぐうけ》（奈良県宇陀郡榛原町）――隠駅家《なばりのうまや》（三重県名張市）――伊賀駅家（同上野市付近）――積殖《つむえ》の山口（同阿山郡伊賀町柘植）――鈴鹿関（同鈴鹿郡関町）――三重郡家（同四日市市采女町付近）を経て、同二十六日の朝に朝明郡《あさけのこおり》（同三重郡の一部）の迹太川《とおかわ》の辺に着いた。迹太川は朝明川である（図2、六〇～六一頁）。

丙戌（二十六日）、旦、於二朝明郡迹太川辺一、望二拝天照太神一。(1)

大海人皇子とその一行は長い山間部を過ぎ、ようやく平野部に出た。平野部は南方にひろがっている。大海人皇子は迹太川の辺からはるかに「天照太神」を拝した。

『安斗智徳日記《あとのちとこのにっき》』には、

廿六日辰時、於二明朝（マヽ）郡迹大川上一而拝二礼天照大神一。(2)

とある。『日本書紀』の「天照太神」望拝の記事は、『安斗智徳日記』によって書かれたと推定される。

安斗智徳は、大海人皇子に従って吉野を出発した舎人の一人であった。

六七三年（天武二）二月癸未（二十七日）に、大海人皇子は飛鳥浄御原宮《あすかのきよみはらのみや》で即位した。天武天皇である。同年四月己巳（十四日）に大来皇女《おおくのひめみこ》を「天照太神宮」に遣わそうとして、まず泊瀬の斎宮に居らしめた。注意されるのは、天武紀・持統紀において「天照太神《あまてらすおおみかみ》」の名称が現われるのは右の二ヵ所だけであり、他は「伊勢大神《いせのおおかみ》」(3)「伊勢神宮」(4)「伊勢神祠」(5)「伊勢（社）」(6)とされており、すべて「伊勢」の文字が用いられていることである。つまり天武紀の初年に「天照太神」が二ヵ所にあらわれ、以後は持統紀の終わりまで「伊勢大神」などの名称が続き、「天照大神」の名称は現われない。したがって、六七二年（天武元）の時点で大海人皇子が望拝したのは、「天照大神」ではなく「伊勢大神」ではなかったか。「伊勢大神」は滝原の地で祭られていた。

ところで「日神」と合体した「伊勢大神」と「天照大神」に共通するのは、いずれも倭王の祭祀の対象であったことである。しかし神に即していえば、前者と後者は質を異にしていた。天皇が保持する「明神《あきつかみ》」＝「現人神《あらひとがみ》」としての尊貴身分、また日本統治の原点である「天照大神」、すなわち皇祖神としての「天照大神」に注目するならば、「伊勢大神」から「天照大神」への連続性を認めることはできないであろう。

『日本書紀』によれば、雄略大王の時代から王女が「伊勢大神」の祠に侍する慣行のあったことが知られるが、しかし、歴代の倭王ないし王族のなかで、「天照大神」を拝したのは大海人皇子＝天武天皇が最初であった。「伊勢大神」は「伊勢の神」であるのに対し、「天照大神」は「高天原《たかまのはら》の神」であった。

「天照大神」の出現は、「伊勢大神」からの移行ではなく、新しい神の創出である。「日神」と「天照大神」との類似性はあるが、しかし「日神」の自然神としての性格は捨象され、人格神としての装いをもった「天照大神」の出現であった。

壬申の乱の直前、伊勢の迹太川の辺から大海人皇子ははるか「伊勢大神」を拝したが、このとき「伊勢大神」を通して「天照太神」に出会った。その神は名前もなく、いわば原初の「天照大神」であったが、苦難に立ち向かう大海人皇子を励まし、任務と責任の重大さを自覚させた。ともあれ「天照大神」は、危機の大海人皇子の直観と自覚を通して、みずからを現わした。

大海人皇子が近江大津宮の内裏の仏殿の南で鬢髪を剃り、沙弥《しゃみ》となって吉野に入ったのは、六七一年（天智十）十月癸未（二十日）であった。そして八ヵ月が過ぎ、いま伊勢の迹太川の辺からはるか「天照太神」を拝したときも、大海人皇子はなお沙弥であったが、この事実は、その後の天武天皇の生涯において重要な意義をもつことになったと思われる。

『日本書紀』に記された天武天皇の行実が示すように、即位後の天武天皇は六八六年（朱鳥元）九月丙午（九日）に死去するまで、いや死後も、公私にわたり仏教と深い縁を結ぶが、その出発点は青年期における出家であった。そして天武天皇は『金光明経』などの経典にも通じていたと考えられる。倭京＝飛鳥京が、さながら「仏都」となるのは天武天皇の時代であるが、その基点となったのは、天武天皇と持統皇后の仏教帰依・仏教理解であった。(7)

さて吉野を脱出した大海人皇子が直面する大友王側との対決は、王位争奪の戦であり、それにより

「国土」の統治者が決定することはあきらかであった。その「王」は、「神の子」また「神」としての尊貴性をもっており（帝王神権説）、その「国土」が「正法」＝「仏法」によって治められるとき、安隠豊楽であること（正法治世説）を説くのが『金光明経』である。伊勢の迹太川の辺にたどりつき、「伊勢大神」を拝した大海人皇子は、自身が神の子孫であること、また「正法」によって倭を統治する王者であることの直観と自覚をえた。この体験の根底に、「伊勢大神」とは異なる「天照大神」の原像があったと考えられる。

このように推論する理由の第一は、『金光明経』が天武天皇の時代にはじめて読まれ、そして天武天皇によって尊重されたからである。第二は、仏教伝来の欽明大王以降、仏教に対する傍観中立の立場をとってきた倭王家の伝統を転換し、はじめて仏教受容に踏みきった舒明大王の子として生まれ、ひとたび出家した経歴をもつ大海人皇子には、かねてから『金光明経』の所説についての関心と理解があった、と考えられるからである(8)。

ともあれ壬申の乱の直前に、そして壬申の乱の首謀者である大海人皇子によって拝された「天照太神」は、大海人皇子に対して新しい地平を開いた。その後、「天照大神」は、即位した天武天皇の崇敬を受け、天武天皇による律令国家構築の中核的役割を果たすことになる。迹太川の辺から「伊勢大神」を拝したとき、大海人皇子に呼びかけた神はその名も定かでなかったが、やがて「天照大神」として仰がれ、『古事記』『日本書紀』の神代史の主役として活躍するのである。

二　天武天皇と『金光明経』

「護国の経典」である『金光明経』と『仁王経』（『仁王般若波羅蜜多経』）の読誦がはじめて史料に現われるのは、天武天皇の時代であるが、とくに皇祖神としての「天照大神」の出現に直接の影響を与えたと考えられる『金光明経』は、天武・持統期に重用された。『日本書紀』の関係記事は次の通りである。

(1)天武五年（六七六）十一月甲申（二十日）、遣㆓使於四方国㆒、説㆓金光明経・仁王経㆒。
(2)天武九年（六八〇）五月朔、是日、始説㆓金光明経于宮中及諸寺㆒。
(3)朱鳥元年（六八六）七月、丙午（八日）、請㆓一百僧㆒、読㆓金光明経於宮中㆒。
(4)持統六年（六九二）閏五月丁酉（三日）、詔令㆔京師及四畿内、講㆓説金光明経㆒。
(5)持統八年（六九四）五月、癸巳（十一日）、以㆓金光明経一百部㆒、送㆓置諸国㆒。必取㆓毎㆑年、正月上玄㆒読之。其布施、以㆓当国官物㆒充之。
(6)持統十年（六九六）十二月朔、勅旨、縁㆑読㆓金光明経㆒、毎㆑年十二月晦日、度㆓浄行者一十人㆒。

『金光明経』は律令国家形成期の天武・持統期に、宮廷および全国を通じて尊重・読誦された。奈良時代には旧訳の『金光明経』に代わり、新訳の『金光明最勝王経』が用いられるが、やがて御斎会《ごさいえ》の成立となり、また諸国の国分寺・国分尼寺の創建につながった(9)。さて『金光明経』の急速な重用・流布の要因と考えられるものに、同経がもつ鎮護国家の咒術的側面と、律令国家形成のイデオロギー的側面があるが、後者についていえば「正法治世」説と「帝王神権」説が注目される。

『金光明経』の「正論品」によれば、世に「正論」があるとき、国王は善くその「国土」を治めることができる。「正法」「正教」をもって世を治めるならば、他方の怨敵による侵掠、饑饉・疾疫の流遍もなく、風雨は時に随い、諸の災禍はなく、国土は安隠、人民は豊楽であり、すなわち「衆生を利す」[10]ことになる。「正法」「正教」は、「仏教」を意味する。

「正法治世」の説は、「国王」が君臨する「国土」の存在が前提である。「正論品」で説かれる「衆生」「人中」「人民」は、その「国土」に住み、「飢餓」や「疾疫」などの「愁悩」「苦悩」を免れることのできない人びとであると同時に、その人びとは「国王」の統治を受けている。つまり豪族層による私有地・私有民制の段階ではなく、国王が直接国土と人民を統治する公地・公民制の「律令国家」の段階に相当することが知られるであろう。『金光明経』には、国王——国土——人民の統治体制とその理念が説かれているのであり、大海人皇子は伊勢の迹太川の辺で、直観と自覚を通して原始の「天照大神」と出会ったとき、『金光明経』の「正法治世」の説を自己のものとしていたのではないか。すなわち、「正法」によって倭＝日本を統治する王者に、みずからを擬したと考えられる。「正法治世」を王者の要諦とした倭王はかつて存在せず、この点が近江の大友王と根本的な相違点である、とする大海人皇子の認識があった。

三　「明神」＝天皇の誕生

「公式令」の詔書式条に、臨時の大事に際し、天皇の命を伝達する詔書について冒頭の表記五種が挙げられている。

⑴明神御宇日本天皇詔旨云云。咸聞。
⑵明神御宇天皇詔旨云云。咸聞。
⑶明神御大八州天皇詔旨云云。咸聞。
⑷天皇詔旨云云。咸聞。
⑸詔旨云云。咸聞。

⑴は、大事を蕃国使に宣べる辞であり、⑵は次事を蕃国使に宣べる辞である。⑶は、立皇后、立皇太子、元日の朝賀など、朝廷の大事に用いる辞である[11]。

「明神」は「現御神[12]」「明津神[13]」「明御神[14]」「現神[15]」などと書かれるが、天皇即神とする観念であることを示している。

注意されるのは、「公式令」が詔書の冒頭の表記として掲げる⑴⑵が、いずれも「蕃国使」に宣べる辞であったことである。⑶以下はすべて「朝廷」の事に用いられる。

「蕃国」について、『令集解』は、

問。隣国与二蕃国一何其別。答。隣国者大唐。蕃国者新羅也。(16)

とする「古記」の説を記している。日本が唐を「隣国」と呼ぶのは、地理的関係にもとづいている。しかし新羅を「蕃国」と位置づけるのは、宗主国――臣従国の君臣関係が根底にある、といわなければならない。この君臣関係の設定は、天武・持統期であった。(17)ともあれ「明神」「日本」「天皇」の用語が「唐」ではなく、「新羅」の存在を予想して造出された事実に注目すべきであろう。

『日本書紀』大化二年（六四六）条に、「明神」の用字がみられる。

(1)二月戊申（十五日）、天皇幸二宮東門一。使二蘇我右大臣詔一曰、明神御宇日本倭根子天皇、詔二於集侍卿等臣連国造伴造及諸百姓一、……

(2)三月壬午（二十日）、……現為明神御八嶋国天皇、問二於臣一曰、……

しかし右の(1)(2)については、「令」の知識によって造作されたとする見解がある。(18)

『万葉集』に、天皇を「神」と仰いだ歌がある。

壬申年之乱平定以後歌二首

(1)大君は神にし坐せば赤駒の　匍匐《はらば》ふ田ゐを都となしつ　（巻十九、四二六〇）

右一首大将軍贈右大臣大伴卿作

(2)大君は神にし坐せば水鳥の　すだく水沼を都となしつ　（巻十九、四二六一）

右件二首天平勝宝四年二月二日聞レ之、即載二於茲一也

天皇御二遊雷岳一之時柿本朝臣人麻呂作一首

(3)大君は神にしませば天雲の　雷の上に廬《いほり》せるかも　（巻三、二三五）

右或本云、献二忍壁皇子一也。其歌曰、王神座者　雲隠　伊加土山爾　宮敷座

長皇子遊二猟路池一之時柿本朝臣人麻呂作歌一首并短歌

或本反歌一首

(4)大君は神にしませば真木の立つ　荒山中に海をなすかも　（巻三、二四一）

右の歌のなかで、(1)は壬申の乱のとき、大海人皇子側の将軍であった大伴御行《おおとものみゆき》の歌である。(2)の「大君」は、水鳥のたくさん集る沼をりっぱな都とした、と詠まれており、天武天皇を指すと考えられる。(3)と(4)は、天武・持統期に宮廷に仕えた柿本人麻呂の作歌である。つまり、天皇即神であることを歌った右の四首は、すべて天武・持統期の歌であった。ともあれ天智大王およびそれ以前の倭王が、「神」であるとされた資料は存在しない。

天皇を「神」と仰ぐ観念は、天武天皇に始まったと考えられる。そして天武天皇＝大海人皇子は、「天照大神」に有縁の最初の天皇＝倭王であった。

天皇＝「明神」の観念の成立にかかわったのは、『金光明経』である。

王は何によって王でありうるか、その権威は如何なるものか、について『金光明経』の「正論品」は次のように答える。

王が王としての使命を受け、父王の妃の胎中に入る契機をえるのは、諸天＝神の加護によるのであり、人力を絶している。

因レ集レ業故　生二於人中一　王領二国土一　故称二人王一　処二在胎中一　諸天守護　或先守護　然後入レ胎[19]

ひとたび王となる先天的契機をえると、神の加護は母の胎中にある間も断えることなく与えられる。また、生まれて人中に在るといえども、王の尊貴性は神＝諸天と異ならない。

雖下在二人中一　生為中人王上　以二天護一故　復称二天子一　三十三天　各以二己徳一　分二与是人一　故称二天子一　神力所レ加　故得二自在一[20]

その尊貴性のゆえに諸天＝神の子とされる。王は「天」の子であり、「神」の子である[21]。『金光明経』に説かれる「帝王神権説」にもとづき、「天照大神」を祖神とする神統譜がつくられたのではないか。「天照大神」は三十三の諸天＝神になぞらえられたのであり、その子孫、つまり「天孫[22]」「皇孫[23]」は、「天護[24]」によって「天子」となった。

ともあれ『金光明経』によって、天皇の尊貴身分と統治権の根源である「天照大神」が形成され、また尊貴身分と統治権を世襲する「天津日嗣」が確立したと考えられる。

注意されるのは、天皇は「天照大神」の「皇孫」であり、それゆえに「神」とされたが、しかし天皇家の一族のすべてが、「神」とされていないことである。前掲の『万葉集』の(4)の「大君」は長皇子を指しており、したがって皇子を「神」とすることがあったように考えられるが、しかしこれは例外であり、「神」であるのは天皇ただひとりに限られていた。皇后や皇太子も「神」ではなかった。「天照大神」の子孫であることを理由に、天皇のみを「神」とし、天皇以外の天皇家の人びとに「神」の資格を認めないのは不合理の感があるが、しかしこのことに疑問をさしはさむ者はなかった。なぜなら『金光明経』によれば、神の子であるのは、「国王」に限られていたからである。

天皇＝「明神」＝「現人神」の思想的根拠は、『金光明経』に求められたと思われる。

四　「天照大神」像の形成と仏教

かつて家永三郎氏は、『日本書紀』神代下、第九段（一書第一）の、いわゆる天壌無窮の神勅の本文の、「宝祚之隆、当与二天壌一無レ窮者矣」の、皇位を意味する「宝祚」と「無窮」の用字に注目し、「庶使二皇隋宝祚与レ天長而地久」（隋開皇六年竜蔵寺碑銘）、「播二休風於六僻一、歌二盛徳於九韶一。与二天地一而無窮、懸二貞明一而可レ久」（唐貞観四年幽州昭仁寺碑銘）、「真宗与二日月一倶懸、慈福無疆、宝祚将二穹壌一斉固云レ爾」（唐麟徳元年禅林妙記後集序）など、梁・隋・唐の願文に多くみられる「宝祚」の用語や、また仏教の否定的世界観によって成立した「無窮」の観念が、神代紀の中にとり入れられていることを指摘された。六、七世紀の大陸の仏教界において著しかった宝祚長久の祈願、また『法華経』寿量品の観念などの影響を受け、いわゆる天壌無窮の神勅の文章の潤色が成立したことを論じられたのであるが[25]、なお「天照大神」像と高天原の成立についても、仏教思想の影響があったとする私見を記したい。

倭の神は、元来は姿形をもたない。九世紀の造立と考えられる松尾大社（京都市右京区嵐山宮町）の三神像や、熊野《くまの》速玉大社《はやたまたいしゃ》（和歌山県新宮市新宮）の神像などは、いずれも仏尊像からの借用が多く[26]、つまり仏教伝来以前の倭においては、原初の神像を造形する発想も、機会もなかったと考えられる。

しかし「天照大神」は人間的な装いをしている。そして「天照大神」の人間的な装いは、「天照大神」の生誕の時に始まったことに誰も疑いをもたない。弟とされるスサノヲノ命も、八岐大蛇《やまたのおろち》の物語に示されるように、姉の「天照大神」と同様、人間的な姿で終始している。

「天照大神」はまた自分の「言葉」を話すことが日常性となっている。倭の神には、夢の中にあらわれて物をいう例があり、また「託宣」の形でみずからの意志を他に伝える例もあるが、しかし、自分の口で「言葉」を発する神は少ない。

自分の口を通して、他者と自由に対話をする神が、『古事記』『日本書紀』の神代史に登場する。「天照大神」はその筆頭である。

まず「天照大神」が高天原《たかまのはら》に出現し、その行状や言葉が『古事記』『日本書紀』に著録されたとは考えられない。「天照大神」の存在は、人間界と次元を異にしているからである。といって、「天照大神」のすべてが「帝紀」および「上古の諸事」の筆録者、ないし筆録者が用いた資料において造作された、とする立場をとることにも同調できない。

原初の「天照大神」は壬申の乱の緊迫した事態のなかで、当事者の大海人皇子によって自覚され、直観されたのではないかと推論した。この時点での「天照大神」は姿形をもたず、「言葉」もなく、「伊勢大神」と呼ばれていたであろう。しかし、ひとたび大海人皇子＝天武天皇の胸の中に現われたこの神は、やがて光り輝く装いをし、「言葉」を発し、「天照大神」として自己発展したと思われる。

「天照大神」にとって本質的な光り輝く姿は、「伊勢大神」＝「日神」の発展形態とみることもできるであろう。しかし「日神」＝自然神は「言葉」をもつことはなかった「天照大神」の光り輝く姿と、いわゆる「天壌無窮の神勅」＝「言葉」を発したことは、一体として理解されるべきであるが、この「天照大神」像の形成にも、『金光明経』が影響を与えたと考えられる。

『金光明経』には如来の「光明」が説かれる。釈尊が王舎城の耆闍崛山において『金光明経』を説いたとき、東方の阿閦、南方の宝相、西方の無量寿、北方の微妙声の四如来は自然に師子座の上に坐して「大光明」を放ち、王舎城および三千大千世界、ないし十方恒河沙等の諸仏の「世界」を照らした[27]。そのとき信相菩薩が夢でみた金鼓は、「妙色晃燿にしてその光大盛、明らかなること日を踰え、遍く十方恒沙の世界を照らし[28]」た。「金色光明　遍照㆓一切㆒[29]」「金光照燿[30]」「身放大光　普照㆓十方　無量国土㆒[31]」「光明焔盛　於㆓三界中㆒　最勝殊特[32]」「仏日暉曜　放㆓千光明㆒[33]」「日王赫焔　放㆓千光明㆒[34]」「日之天子……放㆓於無量　光明明網　遍照㆓諸方㆒[35]」「如来之身　金色微妙　其明照燿　如㆓金山王㆒[36]」「百福相好　荘㆓厳其身㆒　光明遠照　無㆑有㆓斉限㆒[37]」「光明赫奕　通㆓徹諸山㆒　悉能遠照㆓無量仏土㆒[38]」などの「光明」に対する讃歎の言葉が、『金光明経』の随所にみられる。如来は光明の主体であり、その光明は時間と空間を超え、すなわち永遠・無限の輝きをもって、遍く十方の世界を照らしている。

いっぽう法興寺など倭京＝飛鳥京に集中している伽藍の金堂などの内部には、金色燦然とした仏・菩薩像が安置されており、経典に説かれる仏と光明が一体化した姿を如実にみることができた。人間の形相をしておりながら、しかも光り輝く仏・菩薩像は、「天照大神」のイメージをつくるのに重要な契機になったのではないか。

さて「天照大神」が「皇孫」のホノニニギノ命に下した、いわゆる神勅は次のとおりである。

因勅二皇孫一曰、葦原千五百秋之瑞穂国、是吾子孫可レ王之地也。宜爾皇孫、就而治焉。行矣。宝祚之隆、当与二天壌一無レ窮者矣。(39)

ところで後半の「宝祚の隆えまさむこと、当に天壌と窮り無けむ」は、「皇孫」による統治の永遠性を予祝しているが、これは経典の「授記」「懸記」の形式に通ずるものがある。「授記」「懸記」は、釈尊の説法を聴聞する衆生に対し、釈尊が永劫の未来世における成仏を予告する形をとっている。

また「天照大神」が手にした宝鏡を、ホノニニギノ命に授けるとともに、天児屋命《あめのこやねのみこと》と太玉命《ふとだまのみこと》に対し、

惟爾二神、亦同侍二殿内一、善為二防護一。(40)

と命じたのは、『金光明経』の、

若有二善男子善女人一、於二未来世中一有四受二持読三誦此経典一者、汝等諸天常当二擁護一。(41)

との関連を推測させるてあろう。諸天＝神が『金光明経』の受持者・読誦者を擁護するという思想は、天児屋命・太玉命などが「宝鏡」を擁護する諸部神のイメージの構想に、影響を及ぼしたと思われる。(42)

次に「高天原」の構想と仏教との関係について考えてみたい。

姿形をもたない倭の神は、また住むべき自己の世界をもたなかった。宗像三神や綿津見《わたつみ》三神は海の神であり、したがって鎮座の社は海辺の近くに置かれているが、しかし両三神の住む世界については、考えられたことはないようである。つまり倭の一般の神と同じように日常は「天」にあり、人びとの祭礼

を受けるときに限り、地上の聖地に降りてくると考えられていた。その「天」について具体的な説明はなされていない。

「高天原」には山があり、川があり、また井があり、田もあった。人が住む葦原中国の光景と異ならないとみられるが、しかし「高天原」は天上にあり、「天照大神」が住む国であるのみならず、「天照大神」が領有支配する国でもあった。いっぽう「八十万神《やそよろずのかみたち》」[43]は、すべてみずからの国をもたない。倭の一般の神は住むべき自己の「国」をもつこともなく、「空」に住んでいるように考えられている。これに較べると、「天照大神」は、光り輝く姿が独特であるだけでなく、自己の「国」[44]である高天原をもつことにおいて、格別な神であったことが理解されるであろう。

一般的に考えれば、はじめに高天原があり、次にその高天原に「天照大神」が住むことになるのが順序である。しかし事実は逆であり、すなわち「天照大神」がはじめにあらわれ、次に「天照大神」の所住の場としての高天原が構想された、とみるべきであろう。

では、高天原のイメージはどこからえられたのであろうか。光り輝く仏・菩薩、たとえば釈迦如来は霊山浄土を、阿弥陀如来は極楽浄土を、薬師如来は浄瑠璃世界を、また弥勒菩薩は兜率天というように、諸仏・諸菩薩はそれぞれの仏国土をもち、そこに常住している。

「天照大神」の所住の「国」としての「高天原」のイメージは、諸仏・諸菩薩の仏国土の示唆を受けて構想されたのではないか。仏・菩薩にとって仏国土が不可欠であることは経典の示すところであるが、この基本的発想が、「天照大神」と「高天原」の不可分の構想を導いたと思われる。

「高天原」の観念の成立以前から、「天」の観念があった。たとえば倭の神は「天」を所住の場としていたと考えられる。しかし「天」と「高天原」は異質であった。「高天原」は「天照大神」の「国」であり、そこで「天照大神」の「生活」が営まれていた。いっぽうタカミムスビノ神の「天」は、倭の神の「天」と同一であったが、タカミムスビノ神を含む倭の神は姿形をもたず、したがって倭の神について、人に準ずる「生活」を考えることはできない。倭の神にとって「天」は普遍的な概念である。しかし「高天原」は「天照大神」ただひとりの世界であり、また「天照大神」の領有支配する「国」であった。

ともあれ一仏―一仏国土の仏教思想の影響を受け、「天照大神」のイメージはいうまでもなく、「天照大神」の所住の「高天原」も構想されたと考えられる。

五　天照大神と天香山

神武天皇は「六合の中心(45)」である大和に入ろうとするが、八十《やそ》梟帥《たける》や兄磯城《えしき》が要害の地を占拠し、天皇の軍は進むことができなかった。そのとき神武天皇の夢にあらわれた天神、すなわちタカミムスビノ神と大日孁尊《おおひるめのみこと》＝「天照大神」が、「天香山の社」のなかの土をとって八〇枚の天平瓮と神酒を入れる厳瓮を造り、「天神地祇」を祭るならば、賊虜はおのずから平伏するであろう、と教えた。また弟猾も、「天香山」の埴をとり、天平瓮を造って天社国社を祭るように奏した。神武天皇は天香山に使者を遣わし、山の嶺の土をとって八〇枚の平瓮などを造り、丹生（奈良県吉野郡東吉野村小川）の川上で「天神地祇」を祭ったが、まもなく八十梟師を斬り、兄磯城を殺すことができた。(46)

孝元天皇の皇子の武埴安彦《たけはにやすひこ》が謀反を計画したとき、妻の吾田媛《あたひめ》はひそかに「香山」の土をとり、領布の頭《はし》につつみ、「是れ倭国の物実」と呪言して帰った。(47)

「倭国の物実」とは、倭国の霊質・霊力を意味し、物実を自分のものにすることは、倭の国を制することにほかならないとする観念があった。(48) 神武天皇の場合も、「天香山」の土をもって造られた祭器により、倭国＝大和一円の祭祀権の確保に成功したと解される。

さて前者の神武天皇と後者の武埴安彦は、天皇または皇子の身分であり、つまり倭の統治権の掌握に、「天香山」がかかわっていた、とされていたことが知られるであう。なお『日本書紀』において神武天皇は、「天照大神」に発する皇位の正当な継承者であるゆえに、「天香山」と記されたのであり、武埴安彦は謀反者であるから、「香山」と記されたのである。ともあれ右の説話は、「天香山」の土＝「倭国の物実」を主題とすることで共通している。

弟のスサノヲノ命の乱暴に怒った「天照大神」は天岩屋に入り、磐戸を閉したため、「六合」が常闇となった。八十万神が天安河辺に集まり、「禱るべき方」を相談した。このとき、中臣氏の遠祖の天児屋命と忌部氏の遠祖の太玉命が、「天香山」の五百箇の真坂樹を根のついたまま掘りとり、上枝には八《や》坂瓊《さかに》の五百箇の御統を懸け、中枝には八咫鏡《やたのかがみ》を懸け、下枝には青和幣と白和幣を懸けて禱った。また猨《さる》女《め》氏の遠祖の天鈿女命《あめのうずめのみこと》は「天香山」の真坂樹をもって鬘にし、蘿をもって手繦にし、「顕神明之憑談《かむがかり》」

したという(49)。これとほぼ同じ内容の記事が、神代上、第七段(一書第三)および『古事記』にみえている。

「天照大神」が天岩屋に身をかくしたとき、タカミムスビノ神の子の思兼神《おもいかね》は、石凝姥《いしこりどめ》を治工とし、「天香山」の金を採って日矛を造らせた。また鹿の皮で鞴をつくり、これを用いて造った「神《かみのみかた》」は、紀伊国に坐す日前神であるという(50)。

『日本書紀』および『古事記』の天岩屋がくれの物語に、「天香山」の関連記事があらわれるが、注意されるのは、そこに中臣氏の遠祖の天児屋命と、忌部氏の遠祖の太玉命が登場していることである。「天香山」の真坂樹は、天岩屋に身を隠した「天照大神」を「祈禱《いのりまう》」すための祭具として、天児屋命と太玉命によって用いられている。つまり天皇が主宰する「天照大神」の祭祀を、中臣氏と忌部氏が専当している事実があり、この事実が天岩屋がくれの物語構想の背景にあったとみることができるであろう。「天照大神」の祭祀に「天香山」の真坂樹を用いるのが、常例になっていたことをうかがわせる。

『古事記』『日本書紀』の記述を通して知る限り、高天原では、「倭国の物実」とされる「天香山」の埴土は主題にならず、かえって「天照大神」を祀る天児屋命・太玉命の役割が重視されている。「天香山」の真坂樹も、天児屋命・太玉命によって意味をもったからである。

『古事記』『日本書紀』の天岩屋がくれに共通する、中臣氏の遠祖の天児屋命が「祝詞」を奏し、忌部氏の遠祖の太玉命が幣帛にたずさわる記述は、「神祇令」の践祚大嘗祭における中臣・忌部両氏のあり方とほぼ同一である。また天孫降臨説話にみえる天児屋命ら五伴緒《いつとものお》の実態は、すべて神事と関係のあるものであり、いずれも宮廷の大嘗祭を背景として定着した部分のあることが指摘されている。[51]

いっぽう大嘗祭・新嘗祭の古式には、タカミムスビノ神や稲魂は祭られていたが、「天照大神」は祭られていなかった、とする見解がある。すなわち伊勢信仰が高まった天武期以降において、新しい要素としての「天照大神」を宮廷の祭式に割りこませようとする様子がみえる。天児屋命と太玉命の二神が並んで「天照大神」に仕え、日神の天岩屋からの引き出しや、天孫降臨に活躍しているのは、この説話が、「伊勢大神」の祭に二氏が奉仕したことの本縁譚であったからであろう。[52]

「天照大神」を祀る祭具の一つとして、「天香山」の真坂樹が用いられたのは、中臣氏と忌部氏が「天照大神」の祭祀にかかわる祭官団の中心的存在であった事実があるからであるが、また当時の宮廷が、「天香山」に程近いところにあった事実を反映していると考えられる。「天照大神」が祭祀の主座についていないとすれば、つまり「日神」や「伊勢大神」ではなく、「天照大神」を中軸とし、中臣・忌部両氏を主要祭官とする祭祀体制が確立されていなければ、高天原における天岩屋がくれの物語、また、「天照大神」・アメノオシホミミノ命・天児屋命・太玉命の四者が登場する、天孫降臨説話の(B)グループは成立しなかった、と考えられる。

持統天皇の藤原宮（奈良県橿原市）は、天香山＝香久山の西一キロのところにあった。

注

（1）『日本書紀』天武元年六月丙戌条。

（2）『釈日本紀』巻十五、天武上。

(3)『日本書紀』持統六年五月庚寅・同閏五月丁未条。
(4)同右、天武三年十月乙酉・同四年二月丁亥・朱鳥元年四月丙申条。
(5)同右、持統称制前紀、朱鳥元年十一月壬子条。
(6)同右、持統六年十二月甲申条。
(7)田村圓澄『飛鳥・白鳳仏教史』下(吉川弘文館、一九九四年)三九頁。
(8)同右、三頁。
(9)田村圓澄「国分寺創建考」(『南都仏教』四六、一九八一年)。「国分寺の創建」の題名で、同『日本仏教史』第二巻(法蔵館、一九八三年)所収。
(10)『金光明経』巻三、正論品、大正蔵経、十六巻、三四七頁a。
(11)『令義解』公式令、詔書式条。
(12)『続日本紀』文武元年八月庚辰条。
(13)『万葉集』巻六、一〇五〇。
(14)「出雲国造神賀詞」。
(15)注(12)前掲書、和銅元年正月乙巳条。
(16)『令集解』公式令、明神御宇日本天皇詔旨条。
(17)田村圓澄『大宰府探求』(吉川弘文館、一九九〇年)九一頁。
(18)日本古典文学大系『日本書紀』下、「明神御宇日本天皇詔旨」解説(岩波書店、一九六五年)五六八頁。
(19)注(10)前掲書。
(20)同右。
(21)金岡秀友『金光明経の研究』(大東出版社、一九八〇年)一〇三頁。
(22)『日本書紀』神武即位前紀、戊午年八月条。
(23)同右、神武即位前紀、己未年三月条。

(24) 注(10)前掲書。
(25) 家永三郎「神代紀の文章に及したる仏教の影響に関する考証」(同『日本思想史の諸問題』斎藤書店、一九四八年)。
(26) 『神道美術』(京都国立博物館、一九七六年)本文一二頁。
(27) 『金光明経』巻一、寿量品、大正蔵経、十六巻、三三六頁a。
(28) 同右、懺悔品、三三六頁b。
(29) 同右、讃歎品、三三九頁a。
(30) 同右、三三八頁a。
(31) 同右。
(32) 同右、三三九頁c。
(33) 同右、四天王品、三四四頁a。
(34) 同右、鬼神品、三五〇頁c。
(35) 同右。
(36) 同右、讃仏品、三五六頁c。
(37) 同右、三五七頁a。
(38) 同右、三五七頁b。
(39) 『日本書紀』神代下、第九段(一書第一)。
(40) 同右、第九段(一書第二)。
(41) 注(10)前掲書、巻四、嘱累品、三五八頁a。
(42) 田村圓澄「いわゆる『神勅文』の成立と仏教」(『史林』五四―二、一九七一年)。「神勅文の成立」の題名で、同『日本仏教史』第二巻(法蔵館、一九八三年)所収。
(43) 『日本書紀』神代上、第七段(本文)。

(44) 同右、第六段（本文）。
(45) 同右、神武即位前紀。
(46) 同右、神武即位前紀、戊午年九月・十一月条。
(47) 同右、崇神十年九月壬子条。
(48) 真弓常忠『日本古代祭祀の研究』（学生社、一九七八年）二六二頁。
(49) 注(1)前掲書、神代上、第七段（本文）。
(50) 同右、神代上、第七段（一書第一）。
(51) 上田正昭『日本古代国家論究』（塙書房、一九六八年）二二七頁。
(52) 松前健『古代伝承と宮廷祭祀』（塙書房、一九七四年）七〇頁。

第七章　天照大神と律令国家

一　私有地・私有民制の否定と天照大神

律令体制成立以前の倭は、豪族が土地と、そこに住む人を領有・支配する体制であった。私有地・私有民制である。

土地と人は、農耕・漁猟などの生産手段であり、領有・支配する土地と人の規模が豪族の勢力の大小を示しているが、豪族は領有・支配する土地の生産の確保、また人民の安隠などを祈願する神を祭り、その祭祀権を保持していた。概観すれば倭には、豪族の数に相当するだけの神が存在していたが、八十万神といわれた神々を統一する、唯一・最高の神は存在しなかった。

豪族による土地・人の領有・支配体制の発生は、弥生時代にまで溯るであろう。弥生時代は稲作農耕によって特色付けられるが、土地の「私有」が始まるのも弥生時代であった。原野を開拓し、水を引いて水田とすることにより稲作農耕が可能となるが、この水田の「私有」権は水田の開拓者・耕作者に帰せられるであろう。

稲作農耕は、人びとの日常生活を「食」の面において安定化することに役立ったが、しかし生産手段である「土地」と「人」の獲得をめぐる、終りなき闘争の開始を意味した。他人の水田や収穫物を、力によって収奪する「暴悪」(1)「無道」(2)の者が不断にあらわれることになったからである。高天原の「天照大神」は、弟のスサノヲノ命が葦原中国から上ってきたとき、「我が天原を奪」うためであると思い、みずから武装して「防禦」(3)いだという。その「国」には「天照大神」が経営する天狭田・長田があった。

弥生時代の倭において、力の弱い者はみずからの田や、また家族・一族の生命・生活の保全・保護を力の強い者に託し、その代りに収穫物の一部や傜役などを提供した。こうして「クニ」と「王」が成立する。「集合国家」の段階であるが、地域における「クニ」と「王」の出現には、水田に水を導入する河川や流路の、また軍事的要害である丘陵地の占取なども重要な契機となった。ともあれ「クニ」と「クニ」との戦で敗れた側は、勝った「王」の領有地・領有民に組みこまれた。

「王」の力の強弱は相対的である。力の強い「王」は、他の「王」に対抗するために自己の軍事力を無限に強化しなければならないが、したがって領有民と領有地を無限に増加・拡大しなければならず、つまり「集合国家」の「クニ」と「クニ」との闘争は終わることがなかった。

弥生時代の住居跡には環濠があり、また楼観＝望楼の跡も発掘されている。戦闘に即応した施設であり、王クラスの住居跡と考えられる。そこには「クニ」のなかの収穫物が集められ、武装した人びとが昼夜をわかたず、厳重な警戒にあたっていたことをうかがわせる。倭の稲作は、朝鮮半島南部から伝来したと考えられるが、稲作の伝来とほぼ時を同じくして、銅・鉄の金属製武器が朝鮮半島から倭に伝来した事実にも注目しなければならない。

「クニ」によって構成される弥生時代は、「闘争の論理」が支配する「集合国家」の段階であった。[4] 弱小の「クニ」が、強大な「クニ」に併合・吸収される過程は、「魏志倭人伝」が語る三世紀の邪馬台国を中心とした政治動向によっても知られるが、四世紀の倭は、倭王権による「統一国家」の段階を迎えていた。「秩序の論理」が支配する体制が、全国的規模で形成されたからである。かっての「クニ」の「王」は、土地と人民を領有・支配する「豪族」に移行した。「統一国家」の段階の各地の豪族は、環濠と望楼によって自己の住居を武装する必要はなくなった。

「統一国家」の主である倭王は、私有地・私有民制下の豪族を支配していたのであり、倭王が直接、倭全土の土地と人民を掌握していたのではない。六六〇年（斉明六）に百済が唐・新羅軍によって滅ぼされた。百済の遺臣による百済再興を支援するため、斉明大王は飛鳥から筑紫に移り、三万に近い兵が旧百済の地に送られたが、いずれも豪族の私有民によって編成された国造軍＝豪族軍であり、斉明大王が領有・掌握する兵ではなかった。[5]

律令体制の成立は天武・持統期であった。すなわち六八一年（天武十）二月甲子（二十五日）に撰定の事業が開始された「律令」のうち、「令」は六八九年（持統三）六月庚戌（二十九日）に施行された「浄御原令」であり、律令国家の基本法典となった。

律令体制の根幹は、天皇を律令法の立法者、律令政治の最高の実権者、そして人間を超えた「明神《あきつみかみ》」＝「現人神《あらひとかみ》」として位置づけるとともに、生産手段としての土地と人民、すなわち日本全土とその住民＝

百姓を、豪族の領有・支配から解放し、天皇の直接統治の下に置くことにあった。私有地・私有民制から公地・公民制への転換である。

公地・公民制実現のためのイデオロギーと、これを裏付ける「歴史」が用意された。七一二年（和銅五）に成立した『古事記』と、七二〇年（養老四）に完成した『日本書紀』がこの事実を語っている。

『古事記』によれば、伊予の二名嶋（四国）、筑紫島、大倭豊秋津島《おおやまととよあきづしま》などを含む「大八島国《おおやしまぐに》」は、イザナギ・イザナミの夫婦の神の生むところである。火の神を産んだゆえに、その火に焼かれて死んだイザナミノ神を訪ねて、イザナギノ神は黄泉国に赴くが、死の穢れを受ける結果となった。筑紫の日向の橘の小門の阿波岐原《あわきはら》で、禊ぎ祓いをする。左の目を洗ったとき、「成れる神」が「天照大神」であった。イザナギノ神の命により、「天照大神」は「高天原」を治めることになる。

はじめに「天照大神」から、

豊葦原之千秋長五百秋之水穂国は、我が御子、正勝吾勝勝速日天忍穂耳命の知らす国ぞ。

との命をうけたアメノオシホミミノ命が、高天原から天降ったが、水穂国＝葦原中国《あしはらのなかつくに》は不穏な状況にあったので、高天原にもどった。タケミカヅチノ神が葦原中国を平定した後に、「天照大神」は高木神《たかぎのかみ》＝タカミムスビノ神の命を承け、「太子」のアメノオシホミミノ命を降すことになる。しかし支度をしている間に生まれたホノニニギノ命を葦原中国に下すべく、アメノオシホミミノ命はその許可を高木神と「天照大神」に要請した。ホノニニギノ命の母は、高木神の女のヨロヅハタトヨアキヅシヒメノ命＝タクハタチヂ姫であった。「天照大神」はホノニニギノ命に、此の豊葦原の水穂国は、汝知らさむ国ぞと言い依さし賜ふ。故、命の随に天降るべし。

と命じた。「天照大神」から八尺の勾璁《まがたま》・鏡・草那芸《くさな》剣《ぎのつるぎ》を賜ったホノニニギノ命は、天児屋命らの五伴緒《いつとものお》を随えて、筑紫の日向の高千穂の久士布流多気《くじふるたけ》＝槵触之峯《くじふるのたけ》に降臨した。

いっぽう『日本書紀』によれば、イザナギ・イザナミの二神は「大八洲国《おおやしまのくに》」を生み、さらに、「何ぞ天下の主者を生まざらむ」といい、「光華明彩《ひかりうるは》」しき日神＝「天照大神」を生む。(6)

「天照大神」の「子」のアメノオシホミミノ命と、タカミムスビノ神の女のタクハタチヂ姫の間に生まれた「皇孫」のホノニニギノ命は、タカミムスビノ神の命により、日向の襲の高千穂峯に降った。(7)

「天照大神」がホノニニギノ命にいわゆる神勅を下し、高天原から降したとする説話は、天孫降臨説話の発展段階の最後に位置している。

『古事記』また『日本書紀』の神代史において注目されるのは、第一に、「大八洲国」すなわち日本全土が、天皇の祖神であるイザナギ・イザナミの二神によって生まれた、としていることである。第二に、「天照大神」はイザナギの神、あるいはイザナミの神を加えた二神から生まれたとしていることである。第三に、イザナギの神、またイザナミの神を加えた二神により、「大八洲国」の統治権が「天照大神」に授けられたとしていることである。

「天照大神」に発する「大八洲国」の統治権は、「皇孫」のホノニニギノ命を経て、現に天武――持統天皇に受け嗣がれている。とすれば、各豪族が領有している土地とその支配権は、元来は皇祖神である「天照大神」のものであり、したがって天武・持統天皇に返還されるべきである、とする主張の根拠となるのであろう。

隋や唐に範をとった律令体制の導入にあたり、為政者が直面した困難のなかに、私有地・私有民制の否定とこれに代わる公地・公民制への移行の問題があった。まず移行の立法者であり、かつ命令者である天皇の絶対的君主権の確立の課題があり、つぎに公地・公民制の合理性実証の課題があった。イザナギ・イザナミの二神による国生み説話、また「天照大神」による葦原中国の統治権の「皇孫」への授与説話は、律令体制構築に向けてのイデオロギーの造出であったとみるべきであろう。

ともあれ律令体制構築の根底に「天照大神」があり、そして「天孫大神」は、倭の神、倭の人また倭の国土に先行し、つまり倭のすべてから超越した存在であるとされた。豪族による私有地・私有民制の「倭」が、「天皇」による公地・公民制の「日本」に移行する「歴史」の主役は、「天照大神」であった。「大八洲国」の形成と、その統治体制の原点に位置する「天照大神」の出現、および「皇孫」によって、統治権が継承されて来ている「歴史」を記述する『古事記』『日本書紀』は、律令国家の規範である。両書の撰述は律令国家構築の一環であり、その発議者が天武天皇であった事実に注目しなければならない。

二 「明神」=「天皇」と「日本」

本州・四国・九州などによって構成される「大八洲国」(8)「大八島国」(9)は、地理的には「日本」と同義語とみなされるが、しかし重要な相違がある。『古事記』『日本書紀』が説くように、「大八洲国」はイザナギ・イザナミの二神の生むところであった。そして二神は、「吾已に大八洲国及び山川草木を生めり。何ぞ天下の主者を生まざらむ」といって「日神」＝「天照大神」を生んだ。「天照大神」は「大八洲国」の統治者として出現したのである。

「葦原の千五百秋の瑞穂国[10]」の統治者は「天皇」であり、その原点である「大八洲国」の統治者が「天照大神」であることとは、不即不離であった。「大八洲国」は、「天照大神」に源流する国土とその統治の根源を語る用語であったことに留意される。

さて、「現御神止大八嶋国所知天皇[11]」「明神大八洲所知倭根子天皇[12]」と記されているように、「現御神」＝「明神」と「大八嶋国」＝「大八洲」は一体であった。

「明神」の観念の成立は、「天皇」号の成立と時期を同じくしている。「天皇」号の成立以前の「倭」の統治者は、「王」または「倭王」号を用いていたと考えられるが、最後の「倭王」とみられる天智以前の「倭王」が、「明神」＝「現人神」であったことをうかがわせる資料はない。「天照大神」の存在を前提とする「明神」と「天皇」号は不可分であり、その成立は天武・持統期である。

「天皇」の名称は「大八洲国」＝「日本」の統治者であり、そして「日本」の「人民」＝「百姓」を直接掌握する帝王を意味する。『金光明経』が説く「国王」「国土」「人民」の三要素は、「天皇」制成立の基盤である。「国王」が「国土」と「人民」を直接支配する体制が、律令国家であるが、天智大王以前の倭において、直接「人民」＝「百姓」の上に君臨する「天皇」登場の条件は、整えられていなかった、とみるべきであろう。

「天皇」――「日本」の新しい名称によって表現される「律令国家」の形成には、「天照大神」を必要とした。そして「天照大神」――「天皇」――「日本」の名称は、律令体制の形成とともに出現した。つまり律令体制の成立以前には、この三つの名称は連繫的に用いられることはなかった。

「日本」の国号の成立について述べよう。

古代の東アジア世界において、「倭」「倭人」の名称が用いられていた。日本の弥生時代の情勢について『漢書』は、「楽浪海中に倭人あり、分かれて百余国となる」と記している。古代朝鮮半島の三国の高句麗・百済・新羅においても、「倭」「倭人」の名称が用いられていた。倭王権による「統一国家」が成立すると「倭国」と呼ばれ、また「倭国王」と号した(13)。

「日本」の国号に関連をもつものと考えられる「天」と「日」について、『隋書』東夷伝・倭国条は興味ふかい記事を掲げる。すなわち六〇〇年（開皇二十・推古八）に隋に遣わされた倭王の使者に対し、文帝がその風俗をたずねた。

上、令所司訪其風俗、使者言、倭王以天為兄、以日為弟、天未明時出聴政跏趺坐、日出便停理務云、委我弟。

倭王にとって第一に、「天」と「日」は同一ではなく、別のものである。「天」は兄であり、「日」は弟とされる。第二に、「政務」にかかわるのは、「天」ではなく、「日」であった。

津田左右吉氏によれば、古代中国において、帝王が祭る「天神」は、昊天上帝を主として日月星辰風師雨師などを含むが[14]、いっぽう、「日本の民族が天そのものを神としたことは固より無く、上帝に比すべき神をも有たなかつたから、朝廷に於いてもさういう神の祭られたはずがないことは、いふまでもあるまい[15]」。

ここで仮説を提示しよう。倭の使者が隋の文帝にいった「天」に、司祭者としての倭王が祭っていたムスビノ神を擬すことができないであろうか。同じく「日」は、雄略大王の頃から王女を伊勢に遣わして侍祭させていた「伊勢大神」=「日神」をあてたい。

神が常在するのは、高天原《たかまのはら》である。したがって祭をなすにあたり、神を招き降す神事が必要となる[16]。倭の使者が、「倭王は天を以て兄となし、日を以て弟となす」といったとき、いずれも倭王によって祭られており、つまりムスビノ神と日神を指していたとみることができよう。

注目されるのは、「日出ずれは便ち理務を停め、いう、我が弟を委ねん」といっていることである。隋と異なる政治思想・統治観念が倭にあること、その中枢に「日」があることを強調・誇示していたと解される。

このときの「日」は「天照大神」ではなかった。また倭王の「祖神」でもなかった。倭王にとって「天」と「日」は兄弟の関係にある。この「天」――「倭王」――「日」の血縁関係の主張も、隋の文帝にとって意想外のことであったと思われる。

六〇七年（大業三・推古十五）に、隋の煬帝の許に遣わされた倭王の使者=小野妹子が持参した国書に、

其国書曰、日出処天子致書日没処天子、無恙云云

とあった。これを見た煬帝《ようだい》は不快感をあらわにし、「蛮夷の書、無礼なる者あり、復た以て聞するなかれ」といったという。

「日出ずる処の天子、書を日没する処の天子に致す」の文言について、『大智度論《だいちどろん》』の次の用例に注目しなければならない(17)。

如㆓経中説㆒。日出処是東方。日没処是西方。日行処是南方。日不㆑行処是北方。日有㆓三分合㆒。若前合若今合若後合。随㆑方日分。初合是東方。南方西方亦如㆑是。日不㆑行処是無㆑分(18)。

「日出処」「日没処」「日行処」を東、西、南とし、「日不行処」を北とする。ただし『大智度論』の所説は、須弥山は四域のなかにあり、そして「日」は須弥山をめぐって四天下を照らしている。「一切方皆東方。皆南方、皆西方、皆北方」であり、したがって、「日出処是東方」などと決めるのは「不㆑然」とするのであるが、その所論はそれとして、東野治之氏が指摘されたように、倭王の使者が持参した国書の「日出処」「日没処」の典拠は、『大智度論』に求められると思われる。

倭王の国書は、東アジア世界の地理的知見により、倭を「日出ずる処」とし、隋を「日没する処」としたのではない。『大智度論』の文言にもとづき、倭を東に位置づけて「日出処」とし、隋を「日没処」としたのである。倭と隋は「日」を基準にして東西に分けられたが、しかしその位置関係は、『大智度論』が説くように相対的でなく絶対的であった。

注意されるのは、このとき倭王は倭王の守護神である「日神《ひのかみ》」を伊勢の地で祭っていたことである。滝原の「伊勢大神」=「日神」である。倭王によれば――「日出ずる処」は倭だけであり、そして「日」

は倭王の弟であった。また「日」が出ると、政務を「日」に委ねる間柄である。「日」は常に東方の倭から出、南方を通り、西方の隋で没することを倭は主張した。つまり「日」の出発点に位置する、倭の地理的優越性が「日出処」の用語によって示されていたといえよう。[19]

津田左右吉氏は、いわゆる神功皇后の新羅征討の物語を記す『古事記』が新羅を「西方の国」とし、また『日本書紀』においても「西征」の文字が用いられていることなどを指摘し、「(神功皇后の新羅征討の物語が)、ヤマトにいて考えた話だからに違ひない。ヤマトから新羅にゆくには、西方のツクシを経由するからである」とされた。[20]

ただし隋への国書にみられるように、倭は「日出処」であり、その限り「東」は倭のみの方位であるとする観念が倭にあった。つまり、倭以外の国は、隋も新羅も「西」であると考えられていた。

倭がみずからの国を「日出ずる処」と号したのは、倭王による「伊勢大神」=「日神」の祭祀が、倭王家の伝統となっていたからである。

『旧唐書』東夷伝、倭国日本条に、

(1)日本国者倭国之別種也。以其国在日辺、故以日本為名。

とあり、また『新唐書』東夷伝、日本条に、

(2)咸亨元年(六七〇・天智九)、遣使賀平高麗。後稍習夏音、悪倭名、更号日本。使者自言、国近日所出、以為名。

と記されている。倭が国号を「日本」に改めたことは、七世紀後半の新羅を通して唐に伝えられていた

ことが考えられよう。「日本」の名称は「日」のはじまり、またおこりを意味し、「日出処」と同義である。「倭」の名称を改め「日本」と号した理由について、倭王の使者は「国、日出ずる所に近く、もって名となす」といっているのは、「日本」の名称が、「日出処」の理念を継承していたことを示している。

高句麗が唐・新羅軍によって滅ぼされたのは、六六八年（天智七）九月であった。六六九年（天智八）に河内鯨《かわちのくじら》らが唐に遣わされたが、これが『新唐書』にみえる咸亨元年（六七〇）の賀平高麗使であろう。次の遣唐使は七〇一年（大宝元）正月丁酉（二十三日）に、遣唐執節使を拝命した粟田真人である。粟田真人らは風浪のため、筑紫で出航を見合せていたが、七〇二年（大宝二）六月乙丑（二十九日）に出発した。粟田真人《あわたのまひと》は「日本」から派遣された最初の遣唐使であった。

『旧唐書』は粟田真人について、異例の評伝を掲げている。

長安三年（七〇三・大宝三）、其大臣朝臣真人、来貢方物。朝臣真人者、猶中国戸部尚書。冠進得冠、其頂為花、分而四散。身服紫袍、以帛為腰帯。真人好読経史。解属文、容止温雅。則天宴之於麟徳殿、授司膳卿、放還本国。

七〇四年（慶雲元）七月甲申（一日）に、粟田真人は帰国復命したが、はじめに唐に着いたとき、唐人から「何処の使人ぞ」と問われ、粟田真人は「日本国の使なり」と答えたという。中国の史書において、『隋書』までは「倭」「倭人」「倭国」であるが、『旧唐書』では「倭国」「日本」、また『新唐書』以後は「日本」「日本国」に変わっている。[21]

七〇一年（大宝元）の遣唐使の前に派遣されたのは、六六九年（天智八）の遣唐使である。その間に倭において律令国家が構築され、その表現である都城制の藤原宮＝新益京が造営された。壮麗な寺塔が都城に輪奐の美を添えており、「大宝律令」も公布された。三十余年の空白を破って、遣唐使粟田真人が唐に派遣されたが、それは「倭王」が「天皇」に変わり、「倭」が「日本」に変わったこと、つまり律令国家としての日本の生誕を唐に通告することを主たる使命としていたと考えられる。

「天皇」「日本」は、律令国家の成立にともなって造られ、用いられるようになった律令用語である。いずれも新羅や唐の存在を予想した名称であるが、「明神」＝「天皇」また「日本」が、「天照大神」に直結していることに注意しなければならない。「天皇」は、「天照大神」あることによって「明神」＝「天皇」になりえたのである。「天照大神」は「倭」の神ではなく、「倭」を「日本」とした神、そしてはじめて現われた「日本」の神であった。

ここで想起されるのは、『日本書紀』の神功皇后による新羅征討の物語である。

⑴神功皇后摂政前紀（仲哀九年）冬十月己亥朔辛丑、従二和珥津一発之、時飛廉起レ風、陽侯挙レ浪、海中大魚、悉浮扶レ船、則大風順吹、帆船隋レ波、不レ労二櫓楫一、便到新羅一。時随船潮浪、遠逮二国中一。即知、天神地祇悉助歟。新羅王、於是、戦々慄々厝身無所。則集二諸人一曰、新羅之建レ国以来、未三嘗聞二海水凌レ国。若天運尽之、国為レ海乎。是言未レ訖之間、船師満レ海、旌旗耀レ日。鼓吹起レ声、山川悉振。新羅王遙望以為、非常之兵、将レ滅二己国一。讋焉失レ志。乃今醒之曰、吾聞、東有二神国一。謂二日本一。亦有二聖王一。謂二天皇一。必其国之神兵也。豈可二挙レ兵以距一乎、即素旆而自服。素組以面縛。

「東」にある「日本」は「神国」であり、「天皇」が君臨していることを新羅王の言葉として記している。「日本」を「東」にあるとするのは、「日出処」の観念にもとづいている。つまり新羅は「日没処」であり、「西」でなければならなかった。

(2)爰新羅王波沙寐錦、即以㆓微叱己知波珍干岐㆒為㆑質、仍齎㆓金銀彩色及綾・羅・縑絹㆒、載㆓于八十艘船㆒、令㆑従㆓官軍㆒。是以、新羅王、常以㆓八十船之調㆒貢㆓于日本国㆒、其是之縁也。於是、高麗・百済二国王、聞㆘新羅収㆓図籍㆒、降㆗於日本国㆖、密令㆑伺㆓其軍勢㆒。則知㆑不㆑可㆑勝、自来㆓于営外㆒、叩頭而款曰、従㆑今以後、永称㆓西蕃㆒、不㆑絶㆓朝貢㆒。故因以、定㆓内官家屯倉㆒。是所謂之三韓也。

高句麗・百済の二国の王も、新羅王の「日本国」への降伏を聞き、日本に降伏するとともに朝貢を誓った。日本に「朝貢」する限り、新羅・高句麗・百済の「三韓」は「西蕃」であった。すなわち「日没処」の「西」に位置する「三韓」は、「日出処」の「東」の日本の「天皇」に対し、「日出処」と「日没処」の位置関係が永劫に変わらないのと同じように、「今より以後、長く乾坤に与しく」また「永く西蕃と称いつつ朝貢絶」たじと申したという。

注意されるのは、右に引用した新羅王の言葉(1)のなかで、「日本」と「天皇」の名称があらわれることである。この両者をつないでいるのが「天照大神」であった。「天照大神」こそ、「日本」そのものであったといえよう。いわゆる神功皇后の新羅征討に果たした「天照大神」の役割については、『古事記』『日本書紀』とも明記している。

ともあれ「天皇」=「日本」の対極に「西蕃」があった。「天照大神」――「神国」は、新羅・高句麗・百済=「西蕃」対する、「日本」の優越意識の源泉であった。(22)

「天照大神」にとって注意されるのは、従来の「天神地祇」と異なり、新羅・唐の存在を前提として出現したことである。

「公式令」の詔書式条において、蕃国使に伝達される詔書の冒頭の表記として、⑴「明神御宇日本天皇詔旨」、⑵「明神御宇天皇詔旨」の二種を掲げていることが参考にされよう。「天皇」と「明神」＝「現人神」は不可分であった。そしてはじめて「日本」の統治者としての「天皇」＝「明神」の座についたのは、天武天皇である。天智大王およびそれ以前において、国号は「倭」であり、君臨するのは、「倭王」であった。

天武天皇は、「天照大神」により、つまり「天照大神」があることにより、「天皇」＝「明神」になることができた。「天照大神」の「神孫」となったからである。天智大王およびそれ以前の倭王が、「明神」にならなかったのは逆説的であるが、「天照大神」が出現していなかったからであった。

注

（1）『日本書紀』神代上、第六段（本文）。
（2）同右、神代上、第五段（本文）。
（3）同右、神代上、第六段（一書第一）。
（4）田村圓澄『筑紫の古代史』（学生社、一九九二年）一九頁。
（5）岸俊男「防人考」（同『日本古代政治史研究』塙書房、一九六六年）。
（6）注（1）前掲書、神代上、第五段（本文）。
（7）同右、神代下、第九段（一書第一）。
（8）同右、神代上、第四段（本文）。

(9)『古事記』上巻、伊邪那岐命と伊邪那美命、3大八島国の生成条。
(10)注(1)前掲書、神代下、第九段(一書第一)。
(11)『続日本紀』文武元年八月庚辰条。
(12)同右、天平宝字元年七月戊午条。
(13)『宋書』夷蛮伝、倭国条。
(14)津田左右吉『日本古典の研究』下(『津田左右吉全集』第二巻、岩波書店、一九六三年)三三四頁。
(15)同右、三三五頁。
(16)武田祐吉『神と神を祭る者との文学』(古今書院、一九四三年)五頁。
(17)東野治之『遣唐使と正倉院』(岩波書店、一九九二年)九九頁。
(18)『大智度論』巻十(大正蔵経、二十五巻、一三三頁b)。
(19)田村圓澄「推古期の『国』の意識」(『ミュージアム九州』三一、一九八九年)。
(20)津田左右吉『日本古典の研究』上(『津田左右吉全集』第一巻、岩波書店、一九六三年)一〇八頁。
(21)岩井大慧「支那史書に現はれたる日本」(岩波講座『日本歴史』一九三五年)。大和岩雄『「日本」国はいつできたか』(六興出版、一九八五年)。
(22)田村圓澄「神国思想の系譜」(『史淵』七六、一九五八年)。同『日本仏教史』第二巻(法蔵館、一九八三年)所収。

第八章　神祇官の設立

一　藤原宮・新益京の造営

六七三年（天武二）二月癸未（二十七日）に飛鳥浄御原宮《あすかのきよみはらのみや》で即位した天武天皇は、四年後に遷都の計画をたて、実施に向けて動き出した。

天武五年（六七六）、是年、将レ都二新城一、而限内田園者、不レ問二公私一、皆不レ耕悉荒、然遂不レ都矣。

新都造営地＝新城を占定したが、造都の工事はなされなかった。新城内の田園は公私を問わず耕作をせず、荒れたままで放置された。

藤原宮・藤原京跡の発掘調査により、藤原宮の下層を中心に、条坊道路や街区が広域でみつかっている。この「新城」の計画地割が、後の藤原京の基本になったと考えられる[1]。地上の建物などの造営は未着手であった。

この頃、伊勢の滝原で「伊勢大神」が奉祀されていた。しかし自然神である「伊勢大神《いせのおおかみ》」＝「日神《ひのかみ》」は、新しく構築される律令国家の中核になりえないと判断された。いっぽう律令国家体制の中心である「天皇」の権威と権力を絶対化する方策、すなわち、皇祖神である「天照大神」の創出と、「皇孫」である天武天皇の「明神」化が進行していたと思われる。新都の造営は、新しい律令国家体制の形成に対応していた。

天武天皇が「律令」の撰定を命じたのは、六八一年（天武十）二月甲子（二十五日）である。同年三月丙戌（十七日）に川嶋皇子ら一二名を選び、「帝紀」および「上古の諸事」の記定が命じられた。皇祖神としての、また律令国家構築の原点としての「天照大神」は、この時点で確立されていたと考えられる。「帝紀」と「上古の諸事」の記定の眼目は、「天照大神」像をあきらかにすることであり、したがって「天照大神」があって、「律令」の撰定・「史書」の撰修がはじめて意義をもつのであった。「律令」の撰定作業は、「造法令殿」において行われた(2)。

天武天皇は造都の工事の再開を決意した。

天武十一年（六八二）三月朔、命二小紫三野王及宮内官大夫等一、遣二于新城一、令レ見二其地形一。仍将レ都矣。

同月十六日に天武天皇は新城に行幸したが、翌年に難波に都を造る詔を下した。

天武十二年（六八三）十二月庚午（十七日）、……又詔曰、凡都城宮室、非二一処一、必造二両参一。故先欲レ都二難波一。是以、百寮者、各往之請二家地一。

前期難波宮は、孝徳期の長柄豊碕宮が天武期まで存続していたのを利用し、それを一部改築・補修して再用したものと考えられている(3)。

六八四年（天武十三年）二月庚辰（二十八日）に、広瀬王をはじめ陰陽師・工匠などの技術者を畿内に遣わし、宮都に相応しい地を視占せしめたが、翌月、天武天皇は京師を巡行し、「宮室の地」を定めた(4)。耳成山・香久山・畝傍山の大和三山のほぼ中央部に位置する新益京《しんやくのみやこ》＝藤原京・藤原宮の地である。しかし天武天皇の発病・死去があり、造都の工事に着手するのは持統天皇の時代であった。

六九〇年（持統四）正月朔に持統皇后は即位したが、同年十月壬申（二十九日）に太政大臣高市皇子は公卿・百寮を従えて、「藤原の宮地」を視察した。同年十二月に持統天皇が藤原に行幸した。

　持統四年（六九〇）十二月辛酉（十九日）、天皇幸二藤原一観二宮地一。公卿百寮皆従焉。

六九一年（持統五）十月甲子（二十七日）に新益京＝藤原京の地鎮祭が行われ、翌年五月丁亥（二十三日）には、藤原宮の地鎮祭が行われている。

　持統八年（六九四）十二月乙卯（六日）、遷二居藤原宮一。

二ヵ年にわたる造宮工事が一段落し、藤原遷宮が行われたが、造宮・造京の工事は続けられた。『日本書紀』『続日本紀』には、「藤原宮」の名称はあるが、「藤原京」の名称はみえない。

天武・持統期の「倭京」には、大官大寺をはじめ、法興寺（飛鳥寺）・豊《と》浦《ゆら》寺（建興寺）・栗原寺・定林寺・岡寺（竜蓋寺）・奥山久米寺・川原寺（弘福寺）・紀寺・坂田寺（金剛寺）・橘寺（菩提寺）・檜隈《ひのくま》寺（道証寺）・石川寺・大窪寺・久米寺・軽寺・田中廃寺・木ノ本廃寺・日向寺・本薬師寺などの諸寺が立ち並び(5)、倭京はさながら「仏都」であった。「倭京」を離れた地域に新しい宮都を造営することを避け、「倭京」の隣接地に「倭京」を拡大する方針がとられた。すなわち「新益京」＝藤原京であった。

二　藤原宮の御井

藤原宮御井歌

やすみしし　わご大君
高照らす　日の皇子
荒たへの　藤井が原に
大御門　はじめたまひて
埴安の　堤の上に
あり立たし　見したまへば
大和の　青香具山は
日の経の　大御門に
青山と　しみさび立てり
畝傍の　この瑞山は
日の緯の　大御門に
みづ山と　山さびいます
耳成の　青菅山は

背面の　大御門に
よろしなべ　神さび立てり
名くはしき　吉野の山は
影面の　大御門ゆ
雲居にぞ　遠くありける
高知るや　天のみかげ
天知るや　日のみかげの
水こそは　とこしへならめ
御井のま清水　（巻一、五二）

短歌

藤原の大宮仕へあれつぐや　をとめが伴は乏しきろかも　（巻一、五三）

『万葉集』に載せる右の二首の歌のうち、長歌は前半で、持統天皇の国見と、藤原宮をめぐる四方の山ぼめを歌い、同じ後半で、「御井のま清水」の永遠性を、持統天皇の御代になぞらえて歌っている。「藤原宮御井歌」について土橋寛氏は、「御井を飛鳥の藤井に擬することによって、持統＝不比等体制を讃美することにその主眼がある」とするとともに、この歌の作者を藤原不比等と同族の中臣氏に擬し、「人麻呂など一般の宮廷歌人による宮廷讃歌とは違った、この讃歌の政治的性格が読み取られるのである」(6)とされた。また岡田精司氏は、「新しい宮殿の讃美が、宮殿の建築を讃めるのではなく、宮殿に付属する『御井』をたたえる形で、藤原宮の完成を寿いでいるのである。この井戸も、『御』がつくから天皇の飲料水の料としての井泉である[7]」とされている。

藤原宮には複数の井泉があった。その井泉は井の信仰により、「御井」と呼ばれたが[8]、「藤原宮御井歌」に詠まれたのは、井の信仰とは別の意味をもっていたと考えられる。その井泉は、天皇の飲料用というより、天皇が祀る神に供進する水、つまり神饌のための井泉であったと考えることも可能であろう。藤原宮の「御井」は、藤原宮内に設置された神祇官が、祭祀に用いる井泉であったと思われる。したがって「御井」を讃えることは、「天照大神」――「天神地祇」を基底として構築された、天皇の治世を讃えることであった。日本最初の都城制をふまえ、天高く営まれた御殿に象徴される天皇の地位と尊厳、また律令国家の永遠を讃美することこそ、「藤原宮御井歌」の眼目であったと考えられる。

三　神祇官と天神地祇

律令制度の根幹をなす統治組織は、二官（神祇・太政）・八省・一台・五衛府および国・郡であるが、中央では神祇官と太政官を併置し、これを百官のはじめに置いた。『令集解』職員令・神祇官条には、

神祇者是人主之所レ重、臣下之所レ尊。祈二福祥一、求二永貞一、无レ所レ不レ帰二神祇之徳一。故以二神祇官一為二百官之首一。

とする釈説が引用されている。

神祇官には、長官の伯、次官の大副・少副、大祐・小祐・大史・少史の四等官があり、伴部として神部三〇人、卜部二〇人、雑事にしたがう使部三〇人、および直丁二人が置かれた。伯の職掌は、神祇の祭祀、祝部・神戸の名籍、大嘗、鎮魂、御巫、卜兆のほか、神祇官の行政全般にわたった。

持統三年（六八九）八月壬午（二日）、百官会二集於神祇官一、而奉二宣天神地祇之事一。

右は『日本書紀』における神祇官の始見である。以後、神祇官の記事がつづく。このときより以前では、「神官」と記されている。

六八九年（持統三）六月に施行された「浄御原令」に、神祇官が規定されていたと考えられる。[9] 持統天皇が伊勢神宮の創建に着手するのは、六九〇年（持統四）頃であったとみられる。

『日本書紀』における神祇伯の初出は、持統天皇即位条である。

持統四年（六九〇）春正月朔、物部麻呂朝臣樹二大盾一。神祇伯中臣大嶋朝臣読二天神寿詞一。

即位後、持統天皇が新穀をもって神祇を祭る大嘗においても、中臣大嶋《なかとみのおおしま》は「天神寿詞《あまつかみのよごと》」を読んでいる。

持統五年（六九一）十一月戊辰、大嘗。神祇伯中臣朝臣大嶋読二天神寿詞一。

六九三年（持統七）三月庚子（十一日）に葛原（中臣）大嶋が賻物を賜わっているので、この頃に死んだと考えられる。中臣大嶋は死ぬときまで、神祇伯の職にあったとみられる。[10]

ともあれ初代の神祇伯に補任された中臣大嶋は、天武天皇の命により、「帝紀」および「上古の諸事」の記定に参加し、平群子首《へぐりのこびと》とともに筆を執って録したことが想起される。

さて「職員令」神祇官条において、伯の職掌として「神祇祭祀」が挙げられいているが、いっぽう

「神祇令」天神地祇条に、

凡天神地祇者。神祇官皆依二常典一祭之。

と規定され、以下、常典によって祭るべき一九の祭祀を掲げる。

また「孝課令」最条には、

神祇祭祀。不レ違二常典一。為二神祇官之最一。謂、少副以上。

とある。神祇官人の長官・次官は、常典に違うことなく祭祀を厳重に執行することを第一義とされていたことがうかがわれる。

津田左右吉氏によれば、「神祇令」が掲げる「天神地祇」の名称が用いられる前は、「天つ神・国つ神」と呼ばれていた。ところで「天つ神・国つ神」という相対的な称呼は、日神が天に上って高天原の国が開かれてから、はじめて生じたものである。高天原の神を「天つ神」とするのに対し、この国にいる神を「国つ神」という[11]。

また「天つ神・国つ神」の観念は、中国の「天神・地祇」の思想に誘われて生じたものとみるべきであろう。したがって具体的に、ある神々がそれぞれ「天つ神」または「国つ神」と考えられていたのではない。実際の信仰としては、そういう区別はなく、とくに「天の神」というようなものは存在しないからである[12]。

「天社国社」の称呼は、『日本書紀』の神武即位前紀戊午年九月戊辰条・崇神七年十一月己卯条・天武六年（六七七）五月己丑（二十八日）条・同十年（六八一）正月己丑（十九日）条にみえ、また祈年祭・大嘗祭・竜田風神祭などの「祝詞」や、『続日本紀』天平神護元年（七六五）十一月庚辰（二十三日）条に載せる「宣命」にあらわれている。これらの称呼はすべて朝廷の祭祀に関していわれており、またこのにようにいわれたのは、朝廷で全国の主要な神社の祭祀を管理するようになってからのことであろうと思われるから、これらの称呼は、「多分、大化以後に始まつたのであらう。或いは、確実なる現存の記録に於いての初見である天武朝のころからのことかも知れぬ(13)」。

「天神地祇」の成語は神代紀にはないが、神武即位前紀戊午年九月戊辰条・崇神紀十二年九月己丑条・神功皇后摂政前紀（仲哀九年十月辛丑）条・天智紀十年（六七一）十一月丙辰（二十三日）条・天武紀元年（六七二）六月丁亥（二十七日）条・同七年（六七八）是春条・同八年（六七九）五月乙酉（六日）条・持統三年（六八九）八月壬午（二日）条・同四年（六九〇）正月庚子（二十三日）条・同四年（六九〇）七月戊寅（三日）条にみえる。

「天神地祇」は中国の成語であり「天の神」を「神」といい、「地の神」を「祇」という特殊の称呼からきている(14)。

以上が津田左右氏の見解であるが、津田氏によれば、「天神地祇」の称呼と観念は、「神祇令」が立案制定されたころに成立した。

『令集解』によれば、「天神」は伊勢・山城鴨・住吉・出雲国造斎神等類であり、「地祇」は、大神《おおみわ》・大倭《おおやまと》・葛木鴨《かつらぎのかも》・出雲大汝《いずものおおなむちのかみ》神等類である。そしてこれは「古記」の説であるから、八世紀には一般に行われていた分類であり、思想であったと考えられる。

四　班　幣

『続日本紀』大宝元年（七〇一）十一月以降に、「大幣」についての関連記事がある。

(1)大宝元年（七〇一）十一月丙子（八日）、始任二造大幣司一。以二正五位下弥努王・従五位下引田朝臣爾閇一為二長官一。

造大幣司の補任がなされたが、三ヵ月後に大幣を班ったため、諸国の国造等を入京せしめた。

(2)大宝二年（七〇二）二月庚戌（十三日）、是日、為レ班二大幣一、馳レ駅追二諸国国造等一入レ京。

駅馬を馳せて、藤原宮に召集された諸国の国造は、従来の国造と異なり、一国一国造制の新国造であり、その国の神祇祭祀にたずさわった[15]。

(3)大宝二年（七〇二）三月己卯（十二日）、鎮二大安殿一大祓。天皇御二新宮正殿一斎戒。惣頒二幣帛於畿内及七道諸社一。

大安殿は大裏の正殿を指す。新宮の正殿で斎戒した文武天皇の前で、前月に新益京＝藤原京に入った畿内と七道諸国の国造らに対し、その地の社に進めるべき幣帛が授けられた。

さて右の「班幣《はんぺい》」「頒幣《はんぺい》」について、七〇一年（大宝元）八月の「大宝律令」の完成を受け、これを「天神地祇」に奉告するためであったとする見解[16]と、完成した「大宝律令」にもとづく最初の祈年祭であったとする見解がある[17]。

神祇官は「天神地祇」の祭祀を掌る官衙であるが、幣帛を中心に考えると、祭祀形態には次の二つがあった。第一は神主・祝部らが神祇官に出頭し、幣帛を受けて祭る場合である。「集侍《うごな》はれる神主・祝部等、諸聞し食《め》せと宣《の》る」に始まる「祝詞」の「祈年祭」のほか、六月・十二月の「月次祭」、「大嘗祭（新嘗祭）」などがこれに該当する。『令集解』神祇令・仲冬・上卯相嘗祭条によれば、大倭社《おおやまとしゃの》大倭忌《おおやまといみ》寸祭《きのまつり》、宇奈太利《うなたり》、村屋、住吉、津守、大神社、大神氏上祭《おおみわのうじのかみのまつり》、穴師、巻向、池社、思智《おんじ》、意富、葛木鴨、紀伊国坐日前・国懸須、伊太祁曾、鳴神の相嘗祭は、各神主らが神祇官において幣帛を受け、それぞれの社で祭祀が執行された。

第二は、天皇の使が幣帛をもって社に赴くのであり、すなわち「奉幣」である。たとえば、広瀬（広瀬大社・奈良県北葛城郡河合町川合）の大忌祭《おおいみのまつり》と竜田（竜田大社・奈良県生駒郡三郷町立野）の風神祭には、五位以上の使が各社に遣わされ、「奉幣」をしていたことが知られる。

天武五年（六七六）。是夏、大旱、遣二使四方、以捧二幣帛一、祈二諸神祇一。

大旱に際し、四方に使いを遣わし「奉幣」して神祇に雨を祈ったが、また「頒幣」の例がみられる。

天武十年（六八一）正月壬申（二日）、頒二幣帛於諸神祇一。

「頒」は「あかちまだす」と訓読され、わかち、献上する意である。賀正の礼として、天皇から奉幣されたが、しかし諸神祇の許に直接使が遣わされたのではなく、間接的な手段がとられたので、「頒幣帛」の文字が用いられたのであろう。

持統四年（六九〇）七月戊寅（三日）、班二幣於天神地祇一。

持統十一年（六九七）六月甲申（十九日）、班二幣於神祇一。

不特定多数の神の中で、国家的祭祀の枠組に編入され、特別の地位と特権を保証せられたことを意味する「諸神祇」「天神地祇」の概念が形成され、これに対応する祭祀形態として、「頒幣」「班幣」があらわれる。六八九年（持統三）六月に施行された「浄御原令」に神祇官の規定のあったことに留意される。

「頒幣」また「班幣」は、天皇が神に進めるべき幣帛を、神主などの祭祀関係者に渡すことであり、したがって、祭祀を通しての天皇と神との関係は間接的であるのに対し、「奉幣」は天皇が使を遣わして幣帛を進めるが、元来は天皇みずからが祭主となることが前提となっており、したがって天皇と神との関係は直接的であったといえよう。前者は、班かたれる「幣帛」に重点が置かれており、いっぽう後者は、幣帛を奉る「天皇」に比重がかかっている。

「神祇令」に規定された「天神地祇」の祭祀において、祈年祭・月次祭・新嘗祭の恒例の祭には「班幣」「頒幣」の語が用いられ、祈雨・祈晴・防風などの祈願のため、畿内を中心とする名神大社で行われる臨時の祭には、「奉幣」の語が用いられている。ただし伊勢神宮に対しては、「班幣」「頒幣」の語は用いられず、常に「奉幣」の語のみが使われていた(18)。

天皇が「天神地祇」に「班幣」することが可能であるのは、天皇の祖神が「天照大神」であり、また「天神地祇」が鎮座する日本＝「大八洲国」の統治権が「天照大神」から「皇孫」のホノニニギノ命を経て歴代の倭王＝天皇に受け嗣がれ、現天皇に至っている、と考えられたからである。したがって天皇が

「天照大神」に対し、「班幣」の措置を適用することはありえない。天皇が「天照大神」を祭る唯一の方法は、「天照大神」に「奉幣」することであった。

五　神祇官設立の意義

大海人皇子の直観と自覚を通してあらわれた「天照太神」は、はじめは姿や形はなく、名前も定かでなかったであろう。やがて光り輝く装いとなり、高天原を所住の「国」とする「天照大神」に発展するが、なお物語の世界にとどまっていた。「観念」としての「天照太神」が、「祭祀」を受ける座に上昇するために必要とされたのは、「天照大神」を祭る場と、日本全土の氏族・豪族が祭る氏族神との関係の調整であった。そのために「天照大神」を祭る伊勢神宮を新しく造営するとともに、「天照大神」を頂点とする神祇体系を編成し、日本全土の諸神をそのなかに位置づけなければならない。「天神地祇」の創出である。祭祀を通しての、日本全土の神々の編成と序列化であるが、これを統括するのが神祇官であった。

神祇官の設置以前に、全国的規模で、すなわち国家制度として神々を祭ることはなかった。元来、各地の神の祭祀権は、その地域の豪族の掌握するところであった。律令体制の成立とともに、天皇による日本全土の神々の序列化、すなわち「天神地祇」制が確立するが、「天神地祇」の分布圏が、天皇による統治圏＝「治天下」の範囲と合致するところに神祇官設立の意義があったといえよう。

神祇官の創置により、日本全土のすべての神は、「天神地祇」と「非天神地祇」とに区分・固定された。神祇官の祭祀を受けるのは「天神地祇」に限られ、自余の神は、神祇官の祭祀の対象から除外された。また「天神地祇」も高天原に関係のある「天神」と、葦原中国＝「大八洲国」に所住する「地祇」に類別される。日本のすべての神は「天皇」によって序列化され、「天照大神」は唯一最高の地位につけられた。

神祇官の奉幣にあずかる「天神地祇」が、「官社」(19)の祭神がある。「神名帳」には、「天神地祇」を、宮中・京中・畿内・東海道・東山道・北陸道・山陰道・山陽道・南海道・西海道に分け、さらに国別・郡別に神社名と社格が登記されている。合計三一三二座の祭神と、二八六一の神社が挙げられているが、祭神の数は、「四時祭式」に載せる、祈年祭に幣帛を受ける三一三二座に合致する。神祇官の班幣にあずかる三一三二座の官社＝「天神地祇」は、八十万神のなかから選ばれたのであり、いっぽう日本全土にはさらに多くの「非天神地祇」が存在する。これらの神々も、「天照大神」の神威と神格を隔絶したものとすることにおいて、重要であった。

注意されるのは、「天照大神」と「天神地祇」との関係である。神祇官は常典によって「天神地祇」を祭るが、その祭祀のなかに神嘗祭や神衣祭のように、伊勢神宮の祭儀があることは、「天照大神」を「天神地祇」の中に含めるべきであるとする主張に有利であるとみなされるかも知れない。『令義解』神祇令・天神地祇条に、「謂、天神者、伊勢、山城鴨、住吉、出雲国造斎神等類是也」の解釈を載せている。つまり伊勢神宮は、賀茂別雷神社（京都市北区上賀茂山本町）・賀茂御祖神社（同左京区下鴨泉川町）など同列におかれているが、しかしこれは出現の場所にもとづく分類であり、事実、「天照大神」が「天神」のなかでも超越的な位置にあったことは、国家制度として、伊勢神宮の祭祀・神宝・調度・財政・神職などを規定した「太神宮式」および「斎宮式」によっても知られるであろう。

古代の律令体制の構築を可能にし、また律令体制を支えたのは「天照大神」であった。律令国家に君臨する天皇は、その尊貴身分と統治権を「天照大神」から与えられている。「天照大神」なくして太政官は存立せず、そして神祇官は、「天照大神」――「天神地祇」の祭祀を職掌としたが、同時に「非天神地祇」を序列化することにもかかわった。

「天照大神」は、「天神地祇」「非天神地祇」を超越する唯一の神であった。つまり「天照大神」には「天神地祇」が必要であり、「天神地祇」には「非天神地祇」が必要であった。日本全国のすべての神を階層化することが、「天照大神」の最高位の神威と地位を表現することにほかならなかった。「天神地祇」――「非天神地祇」の全国的規模による序列化がないとすれば、すなわち「天照大神」ひとりでは、みずからの超越的神格を表示し、表現することは不可能であった。

もし「天照大神」が、歴代遷宮の慣行がくりかえされている時期に出現していたとすれば、天武・持統期を迎え、改めて「天神地祇」の序列を構成する必要はなかったと思われる。「天照大神」の登場は律令体制の成立に呼応していたのであり、そして登場の条件は、「天照大神」が、倭＝「日本」における最高神になることであった。

神祇官の設立に関連して、唐の「祠令」と「神祇令」との比較研究がなされるが、令文の分析もさることながら、「天照大神」の存在こそ日本律令法の特質というべきであろう。日本の律令体制の成立と維持は直接間接、神祇官の存在にかかわるところであり、そして神祇官の存在理由は究極において、「天照大神」の存立にかかわっていた。ともあれ選ばれた中央・地方の神々に対する国家的祭祀を通して、「天照大神」の神威と存在を、全国的規模で確認させるのが神祇官設置の眼目であった。

倭の最初の伽藍である蘇我氏の法興寺（飛鳥寺）が示すように、仏教の受容者は豪族・氏族であり、つまり七世紀前半の飛鳥仏教は、「氏族仏教」であった。七世紀後半の天武・持統期は律令国家の形成の時代であり、これにあい応じて、日本ではじめて『金光明経』『仁王経』の護国の経典の講説が行われる。すなわち、これまでの「氏族仏教」は白鳳時代を迎え、「国家仏教」の段階に移行する。「国家仏教」成立の条件のひとつは、仏教の全国的なひろがり、すなわち全国的規模で寺が建つことであった。

天武十四年（六八六）三月壬申（二十七日）、詔、諸国毎レ家、作二仏舎一、乃置二仏像及経一、以礼拝供養。

右の天武天皇によって下された伽藍造立の詔、また、

持統五年（六九一）二月朔、天皇詔二公卿等一曰、卿等、於天皇世、作二仏殿経蔵一、行二月六斎一。天皇時々遣二大舎人一問訊。朕世亦如レ之。故当二勤心、奉二仏法一也。

の持統天皇の仏法興隆の詔は、仏教の全国的拡大を促した。飛鳥時代の「氏族仏教」の段階において、五十前後の寺が、大和・河内とその周辺部に集中し、他の地域に存在しなかったのに対し、白鳳時代の「国家仏教」の段階において、五〇〇を超える寺が東国から九州に至るほぼ日本全国に存在していた。

考古学の発掘調査などが語る結果であるが、爆発的な増加である。[20]

神祇官と全国的な官社の創出は、天武・持統期の「国家仏教」の形成・発展と揆を一にするものであった。

注

（1）木下正史『飛鳥・藤原の都を掘る』（吉川弘文館、一九九三年）一六三頁。
（2）『日本書紀』天武十一年八月丙寅条。
（3）中尾芳治『難波宮の研究』（吉川弘文館、一九九五年）二八頁。
（4）岸俊男『日本古代宮都の研究』（岩波書店、一九八八年）六一頁。
（5）『飛鳥・白鳳の古瓦』（奈良国立博物館、一九七〇年）出土遺跡分布表。
（6）土橋寛「『藤原宮御井歌』の政治的性格」（『文学』五三―三、一九八五年）。
（7）岡田精司『古代祭祀の史的研究』（塙書房、一九九二年）三七七頁。
（8）日色四郎『日本上代井の研究』（日色四郎先生遺稿出版会、一九六七年）一〇頁。
（9）注（7）前掲書、一八頁。
（10）西山徳『神社と祭祀』（至文堂、一九六五年）六一頁。
（11）津田左右吉『日本古典の研究』上、（『津田左右吉全集』第一巻、岩波書店、一九六三年、六四六頁）。
（12）同右、下（同第二巻、三四八頁）。
（13）同右、下（同第二巻、三六〇頁）。
（14）同右、下（同第二巻、三三三頁）。
（15）津田左右吉『日本上代史の研究』（『津田左右吉全集』第三巻、岩波書店、一九六三年、二三一頁）。
（16）梅田義彦『神祇制度史の基礎的研究』（吉川弘文館、一九六四年）三二五頁。
（17）岡田精司『古代王権の祭祀と神話』（塙書房、一九七〇年）一五二頁。

(18) 同右、一四八頁。
(19) 注(16)前掲書、四二一頁。
(20) 田村圓澄『飛鳥・白鳳仏教史』下(吉川弘文館、一九九四年)七二頁。

第九章　御諸山と三輪氏

一　倭王と御諸山＝大三輪神

大物主神を祖神とする大神氏は、御諸山《みもろ》＝三輪山に鎮まる大物主神＝大三輪神を祭っていた。ただし、大物主神は御諸山の精霊であった。したがって大物主という神があって、それを御諸山で祀ったのではなく、御諸山の精霊に大物主神という名を与え、『古事記』や『日本書紀』はこれを神代史のなかに取り入れたのである(1)。

大神氏は『古事記』では神君、『日本書紀』では三輪君と書かれているが、六八四年（天武十三）十一月朔の八色の改姓により、大三輪君は大三輪朝臣の姓を賜わった。『続日本紀』以後の史書では、大神朝臣と書かれている。

タカミムスビノ神は大物主神に対し、「吾が女」の三穂津姫《みほつひめ》を与えて妻とさせるとともに、「八十万神《やそよろずのかみたち》を領ゐて、永に皇孫の為に護り奉れ」と命じ、「天」から降らせた(2)。大物主神＝大三輪神＝御諸山は、永く「皇孫」守護の任務を担っていた。

「日本国の三諸山に住む」大三輪神の子の姫蹈鞴《ひめたたら》五十鈴《いすず》姫命《ひめのみこと》は、神日本磐余彦《かみやまといわれびこ》火火出《ほほで》見天皇《みのすめらみこと》＝神武天皇の后であった(3)。

大物主神の神婚説話は、『古事記』崇神天皇条に載せる三輪山伝説に、同じく神武天皇条に載せる皇后選定伝説に、また『日本書紀』崇神十年九月条の箸墓伝説にみえているが、これらの神婚説話と、崇神紀七年条にみえる大物主神の祭祀の物語を読むと、それらは大三輪神＝三輪氏一族の始祖伝承・祭祀伝承ではなく、「皇室の国家的祭祀の起源をのべたもの」であり、「国家的祭祀の中で皇室は三輪の大神を最も重視し、大三輪氏の祖先である大田田根子《おおたたねこ》に三輪の大神を祭らせたことを物語っている(4)」。

『日本書紀』崇神天皇条に、御諸山と御諸山に祀られている大物主神、および崇神天皇との緊密な関係を示す説話がある。

崇神十年九月条によれば、ヤマトトトビモモソ姫は「大物主神の妻と為」った。三輪山説話と箸墓説話の主役であるヤマトトトビモモソ姫は孝元天皇の皇女であるから、崇神天皇の叔母にあたる。つまりこの説話は、皇女の大神＝大物主神奉侍が説話化されたと考えられる。

崇神四十八年正月条に、崇神天皇による夢占いの説話がある。皇子の豊城命《とよきのみこと》と活目命《いくめのみこと》の二人の夢を崇神天皇が判じた上で、いずれかを皇位継承者に決めると予告する。さて兄の豊城命がみた夢は、「自ら御諸山に登りて東を向きて、八廻弄槍し、八廻撃刀す」であり、弟の活目命がみた夢は、「自ら御諸山の嶺に登りて、縄を四方に絚へて、粟を食む雀を逐る」ことであった。ただ東国の方のみを向き、また武器を用いる動作をした兄よりも、四方に心を配った弟を、崇神天皇は皇位継承者に決めたというのであるが、天津日嗣《あまつひつぎ》の神聖な地位の決定にかかわる夢のいずれもが、御諸山を舞台としていることに注意される。つまり御諸山が天皇と密着した聖地としてあつかわれていたことを示している。(5)

敏達紀十年（五八一）潤二月条に、召された蝦夷の「魁師《ひとごのかみ》」の綾糟《あやかす》らが、泊瀬《はつせ》（初瀬）川の中流に下って三諸岳＝御諸山に向かい、水を歃り、清明心をもって天闕《みかど》に仕えることを誓ったことが記されている。蝦夷の綾糟らは泊瀬川の川原から、東の方にある御諸山を拝んだのであり、御諸山が神体山として信仰されているとともに、倭王権擁護の役割を担っていた事実をうかがわせる。

二　御諸山＝大三輪神の信仰圏

大和から伊勢に通じる主要路（後の伊勢街道）の出入口を扼する磯城《しき》の地に、神体山としての御諸山＝三輪山があった。「天照大神」の奉祀に深くかかわったとされる崇神・垂仁・景行・履仲の各天皇・倭王や、はじめて「伊勢大神」に侍奉する王女を遣わしたとされる雄略以下、清寧・武烈・継体・欽明・敏達・用明・崇峻に至る各倭王の宮が、磯城・磐余《いわれ》に集中していたこと、すなわち倭王の宮が、伊勢に至る要路を確保する場にあったことに注意される（表4・図4）。

雄略紀（四六三）七年七月条に、雄略大王が少子部蜾蠃《ちいさこべのすがる》に対して、「朕、三諸岳の神の形を見むと欲ふ」といい、捉えてくるよう命じた説話は、同四年（四六〇）二月条の、雄略大王が葛城山の一事主神と轡を並べて一頭の鹿を追い、終わって雄略大王が一事主神に送られて帰途についた説話と同様、大物主神に優位する「現人之神」＝雄略大王の威力を示していると解されるが、雄略大王の泊瀬朝倉宮は御諸山＝三輪山の南麓にあり、つまり雄略大王は朝夕、御諸山を眺める場所にいたことが推察される。

注意されるのは、倭王権による東国平定に大三輪神＝三輪氏が重要な役割を演じたと考えられることである。阿部武彦氏によれば、神人・神人部、美和郷・大神郷、大神神・美和神社など、三輪氏に関係した氏の名、地名、神社名などが全国的に分布しており、いずれも奈良時代までに固定化したと考えら

表4　磯城・磐余地方宮都一覧

代	大王(天皇)	宮名	所在地	事項
一〇	崇神	磯城端籬宮	奈良県桜井市金屋	三輪氏始祖伝承・箸墓伝説
一一	垂仁	纏向珠城宮	奈良県桜井市北部	三輪君大友主
一二	景行	纏向日代宮	奈良県桜井市穴師	蝦夷を御諸山の傍に安置す
	神功皇后	磐余若桜宮	奈良県桜井市池之内	大三輪大友主
一七	履仲	磐余稚桜宮	奈良県桜井市池之内	
二一	雄略	泊瀬朝倉宮	奈良県桜井市朝倉	衣縫の兄媛を大三輪神に奉る
二三	清寧	磐余甕栗宮	奈良県桜井市池之内	
二五	武烈	泊瀬列城宮	奈良県桜井市初瀬	
二六	継体	磐余玉穂宮	奈良県桜井市池之内	
二九	欽明	磯城嶋金刺宮	奈良県桜井市金屋	
三〇	敏達	訳語田幸玉宮	奈良県桜井市戒重	蝦夷の魁帥、三諸岳に向かい忠誠を誓う。三輪君逆
三一	用明	池辺双槻宮	奈良県桜井市阿部	
三二	崇峻	倉梯宮	奈良県桜井市倉橋	

注　『日本書紀』による。

れるが、そのなかの東国を例にとれば、東は常陸・上野・下野・越後までの線に限られ、それより東北にはみえない。陸奥には鹿嶋・香取の神の分布が濃密である。大三輪神＝三輪氏の活動は、倭王の東国支配が陸奥に及ぶ以前の段階において、行われたと考えられる。

西国における美和などの地名、神社名および三輪氏関連氏族名の分布は、山陰方面では丹後・但馬・因幡・伯耆・出雲に、山陽方面では播磨・美作・備前・備中・備後・周防・長門に、また西海道では筑前・筑後・豊前・豊後にひろがっており、一国について一ヵ所ないし二ヵ所の美和郷・美和（大神）神社、あるいは大神部等の三輪氏との関連を示す資料を拾うことができる。(6)

倭王権による東国・西国経営に、大神＝大神氏が参加したと考えられるが、注目されるのは大三輪神＝御諸山の信仰圏である。各豪族の氏族神＝守護神の信仰が、豪族とその領有地・領有民に限られていたのとは異なり、大神氏が祖神と仰ぐ大三輪神＝御諸山の信仰は、大和一円に及んでいた。これは神体山であることに原因があるように思われるが、(7)ともあれ大三輪神＝御諸山は氏族神の限界を超え、より広汎な信仰圏を形成していた。

三　三輪氏の人びと

三輪逆《みわのさかう》は、物部守屋・中臣磐余《なかとみのいわれ》とともに、蘇我馬子が大野丘（奈良県橿原市和田か）の北に建てた寺塔を焼き、仏像を棄てようとして馬子といい争ったが、馬子は従わなかったという。(8)三輪逆が反仏派に組したのは、三輪氏が祖神とする大三輪神＝御諸山が、異国の神＝仏の礼拝を許さなかったことに原因があったと考えられるが、なお敏達大王が、父の欽明大王の仏教に対する傍観・中立の立場を継承しており、(9)そして三輪逆は敏達大王の「寵愛」を受けていたことによるのであろうか。

五八五年（敏達十四）八月に、広瀬（奈良県北葛城郡広陵町付近）に営まれた敏達大王の殯宮《もがりのみや》において、大臣蘇我馬子と大連物部守屋の対立があらわになったとき、隼人を殯の庭に配置し、警備にあたらせたのは三輪逆であった。このため穴穂部王《あなほべのみこ》の、「何の故にか死《す》ぎたまひし王の庭に事《つか》へまつりて、生《たひらか》にます王の所に事へまつらざらむ」(10)とする反撥を招いた。

穴穂部王が敏達大王妃の炊屋姫《かしきやひめ》（後の推古大王）を姦そうと思い、強いて敏達大王の殯宮に入ろうとしたとき、「寵臣」の三輪逆は宮門を閉ざし、内に入れなかった。三輪逆に対する穴穂部王の憎悪は深まり、物部守屋とともに兵を率いて磐余の池の辺にある逆の家を囲んだ。三輪逆は三諸岳＝三輪山に逃れたが、夜半に山を下り、炊屋姫の別業の海石榴市宮《つばいちのみや》に身をかくした。三輪逆と同姓の白堤および横山の二人から、逆の居場所を告げられた穴穂部王は、物部守屋に三輪逆と二人の子を殺すように命じた。物部守屋が兵を率いて海石榴市宮に向かったが、これを聞いた蘇我馬子は穴穂部王の許に赴き、「王たる者は刑人を近づけず、自ら往《いでま》すべからず」と諫めたが、穴穂部主は聴かず、そのまま物部守屋のところに向かった。馬子は穴穂部王について磐余に到り、切に諫めたので、穴穂部王は行くことを止めた。しばらくして物部守屋は兵を率いて穴穂部王の許に来て、三輪逆らを斬ったことを復命した。その場にいた蘇我馬子は痛み歎いて「天下の乱は久しからじ」といったところ、これを聞いた物部守屋は、「汝小臣が識らざる所なり」と蔑んだ言葉を吐いた(11)。

三輪逆は敏達大王の寵愛するところであり、内外のことを悉く委ねられたという。蘇我馬子と物部守屋が仏教の受容をめぐって対立し、さらに権力闘争にまで発展したとき、この政治的空白を埋めるべく、三輪逆は敏達大王から「悉に内外の事を委ね(12)」られたのであろうか。

六四三年（皇極二）十一月に、蘇我入鹿は巨勢徳太《こせのとこだ》・土師娑婆《はじのさば》を遣わし、斑鳩の山背大兄王らを襲わせた。軍事力で劣る山背大兄王は抗戦を断念し、妃や子弟らを率いて膽駒山＝生駒山にかくれたが、充分な準備をしないままの逃避であったため、四、五日間、山中で食べるものがない有様であった。三輪文《みわのふみ》屋《や》は劣勢の挽回を計るため、山背大兄王にひとまず深草屯倉に移り、そこから馬で東国に到り、乳部を中心とする兵団を組織して反撃する方策を進言したが、山背大兄王はこれを受け容れず、生駒山を下って斑鳩寺（法隆寺）に入った。巨勢徳太らの軍将は兵をもって斑鳩寺を囲んだが、山背兄王は三輪文屋に命じ、

　吾起レ兵伐二入鹿一者、其勝定之。然由二一身之故一、不レ欲レ残二害百姓一。是以、吾之一身、賜二於入鹿一。

との言葉を巨勢徳太らに伝えさせ、子弟・妃妾と同時に自経して果てた(13)。厩戸王＝上宮王の死後二一年目に、上宮王家は滅亡した。

三輪文屋は山背大兄王の側近の一人であった。三輪文屋がいつ、またどのような過程で山背大兄王の側近となり、山背大兄王の信頼をえたかは定かでないが、このとき三輪文屋は仏教を受容していたのではないかと思われる。もしそうであるとすれば、三輪文屋の仏教受容に山背大兄王か、あるいはその父

である厩戸王が直接また間接、かかわったことが考えられよう。

ともあれ倭王、または倭王一族の手厚い信頼をえた三輪逆や三輪文屋が、倭王家の危機に登場している事実に注目される。

六四五年（皇極四）六月の蘇我蝦夷・入鹿父子の滅亡を受け、「仏法興隆」の主導権を掌握した孝徳政府が、新しい事態に対応するため衆僧の教導にあたる十師を任命した。また倭王より伴造に至る人びとが建立している寺のなかで、造営困難な寺について助成するため、寺司と寺主を任命するとともに、諸寺を巡行し、僧尼・奴婢・田畝を調査・報告するための法頭三名を任命した。法頭はすべて在家者であったが、そのなかに三輪色夫《みわのしこぶ》の名がある[14]。六四九年（大化五）五月朔に、三輪色夫は掃部《かにもりの》角麻呂《つのまろ》らと新羅に遣わされている。三輪色夫も仏教受容者であったのではないか。

注

(1) 津田左右吉『日本古典の研究』上（『津田左右吉全集』第一巻、岩波書店、一九六三年、四七四頁）。
(2) 『日本書紀』神代下、第九段（一書第二）。
(3) 同右、神代上、第八段（一書第六）。
(4) 阿部武彦『日本古代の氏族と祭祀』（吉川弘文館、一九八四年）四八九頁。
(5) 岡田精司『古代王権の祭祀と神話』（塙書房、一九七〇年）二九二頁。
(6) 注(4)前掲書、四九六頁。
(7) 田村圓澄「宇佐八幡の仏教帰依」（『長岡京古文化論叢』Ⅱ、三星出版、一九九二年）。
(8) 注(2)前掲書、敏達十四年六月条。
(9) 田村圓澄『飛鳥・白鳳仏教史』上（吉川弘文館、一九九四年）七〇頁。

(10)　注(2)前掲書、敏達十四年八月己亥条。
(11)　同右、用明元年五月条。
(12)　同右。
(13)　同右、皇極二年十一月丙子朔条。
(14)　同右、大化元年八月癸卯条。

第十章　天照大神と大三輪神

一　大三輪神＝三輪氏の負目

神功皇后の新羅征討の物語に大三輪神が登場する。

神功皇后摂政前紀（仲哀九年）九月己卯（十日）、令二諸国一、集二船舶一練二兵甲一。時軍卒難レ集。皇后曰、必神心焉、則立二大三輪社一、以奉二刀矛一矣。軍衆自聚。

同種の説話が、『筑前国風土記』（逸文）にある。

気長足姫尊、新羅を伐たむと欲して、軍士を整《ととの》へて発行《いでた》たしし間《ほど》に、道中に遁げ亡せき。其の由を占へ求ぐに、即ち祟る神あり、名を大三輪の神と曰ふ。所以に此の神の社を樹てて、遂に新羅を平けたまひき。

右の社は、「神名帳」に載せる筑前国夜須《やす》郡の於保奈牟智《おおなむち》神社（福岡県朝倉郡三輪町弥永の大己貴神社）に比定される。

大化紀元年（六四五）七月条によれば、三輪栗隈君《みわのくるくまのきみ》東人《あずまひと》は先に任那に遣わされたが、いままた馬飼《うまかいの》造《みやつこ》とともに百済に遣わされたことが知られる。三輪色夫が新羅に遣わされたことについてはすでに述べたが、注目されるのは三輪根麻呂《みわのねまろ》である。

唐の高宗が新羅の武烈王の要請を容れ、蘇定方に命じて百済を討ち滅ぼしたのは、六六〇年（顕慶五・斉明六）七月であったが、この報が飛鳥の斉明政府の許にとどいたのは、同年九月癸卯（五日）であった。つづいて百済再興のための「乞師請救」の百済使が飛鳥に到達する。百済復興援助を決定した斉明大王と政府首脳は、六六一年（斉明七）正月壬寅（六日）に難波を出航し、同年三月庚申（二十五日）に娜大津（那津、福岡市）に着いたが、五月癸卯（九日）に斉明大王は朝倉橘広庭宮《あさくらのたちばなのひろにわのみや》に遷った。しかし同年七月丁巳（二十四日）に斉明大王は朝倉宮で死去した。[1]世子の中大兄王は称制して政務をとり、長津宮（那津か）で「水表の軍政」を聴いた。そして旧百済の王臣の要請を容れ、倭に滞在していた百済王子の豊璋を本国に送ることとしたが、そのときには五千余の軍兵が護衛にあたった。

中大兄政府は百済復興支援のため、兵士・兵器・食糧・衣料などを百済側に送った。当時の軍団の編制は、豪族の私有民を根幹とする豪族軍であった。[2]

天智二年（六六三）三月、遣二前将軍上毛野君稚子・間人連大蓋、中将軍巨勢神前臣訳語・三輪君根麻呂、後将軍阿倍引田臣比邏夫・大宅臣鎌柄一、率二二万七千人一、打二新羅一。

中将軍として、三輪根麻呂は巨勢神前訳語とともに、私有民からなる部隊＝水軍を率いて百済復興作戦に参加した。

同年八月に、錦江河口の白村江で唐と倭の水軍が激突した。白村江《はくすきのえ》の戦である。

天智二年（六六二）八月戊戌（十七日）、大唐軍将、率二戦船一百七十艘一、陣二烈於白村江一。……戊申（二十七日）、日本船師初至者、与二大唐船師一合戦。日本不利而退。大唐堅レ陣而守。己酉（二十八日）、日本諸将、与二百済王一、不レ観二気象一、而相謂之曰、我等争レ先、彼応二自退一。更率二日本乱レ伍、中軍之卒一、進打二大唐堅レ陣之軍一。大唐便自二左右一夾レ船繞戦。須臾之際、官軍敗続。赴レ水溺死者衆。

白村江の海戦で倭軍壊滅のきっかけをつくったのは、「中軍の卒」すなわち巨勢神前訳語《こせのかんざきのおさ》と三輪根麻呂が率いる水軍であった。大三輪神＝三輪氏が白村江の戦を敗戦に導き、けっきょく百済復興を絶望的にしたとする非難が、白村江の敗戦後、倭において世論化したと考えられる。

神功皇后紀に、神功皇后の新羅征討を援助する大三輪神の物語があるが、ここには白村江の戦に参加した三輪氏の史実が反映しているのではないか。

当時の倭王側の意識において、百済を滅ぼしたのは唐ではなく、新羅であった(3)。とすれば、白村江の敗戦よりはるか遡る時期に新羅王が、

吾聞、東有二神国一。謂二日本一。亦有二聖王一。謂二天皇一。必其国之神兵也。豈可二挙レ兵以距一乎。

従レ今以後、長与二乾坤一。伏為二飼部一。其不レ乾二船柂一、而春秋献二馬梳及馬鞭一。復不レ煩二海遠一、以毎レ年貢二男女之調一(4)。

といって降伏し、

と誓ったという、神功皇后の新羅征討の物語のなかに、大三輪神を登場させることにより、白村江の敗戦で蒙った負目から大三輪神＝三輪氏を解放しようとする試みがあった、と推察される。

白村江における中将軍三輪根麻呂の敗北は、倭の水軍の敗北であるだけでなく、大三輪神の敗北であった。ともあれ三輪氏は、大三輪神＝三輪氏の名誉回復の機会を待っていた。そして天武・持統期に造作されたと考えられる神功皇后の新羅征討の物語のなかに、三輪氏はみずからが背負ってきた苦痛と屈辱から免れる場を見付けることができたと思われる。

注目されるのは、「天照大神」の存在と役割である。大三輪神＝三輪氏は、白村江の戦で敗北を喫した。しかし「天照大神」は、白村江の敗戦の責めを負うことはなかった。「天照大神」の出現は、白村江の敗戦後の、天武・持統期であったからである。しかも、ひとたび敗戦の非難を浴びた大三輪神＝三輪氏は、「天照大神」によって救われたのである。神功皇后の新羅征討の物語は、その証にほかならなかった。

六九一年（持統五）八月辛亥（十三日）に持統天皇から一八氏に対し、「祖等の墓記」の進上が命じられた。六八一年（天武十）三月丙戌（十七日）に始まった「帝紀」および「上古の諸事」の記定・編修の資料にするためであったと考えられるが、「墓記」には先祖の事績などが記されてあったのであろう。「墓記」の上進を命じられた一八氏の筆頭に、大三輪氏の名が挙げられている。

「始馭天下之天皇」(5)と号した神武天皇の正妃を出し、神功皇后の新羅征討に参加し、また倭王による全国統一に重要な役割を果たした大三輪神＝三輪氏の事績は、倭王側の歴史に定着している。敏達大王から、「悉に内外の事を委ねられ」(6)た三輪逆や、山背大兄王の股肱の臣であった三輪文屋があり、そして斉明・天智期の百済復興作戦に、三輪根麻呂は将軍として従軍した。数世紀にわたる大三輪神＝三輪氏の歴史は、大物主神＝大三輪神に対し、「永に皇孫の為に護り奉れ」と命じたタカミムスビノ神の言葉[7]を、裏切っていなかったことを示している。

大三輪神＝三輪氏は、みずからの歴史に誇りをもっていた。とくに倭王家とのかかわりにおいて、その歴史は栄光に満ちており、歴代の倭王・天皇をはじめ他の氏族もこの事実を承認していた。大三輪神＝三輪氏が矜持と自負に満ちた歴史を持つことができた要因は、祖神の大三輪神＝大物主神＝御諸山が、その近くに宮室・宮都を営む倭王・天皇をはじめ、長く、そして広く上下の信仰を集めていたからである。

二　持統天皇の伊勢行幸

六九一年（持統五）十月甲子（二十七日）に新益京《しんやくのみやこ》＝藤原京の地鎮祭が行われ、翌年正月戊寅（十二日）に持統天皇は藤原京の条坊道路を視察している。その一ヵ月後に、持統天皇は伊勢行幸の計画を発表し、諸官に準備を命じた。

持統六年（六九二）二月丁未（十一日）、詔二諸官一曰、当以二三月三日一、将レ幸二伊勢一。宜下知二此意一、備中諸衣物上。

持統天皇の伊勢行幸の目的は、藤原宮・新益京造営について「伊勢大神」に奉告するためであったのであろうか。しかし同年五月、藤原宮の地鎮祭の直後に使者を、伊勢・大倭・住吉・紀伊の四ヵ所の大神に派遣し、新宮＝藤原宮のことを報告しているので、右の伊勢行幸を藤原宮・新益京造営の奉告に結びつけることに躊躇される。

しかし今回の伊勢行幸は直接間接、藤原宮・新益京の造営に触発され、持統天皇の意志で決定されたと思われる。

律令国家の中枢である朝堂院・内裏を中枢とする藤原宮と、日本最初の都城制の新益京＝藤原京の建設が進んでいた。藤原宮は、「明神」である治天下の天皇の居所である。では、天皇を「明神」とするところの、「天照大神」が鎮座する「宮」は如何であろうか。

この時点で、「伊勢大神」は滝原の地に祀られていたと考えられる。滝原における祭祀形態は「神籬」であったが、天武紀四年（六七五）二月丁亥（十三日）条に、十市皇女・阿閉皇女《あべのひめみこ》が「伊勢神宮」に参拝したと記され、また朱鳥元年（六八六）紀四月丙申（二十七日）条に、多紀皇女・山背姫王・石川夫人を「伊勢神宮」に遣わした記事がみえる。滝原の「伊勢大神」はこの頃には「宮」で奉祭されていたことも考えられる。しかし「伊勢大神」は「天照大神」ではない。

高天原《たかまのはら》説話が語るように、「天照大神」は高天原に住み、そして高天原を離れることはなかった。高天原の「天照大神」の生活は、「山川草木のたぐひ、宮殿そのほか万の物も事も、もはら御孫命の所知看御国の如く」(8)であったとされる。『古事記』『日本書紀』にあらわれる「天照大神」は、神を祭り、稲作を経営し、「無道」(9)「暴悪」(10)の弟のスサノヲノ命との葛藤などの「歴史」をもっているが、また皇祖神として、あるいは日本統治の本源の「神」として、いわば超越的な存在であった。

ともあれ高天原の「天照大神」は、住むべき宮をもっていた。

さて「天照大神」の「皇孫」である持統天皇は、耳成山・香久山・畝傍山に囲まれ地に壮麗なる宮都を構築していたが、このとき「皇祖神」である「天照大神」の「宮」を、新しく造建することを思い立った。この発想は天武天皇から出たと思われるが、造営に着手したのは、持統天皇の時代であった。持統天皇を支え、その伊勢行幸の実現に尽力したのは、天児屋命を祖神とする中臣大嶋《なかとみのおおしま》・中臣意美《なかとみのおみ》麻呂《まろ》などの中臣氏であったと考えられる。

六九二年（持統六）二月に持統天皇は伊勢行幸を発意したが、これは、「天照大神」の鎮座のための伊勢神宮の創建に関連していたのではないか。すなわち新しい伊勢神宮の造営地として、五十鈴川のほとりの現在地が占定され、この地で造営工事が進められていた伊勢神宮がようやく竣功の段階を迎えた。持統天皇にとって、夫の天武天皇の意図を実現したことであり、そして律令国家建設の総括でもあった。伊勢神宮の完成にあたり持統天皇はその情況の視察のため、伊勢行幸を思い立ったとみられる。

伊勢行幸の準備を命じられた中納言大神《おおみわの》（三輪）高市《たけち》麻呂《まろ》は、ただちに伊勢行幸に反対の意を表明した。

是日中納言直大弐三輪朝臣高市麻呂、上レ表敢直言、諫下争天皇、欲レ幸二伊勢一、妨中於農時上。

大神高市麻呂は、天皇の伊勢行幸が農時の妨げになること、すなわち百姓の過重な負担になることを理由に、その中止を強く訴えた。

大神高市麻呂は壬申の乱の功臣であった。倭京将軍大伴吹負《おおとものふけい》の麾下にあり、「豪傑者」のひとりに数えられている。大和平野の上ッ道の防衛を命じられたとき、置始菟《おきそめのうさぎ》とともに箸陵（奈良県桜井市箸中の箸墓古墳）の下で近江軍を撃破し、大海人皇子側の勝利の道を開いた。『懐風藻』に載せる享年五十歳が正しいとすれば、大神高市麻呂は十六歳で壬申の乱に参加している。持統天皇の伊勢行幸を諫めたとき、高市麻呂は三十六歳であった。

持統天皇の伊勢行幸の準備は着々と進められた。同年三月戊辰（三日）には広瀬王らを留守官とした が、中納言大神高市麻呂は再び職を賭して伊勢行幸の中止を奏した。しかし持統天皇は諫言に従わず、同月六日に伊勢に向かって出発した。大神高市麻呂が大三輪神＝三輪氏の「墓記」を、持統天皇に上進した八ヵ月後のことであった。

大神高市麻呂が、持統天皇に伊勢行幸を思いとどまるよう諫言した理由は、「農時の妨げ」であったが、しかしそれは口実であり、根底に、大神氏が祭る大三輪神＝御諸山と、新しく出現する「天照大神」＝伊勢神宮との対立の図式があったからではないか。

倭王の祭神はムスビノ神＝産霊神であった。穀霊信仰のムスビノ神を祭ることが、司祭者としての倭王の本来の姿であった。ムスビノ神は地縁性をもたず、そのゆえに歴代の倭王はムスビノ神を奉じて遷宮をくりかえすことができたが、しかしムスビノ神には、とくに倭王にのみ結びつく個別的要因がなかった。倭王の統治範囲が全国的規模で拡大化されようとするとき、ムスビノ神の限界はあきらかであったといえよう。

大三輪神＝御諸山信仰は地域と結びついていた。そして御諸山の周辺の磯城《しき》・磐余《いわれ》に倭王の宮があいついで設置されると、大神氏＝大三輪神は、倭王とその統治を擁護する神であることの自覚を、いっそう深めた。ともあれ大三輪神＝御諸山と倭王との結びつきは、「土地」を謀介としていた。

三　大神高市麻呂の苦悩

『倭姫命世記《やまとひめのみことのせいき》』によれば、「天照大神」＝八咫鏡《やたのかがみ》と草薙剣《くさなぎのつるぎ》を奉斎し、倭の笠縫邑《かさぬいのむら》を出発して各地をめぐった倭姫は、再び倭の弥和（三輪）の御室嶺（御諸山）に辿りついた。信仰を通して大三輪神＝御諸山と結ばれた歴代の倭王は、磯城・磐余の地を離れることができなかったように思われる。

大三輪神＝御諸山を奉祭する立場にある大神高市麻呂は、大三輪神＝御諸山の神威と加護により、倭王と倭王の治世が平安であると確信していたが、そのゆえに「明神」＝「天皇」とその統治に直結する新しい神＝「天照大神」の出現に反撥したのではないか。「天照大神」を祭神とする伊勢神宮の成立は、「倭王」を支えてきた大三輪神＝御諸山の役割が、「天照大神」＝伊勢神宮に移行することを意味する。大神高市麻呂は、この事態に直面し、危惧と憂慮の念をいだいたと思われる。

大神高市麻呂が持統天皇の伊勢行幸に反対する理由として挙げた「農時の妨げ」は、いわば建前であり、本音は、これまで倭王とその統治を擁護してきた大三輪神＝御諸山の神威が軽んじられ、それにもとづいて惹起されるであろう現天皇とその治世の不安・動揺の予感であったと解される。大神高市麻呂によれば、大三輪神＝御諸山の危機は、持統天皇とその統治下にある日本全土の危機を意味した。大神高市麻呂が持統天皇の伊勢行幸を再度にわたり、しかも職を賭して反対したとき、六八九年（持統三）に二十八歳で死去した草壁皇太子の悲運が想起されていたのではないか。持統天皇に伊勢行幸の中止を諫言したのは、「中納言」大神高市麻呂ではなく、大神氏の「氏上」として、大三輪神＝御諸山の祭祀にあたってきた大神高市麻呂であった。

しかし持統天皇の決意は変わらなかった。持統天皇は伊勢行幸を決行したが、その結果歴代の倭王とその治世を地元において擁護してきた大神氏＝御諸山の栄光と伝統に、修正が加えられることとなった。つまり「天照大神」＝中臣氏が、大三輪神＝大神氏に勝利したのである。

新しく出現した「天照大神」の宮を大和の地に造営すること、すなわち大和の地において奉祭することは、大三輪神＝御諸山の神威と伝統を考えれば困難であり、不可能でさえあった。いっぽう「天照大神」を伊勢の地に奉祀することは、天皇の宮が大和にある限り、従来の倭王と大三輪神＝御諸山との関係に修正・変更が加えられる動機になると判断された。大神高市麻呂が執拗にくりかえした持統天皇の伊勢行幸阻止と、これを敢えて無視した持統天皇の決断と行動は、伊勢神宮の創建に直面した両者にとって避けることのできない対決であった。

ともあれ「天照大神」の出現は、律令国家構築にとっての根本課題であり、したがって律令体制成立以前の大三輪神＝御諸山の神威を仰ぐ倭王と、倭王およびその統治を加護する大三輪神＝御諸山とを結んできた伝統に、転換を迫る事態となった。

「天照大神」は大三輪神＝御諸山と並ぶのではなく、大三輪神＝御諸山をふくむ日本全土のすべての神に優位する。歴代の倭王によって祭られていたムスビノ神＝産霊神は、大三輪神＝御諸山と同列同格であったが、「天照大神」の創出により、倭における神々の世界とその秩序が根底より覆されることはあきらかであった。「天照大神」の出現を憂慮し、このことに苦悩したのは、大神高市麻呂であった。

四 「枝葉」の祭と「源根」の祭

『日本書紀』は、大三輪神＝御諸山と倭大国魂神＝大和神社（奈良県天理市新泉町星山）との対立をうかがわせる記事を載せている。

崇神五年に疫病が国内にひろがり、多くの死亡者・流離者を出した。これより先に、崇神天皇の大殿の内に並べて祭られていた「天照大神」と倭大国魂神の、二神の勢を畏れた崇神天皇は、「天照大神」については皇女のトヨスキイリ姫に託《つ》け、倭の笠縫邑で祭らせた。倭大国魂神については、皇女のヌナキノイリ姫に託けて祭らせたが、ヌナキノイリ姫は髪が抜け、身体がやせて祭ることができなくなった。

崇神七年二月に、前年の災害の所由をあきらかにするため、崇神天皇はみずから神浅茅原に幸してトったところ、孝霊天皇の皇女のヤマトトトビモモソ姫に大物主神がかかり、「若し能く我を敬ひ祭らば、必ず当に自平ぎなむ」といった。教のままに大物主神を祭ったが、験がなかった。しかし崇神天皇の夢にあらわれた大物主神が、「吾が児」のオホタタネコをもって吾を祭れば、「立《たちどこ》ろに平ぎなむ。亦海外の国有りて、自づからに帰伏《まうしたが》ひなむ」と告げた。

同年八月に、ヤマトトハヤカムアサヂハラマクハシ姫・穂積臣《ほづみのおみ》の遠祖の大水口宿禰《おおみくちのすくね》・伊勢麻績君《いせのおみのきみ》の三人が同じ夢をみた旨を奏したが、その夢はオホタタネコをもって大物主神を祭る主とし、市磯長尾市をもって倭大国魂神を祭る主とすれば、「必ず天下太平ぎなむ」ということであった。

同年十一月に、オホタタネコをもって大物主神を祭る主とし、市磯長尾市をもって倭大国魂神を祭る主とした。その後、八十万の群神を祭ったところ、はじめて疫病は終息し、国内は平静になった。

『古事記』は、崇神天皇が倭大国魂神を祭ったことを載せず、オホタタネコノ命を「神主」として、御諸山の大三輪の大神＝大物主神を拝《いつ》き祭ったことを記している。また「天照大神」と倭大国魂神を、崇神天皇の大殿の内に並べて祭った説話も『古事記』にはない。つまり大物主神だけを祭ったとする『古事記』の説話が原形に近く、後で「天照大神」や倭大国魂神の説話が加えられたと考えられる。(11)

倭大国魂神の説話が付加された事情は、垂仁紀二十五年三月条の注に引く一書によって知ることができよう。すなわち、倭姫命は「天照大神」の教のままに丁巳の年（垂仁二十六）に、磯城の厳橿の本に鎮座する「天照大神」を、伊勢の渡遇宮に遷した。このとき倭大神＝倭大国魂神が、穂積臣の遠祖の大水口宿禰に神がかりして、「太初のとき、天照大神は天原を治め、代々の天皇は葦原中国《あしはらのなかつくに》の諸神を祭り、我は国魂、すなわち倭の地主神となろう」といった。ところが先皇の崇神天皇は神祇を祀ったとはいえ、その「源根」を探ることなく、「枝葉」にとどまっていた。そのゆえに崇神天皇の命は短かった。いま汝（垂仁天皇）が先皇の成就しえなかったことを悔い慎んで、「源根」を祭るならば、「汝の寿命は長く、また天下は太平になるであろう」と告げた。

一云、天皇以二倭姫命一為二御杖一、貢二奉於天照大神一。是以倭姫命以二天照大神一、鎮二坐於磯城厳橿之本一而祠之。然後随二神誨一、取二丁巳年冬十月甲子一、遷二于伊勢国渡遇宮一。是時倭大神、著二穂積臣遠祖大水口宿禰一、而誨之曰、太初之時期曰、天照大神悉治二天原一。皇御孫尊、専治二葦原中国之八十魂神一。我親治二大地官一者。言已訖焉。然先皇御間城天皇、雖レ祭二祀神祇一、微細未レ探二其源根一、以粗留二於枝葉一。故其天皇短レ命也。是以、今汝御孫尊、悔二先皇之不及一而慎祭、則汝尊寿命延長、復天下太平矣。

この言葉を聞いた垂仁天皇は、中臣連の祖の探湯主に命じ、倭大国魂神を祭るべき人を卜わしめたところ、ヌナキワカ姫が卜に食《あ》った。そこでヌナキワカ姫に命じ、穴磯邑《あなしのむら》を神地として倭大国魂神を祀らせた。しかしヌナキワカ姫は身体が瘦せて弱り、祭ることができなかったので、改めて大倭直《やまとのあたい》の祖の長尾市宿禰に命じて、倭大国魂神を祭らせたという。

崇神天皇が神祇を祭るとはいえ、「源根」を探ることをせず、「枝葉」にとどまっていたとされるのは、崇神紀七年二月条の、倭大国魂神を祭らず、大物主神を祭ったことを指している。「神の語を得て、教の随に祭祀《いはひまつ》る。然れども猶事に於て験無し」という結果であった。

於是、天皇乃幸二于神浅茅原一、而会二八十万神一、以卜問之。是時、神明憑二倭迹々日百襲姫命一曰、天皇、何憂二国之不レ治也。若能敬二祭我一者、必当自平矣。天皇問曰、教二如此一者誰神也。答曰、我是倭国域内所居神、名為二大物主神一。時得二神語一、随レ教祭祀。然猶於レ事無レ験。

大物主神は大和の御諸山＝三輪山に鎮座する。「モノ」は精霊であり、偉大な精霊の主神の意であろう。[12]「倭国の域の内に所居《を》る神」とあるが、御諸山は神体山であり、大三輪神＝三輪氏の祖神であった。いっぽう倭大国魂神は、大和神社の祭神であるが、元来は倭の「大地官」、すなわち地主神であった。大和神社は、市磯長尾市を祖とする倭氏によって祀られていた。

　ところで倭大国魂神の託宣によれば、崇神天皇は神祇を祭るとはいえ、「源根」を探ることをせず、「枝葉」にとどまっていたゆえに、その命は短かったという。意味するところは、倭の地主神である倭大国魂神をさしおき、「倭国の域の内に所居る神」である大物主神を祭ったことに対する非難である。この託宣は、倭の磯城の厳橿の本で祀られていた「天照大神」を、伊勢の渡遇宮に遷した時に下された。しかもその前に、「天照大神」と倭大国魂神は、崇神天皇の大殿の内に並んで祭られていた。

　大三輪神＝三輪氏が祭る大物主神＝御諸山を排除する策謀が、「天照大神」＝中臣氏と倭大国魂神＝倭氏によって合議され、実行に移されたといえよう。垂仁二十五年三月条の注に引く一書のなかの、倭大神＝倭大国魂神の託宣について、津田左右吉氏は「オホクニダマの神社が、オホモノヌシの神社に対抗して、自己の優越を示さうといふ意図の含まれてゐることが、推知せられる[13]」とされている。

　穂積臣の遠祖の大水口宿禰に倭大神＝倭大国魂神が著き、その託宣を聞いた垂仁天皇は、先皇の崇神天皇が倭大国魂神の祭祀をおろそかにしていたことを悔い、改めて誰に祭らせるべきかを中臣連の祖の探湯主に卜わせたという。中臣氏は伊勢の「天照大神」の祭祀にかかわっていたことが想起される。

　同じ大和の国内で、大三輪神＝三輪氏が祭る大物主神＝御諸山と、倭氏が祭る倭大国魂神とが激しく対立しているようにみえるが、しかし対立の図式の根底にあったのは、伊勢の「天照大神」と大和の大三輪神＝御諸山ではないか。そしてこの対立は、新しく出現した「天照大神」の鎮座の地を倭王在住の「倭国の域の内」に求めることを、大三輪神＝三輪氏が拒んだ時点から始まったといえよう。

ともあれ崇神・垂仁紀にみえる「天照大神」と「大三輪神」との対立の説話は、中納言大神高市麻呂が再度にわたり持統天皇の伊勢行幸を阻止した後に、中臣氏らによって造作されたと考えられる。

五　三輪山と香久山

磯城にある御諸山＝三輪山（標高四六七・一メートル）と、磐余にある天香山＝香久山（標高一五二メートル）との距離は約四キロである。しかもこの二つの山は『古事記』『日本書紀』にしばしば現われるが、両山には決定的な差異があったと思われる。

大物主神を祭る三輪山は神体山であった。三輪山の西麓に西面して建った大神神社は、本殿がなく、拝殿裏の三ツ鳥居を通して直接神体山を拝する祭祀形式をとる、典型的な神奈備山である。山中には磐座があり、多数の祭祀遺物が出土した。三輪山は信仰の山であった(14)。

香久山の標高は三輪山の三分の一であるが、注意されるのは、香久山の頭に「天」の文字がつき、「天香山」とよばれていたことである。「天」の文字がつけられたのは次の事情によるのであろう。すなわち高天原における「天照大神」の岩戸がくれのとき天香山の真坂樹をとり、これに鏡や和幣などを懸けて祈禱した。天鈿女命《あめのうずめのみこと》は天香山の真坂樹を鬘にし、神懸りしたという。香久山の榊が「天照大神」の祭礼に用いられたことから、「天香山」と称したと考えられる。したがって「香久山」から「天香山」になった時期は、「天照大神」と不可分な「高天原」の出現以後であることが推察される。

香久山は元来は「聖」なる山ではなかった。天武・持統期における「天照大神」の出現を契機に、高天原の「天」の文字がつけられ、「天香山」と呼ばれるようになったが、香久山はもともと三輪山のように、山そのものが神であるところの神体山ではなく、また神体山にはならなかった。

『古事記』『日本書紀』の神代史に登場することにより、香久山は「天照大神」と結ばれた。「天香山」の名称は、はじめて香久山と天皇家との関係が設定されたことの証である。しかし香久山は終始、地域の住民の信仰の対象にはならなかった。

注

（1）小田和利「福岡県朝倉町大迫遺跡と朝倉橘広庭宮について」（有明文化を考える会『北部九州の古代史』名著出版、一九九二年）。
（2）岸俊男「防人考」（同『日本古代政治史研究』塙書房、一九六六年）。
（3）田村圓澄「百済救援考」（『熊本大学文学部論叢』五、一九八一年）。「百済救援の歴史的意義」の題名で、同『日本仏教史』第四巻（法蔵館、一九八三年）所収。
（4）『日本書紀』神功皇后摂政前紀、仲哀九年十月辛丑条。
（5）同右、神武元年正月庚辰朔条。
（6）同右、用明元年五月条。
（7）同右、神代下、第九段（一書第二）。
（8）『古事記伝』巻三二（『増補本居宣長全集』第一、吉川弘文館、一九三七年、一三四頁）。

（9）『日本書紀』神代上、第五段（本文）。
（10）同右、神代上、第六段（本文）。
（11）津田左右吉『日本古典の研究』上（『津田左右吉全集』第一巻、岩波書店、一九六三年、二四〇頁）。
（12）『大神神社史』（大神神社社務所、一九七五年）一六三頁。
（13）注(10)前掲書、二四三頁。
（14）松田智弘「大神神社」（谷川健一『日本の神々』4、白水社、一九八五年）。

第十一章　伊勢大神と天照大神との関連

一　天武・持統期の伊勢大神と天照大神

『日本書紀』の天武天皇・持統天皇条において、「天照太神」の名称が出るのは、次の二ヵ所である（表2、三四頁）。

〔イ16〕「天照太神」天武元年（六七二）六月丙戌（二十六日）条
〔ロ1〕「天照太神宮」天武二年（六七三）四月己巳（十四日）条

他はすべて「伊勢大神」「伊勢神宮」である。

〔ト6〕「伊勢神宮」天武三年（六七四）十月乙酉（九日）条
〔ト7〕「伊勢神宮」天武四年（六七五）二月丁亥（十三日）条
〔ト8〕「伊勢神宮」朱鳥元年（六八六）四月丙申（二十七日）条
〔ル1〕「伊勢神祠」朱鳥元年（六八六）十一月壬子（十六日）条
〔ヘ3〕「伊勢大神」持統六年（六九二）五月庚寅（二十六日）条

〔へ4〕「伊勢大神」持統六年（六九二）閏五月丁未（十三日）条
〔ヲ1〕「伊勢（社）」持統六年（六九二）十二月甲申（二十四日）条
天武紀の「天照太神」「天照太神宮」について述べよう。

　天武元年（六七二）六月丙戌（二十六日）、旦、於二朝明郡迹太川辺一、望二拝天照太神一。（イ16）

右の記事は、『釈日本紀』所引の「私記」に引く『安斗智徳日記』に記されている「廿六日辰時、於二明朝郡迹大川上一而拝二礼天照大神一」の文によったと考えられるが、「天照太神」の文字は、同日記の原本にあったとしても、壬申の乱の最中に書かれたとの保証はない。つまり原本には「伊勢大神」と記されていたが、「天照大神」の出現をふまえ、後日、「天照太神」に修正されたと思われる。

　したがって壬申の乱に際し、大海人皇子が朝明郡の迹太川の辺から望拝したのは、「伊勢大神」であって、「天照大神」ではなかった。といって、従来の「伊勢大神」でもなかった。このとき大海人皇子の直観と自覚を通して「天照太神」の原像があらわれた、と解される。ともあれこの時点で、五十鈴川のほとりには、「天照大神」が鎮座する「伊勢神宮」は存在せず、したがって大海人皇子が拝礼したのは、滝原の「伊勢大神」であった。なお大海人皇子が望拝したのが「天照太神宮」ではなく、「天照太神」としていることにも注意される。

　天武二年（六七三）四月己巳（十四日）、欲レ遣二侍大来皇女于天照太神宮一、而令レ居二泊瀬斎宮一。是先潔レ身、稍近レ神之所也。（ロ1）

ここで「天照太神宮」と記されているのは、大海人皇子が迹太川の辺から望拝した「天照太神」（イ

16）とのつながりを考えたからであろうか。そして以後の天武紀・持統紀には、「天照大神」の名称は現われない。『日本書紀』において、「天照大神」の名称は、神功皇后摂政元年二月条から巻末の持統十一年（六九七）八月条までの間に、右の二ヵ所しか出ていない。つまり神功皇后摂政元年以降の『日本書紀』において、「天照大神」の名称は孤立しており、もし天武元年六月丙戌条（イ16）および天武二年四月己巳条（ロ1）の「天照太神」「天照太神宮」の原形が、「伊勢大神」「伊勢神宮」であったとするならば、神功皇后摂政元年以降の『日本書紀』から「天照大神」の名称はなくなることになる。

天武三年（六七四）十月乙酉（九日）、大来皇女、自二泊瀬斎宮一、向二伊勢神宮一。（ト6）

大来皇女が遣わされたのは滝原であった。すなわち大来皇女は滝原の「伊勢大神」に奉侍した（ロ1・ト6）。大来皇女の「伊勢大神」遣侍を記しているにもかかわらず、前者は「天照太神宮」とし、後者は「伊勢神宮」としており、不統一がみられる。

天武四年（六七五）二月丁亥（十三日）、十市皇女・阿閉皇女、参二赴於伊勢神宮一。（ト7）

十市皇女の「伊勢神宮」参拝について、『万葉集』に作歌がある。

十市皇女参二赴於伊勢神宮一時見二波多横山巌一吹黄刀自作歌
河の上のゆつ磐群に草むさず　常にもがもな常処女にて（巻一、二二）
吹黄刀自未レ詳也。但紀曰。天皇四年乙亥春二月乙亥朔丁亥十市皇女阿閇皇女参二赴於伊勢神宮一。

天武天皇の晩年にも、皇女らが「伊勢神宮」に遣わされている。

朱鳥元年（六八六）四月丙申（二十七日）、遣二多紀皇女・山背姫王・石川夫人於伊勢神宮一。（ト8）

〔ト6〕〔ト7〕〔ト8〕が記している「伊勢神宮」は、いずれも「伊勢大神」の宮であり、「天照大神」の宮とすることはできないと思われる。

朱鳥元年（六八六）十一月壬子（十六日）、奉二伊勢神祠一皇女大来、還至二京師一。（ル1）

とあり、天武紀には、「天照太神宮」「伊勢神宮」「伊勢神祠」の三名詞があらわれており、混乱がある。

持統紀には「伊勢大神」の名称のみがみられる。

持統六年（六九二）五月庚寅（二十六日）、遣二使者一、奉二幣于四所、伊勢・大倭・住吉・紀伊大神一。告以二新宮一。（へ3）

ここには「天照大神」の名称はみられない。

持統六年（六九二）閏五月丁未（十三日）、伊勢大神奏二天皇一曰、免二伊勢国今年調役一。然応レ輸二其二神郡一、赤引糸参拾五斤、於二来年一、当レ折二其代一。（へ4）

この年の三月に持統天皇の伊勢行幸があり、従駕の騎士や荷物の運搬・行宮の造営などに使役された役夫は、行賞として当年の調と課役を免除された。しかし度会・多気の二郡から貢納する定めになっている赤引糸は、六月の月次祭の執行に欠くことができないので、その調進を今年も例年のとおり行い、その代わりに来年の二神郡の調進のうち、その分だけ免除するようにはからえ、という意であろう。(1)

度会・多気の二神郡より調進すべき赤引糸の件を、持統天皇に「奏」したとされる「伊勢大神」は、皇祖神としての「天照大神」ではありえない。持統天皇は「天照大神」の「皇孫」であり、「天照大神」を奉祭する立場にあったからである。

未婚の王女が奉侍する「伊勢大神」は、いわば倭王の「内廷」の神であり、したがって祭礼の執行にかかわる赤引糸の件を「奏」することは、不都合とはいえない。しかし律令国家構築の要に位置し、「天神地祇」の最高位にある「天照大神」が、恒例の祭事に関して奏上するのは不穏当といわねばならない。

では、このとき赤引糸を不可欠とする月次祭は、どこで行われていたのであろうか。『日本書紀』の最後の巻である持統紀においても「伊勢大神《いせのおおかみ》」の名称のみが記され、「天照大神」の名称はあらわれないが、ともあれ赤引糸の月次祭は、滝原の「伊勢大神」＝日神の祭事であったと思われる。

六九六年（持統十）七月庚戌（十日）に太政大臣高市皇子が死去した。『万葉集』が載せる「高市皇子尊城上殯宮之時柿本朝臣人麻呂作歌一首」の歌詞に、

度会の　斎の宮ゆ
神風に　い吹き惑はし　（巻二、一九九）

とある。この「斎《いはひ》の宮」の所在地について、二つの考え方がある。第一は、滝原にあったとする見解である。滝原にあったとすれば、「伊勢大神」の斎宮である。第二は度会にあったとする見解である。すなわち「天照大神」の斎宮である。六九八年（文武二）十二月の「伊勢大神宮」の成立までの間に、「伊勢大神」の滝原から度会への移遷が行われたと想定されるが、柿本人麻呂の「度会の斎の宮」は、度会の地に造営された直後の新しい装いであったであろう。

二 「内廷の神」から「国家の神」へ

律令国家構築の最終段階にあたる持統期に、「伊勢大神」とその周辺で注目すべき変化があらわれた。はじめて「伊勢大神」を上首とする神のグループが、持統政府によって結成されたからである。

六九二年（持統六）五月庚寅（二十六日）に、使者を遣わして伊勢・大倭・住吉・紀伊の四ヵ所の「大神」に奉幣し、藤原宮の造営について報告したが、また同年十一月戊戌（八日）に来日した新羅使によってもたらされた調物を、翌十二月甲申（二十四日）に、伊勢・住吉・紀伊・大倭・菟名足《うなたり》(2)（宇奈太理坐高御魂神社、奈良市法華寺町）の「五社」に奉っている。

この時点で、「伊勢大神」を上位とする国家レベルの祭祀を受ける「神」または「社」のグループが存在していたことが知られる。「律令国家」を象徴する日本最初の都城制の宮都＝藤原宮・新益京《しんやくのみやこ》が造営中であり、また律令体制のなかで「蕃国」と格付けされた新羅との間に、新たな摩擦が生じつつあるとき(3)、新羅の調物を奉進された神々のグループには、内外の政務を統轄する天皇を援助・擁護する役割が期待されていた。その神々のグループのなかで、「伊勢大神」が最上位の地位を保持していることと、そして大物主神＝御諸山を祭る大三輪社の名のみえないことが注目される。

「伊勢大神」＝日神は雄略大王の頃から、倭王の祭祀を受けてきた。「伊勢大神」の祭祀の場所が伊勢に求められた理由は、伊勢の地が倭王の住む大和の東にあり、そして大和に隣接していたからであった。

したがって「伊勢大神」＝日神は、倭王の「私的」な祭祀の段階にとどまっていた。しかし、「伊勢大神」を上首とし、国家レベルの祭祀を受ける神々のグループの存在は、それ以前にはみられず、持統期にはじめてあらわれる。すなわち倭＝日本が、律令体制構築の段階に進んだ事実に対応している。

滝原の「伊勢大神」が、倭王の「私的」な祭祀を受ける段階から、「国家」的な祭祀を受ける段階に移行した時期は、持統天皇が度会の地に「天照大神」を奉祭する伊勢神宮の造営を開始した時期でもあった。

持統天皇により、「伊勢大神」を上首とする神々のグループが結成されたが、その眼目は第一に、「伊勢大神」に最上位の地位を与えることであった。つまりグループ内の神々を序列化し、最高位に「伊勢大神」を置いた。第二に、その役割と機能において、もともと「私的」な神、つまり「内廷の神」であった「伊勢大神」に対し、新しく「公的」な格式を付与し、「国家の神」にしたことである。

天武・持統期の仏教は、氏族を受容層の基盤とする「氏族仏教」の段階から、律令国家の加護、また律令国家の主＝天皇の擁護を志向する「国家仏教」の段階に移行した。(4) これにともない、天武天皇の創建になる大官大寺、および川原寺（弘福寺）、法興寺（飛鳥寺）の三寺には、特別の地位と役割が与えられた。そして文武期において、薬師寺が加えられ、「四大寺」が成立する。大官大寺が治天下の天皇の「公的」な伽藍であり、すなわち「律令国家の寺」であるのに対し、薬師寺と川原寺は、天皇の「私的」な「内廷の寺」としての性格をもっていた。日本最初の伽藍である法興寺は、日本における「仏法興隆」の象徴であった。(5)

持統天皇による、「四社」または「五社」の選定は、新益京＝藤原京における「三寺」また「五寺」の制にならうところがあったのではないか。

持統期における「伊勢大神」は、倭王の「内廷の神」であった段階から、「国家の神」としての段階に移行している事実がみられるが、同時に複数の神々が選定され、「伊勢大神」が序列のなかの最高位を占めた事実と不可分であったことに注意しなければならない。度会・多気の二つの神郡の設定は「伊勢大神」が「内廷の神」から「国家の神」に移行し、また「天照大神」のための伊勢神宮の造営が始まる事態に対応していたことが考えられる。

三　伊勢神宮の成立

『古事記』『日本書紀』の神代史にみられるように、高天原の「天照大神」は、律令国家の主である「天皇」の祖神であった。また「天皇」が継承し、掌握する「日本」の統治権は、高天原の「天照大神」が孫のホノニニギノ命に授け、歴代の倭王によって継承され、天武——持統を経て、文武天皇に至っている。しかし「天照大神」は、「帝紀」や「上古の諸事」＝物語のなかに存在するものの、天皇によって奉祀される場＝宮をもたなかった。その宮が竣功し、「天照大神」が祭神として奉安された。度会の伊勢神宮である。

「天照大神」が出現する以前に、「天照大神」を祭神とする伊勢神宮が造営されることはありえない。

「天照大神」の出現には、天武天皇がかかわっているのみならず、伊勢神宮の創建を意図したのも天武天皇であった。しかし造営に着手したのは、持統天皇であったと考えられる。皇祖神であるとともに、天皇が掌握する律令国家の統治権の根源である、「天照大神」を奉祭する伊勢神宮の創建は、律令国家の宮都として、はじめて都城制で装われた藤原宮＝新益京《しんやくのみやこ》の出現と、時期を等しくするのみならず、存立の理念を同じくしていた。

伊勢神宮が名実ともに成立したのは、文武期であった。

文武二年（六九八）十二月乙卯（二十九日）、遷㆓多気大神宮于度合郡㆒。[6]

この記事は現在地（三重県伊勢市宇治館町神館）に、「天照大神」を奉祀する伊勢神宮が開創されたことを語っている、と解される。

このときまで存在していたのは、滝原（同度会郡大宮町滝原）の「伊勢大神」＝日神《ひのかみ》の「祠」であった。滝原の地は当時、多気郡に属していた。右の多気大神宮は、滝原にあった「伊勢大神」の「祠」を指していたと考えられる。したがって六九八年（文武二）十二月二十九日以前に「伊勢神宮」はなく、またそれ以後、「伊勢大神」は消滅した、とみるべきであろう。その後の滝原には、「大神の遙宮」[7]が創建された。滝原宮である。「遙宮」は「遠隔の宮」を意味し、伊勢神宮を遙拝する地であった[8]。ただし祭神は「天照大神」である。

雄略大王以降、約二世紀半の間、倭王によって奉祀されてきた「伊勢大神」＝「日神」に替り、「天照大神」を祭神とする伊勢神宮が成立し、「天皇」によって奉祀される新しい時代の幕あけを迎えた。

推察すると、五十鈴川の辺りの伊勢神宮の造営は、六九二年（持統六）頃に完成した。同年三月の持統天皇の伊勢行幸は、竣功した伊勢神宮を持統天皇がみずから実見するのが目的であった。ところで持統天皇は、「天照大神」を祭神とする伊勢神宮の開創を自身が執り行うことを避け、ホノニニギノ命に擬せられる孫の軽王に委ねた。すなわち、まず軽王が即位し、即位した文武天皇＝軽王によって伊勢神宮の祭祀その他が正式に始められることが予定された。持統天皇は「宝祚」＝皇位が「天照大神」から「皇孫」に授けられたことに、強い関心を寄せていたからである。六九七年（文武元）八月甲子朔に軽皇太子が即位した。文武天皇である。翌年十二月己卯（二十九日）に「多気大神宮」すなわち滝原の「伊勢大神」が新装なった五十鈴川辺の伊勢神宮に遷され、六九九年（文武三）正月元日をもって伊勢神宮は正式に開創されたのであろう。

注

（1）岡田精司『古代祭祠の史的研究』（塙書房、一九九二年）二九二頁。
（2）土井実「宇奈太理坐高御魂神社」（谷川健一『日本の神々』4、白水社、一九八五年）。
（3）田村圓澄『大宰府探求』（吉川弘文館、一九九〇年）八七頁。
（4）田村圓澄『飛鳥・白鳳仏教史』下（吉川弘文館、一九九四年）七二頁。
（5）田村圓澄「藤原京の四大寺」（『南都仏教』一三、一九六三年）。同『日本仏教史』第一巻（法蔵館、一九八二年）所収。
（6）『続日本紀』文武二年十二月乙卯条。
（7）『延喜式』神祇四、伊勢大神宮、滝原宮条。
（8）松前健「皇大神宮・豊受大神宮」滝原宮条（谷川健一『日本の神々』6、白水社、一九八六年）。

第十二章　伊勢神宮の創建

一　伊勢神宮造営の時期

中納言大神高市《おおみわのたけち》麻呂《まろ》の再度にわたる諫止をしりぞけ、六九二年（持統六）三月に、持統天皇は伊勢行幸を決行した。

(1)三月辛未（六日）、天皇不レ従レ諫、遂幸二伊勢一。

(2)三月壬午（十七日）、賜二所過神郡、及伊賀・伊勢・志摩国造等冠位一。并免二今年調役一、復免下供奉騎士・諸司荷丁・造二行宮一丁今年調役上、大二赦天下一。但盗賊不レ在二赦例一。

(3)三月甲申（十九日）、賜二所過志摩百姓、男女年八十以上、稲人五十束一。

(4)三月乙酉（二十日）、車駕還レ宮。毎二所到行一、輙会二郡縣吏民一、務労賜作レ楽。

(5)三月甲午（二十九日）、詔免下近江・美濃・尾張・参河・遠江等国供奉騎士戸、及諸国荷丁・造二行宮一丁今年調役上。詔令二天下百姓、困乏窮者稲一。男三束、女二束。

持統天皇は一四日ぶりに大和飛鳥の浄御《きよみ》原宮《はらのみや》に帰ったが、右の史料(2)により、持統天皇が通過した国は、近江・美濃・尾張・参河・遠江・伊賀・伊勢・志摩であったことが知られる。藤原宮＝新益京《しんやくのみやこ》の造営に際し、諸国から役民や資材などが徴集されており、したがって持統天皇の伊勢行幸により、右の諸国は負担が加重になったと考えられる。大神高市麻呂の諫言は適切であった。しかし持統天皇の伊勢行幸にあたり、役民の使役が広汎に行われえたのは、律令体制が全国的規模で施行されていたからである。

注目されるのは、持統天皇が「神郡」を通過していることである。神郡とは、神の宮の造営や修理、祭祀の用度などの諸費用に部内の田租、および調・庸を供せしめる特定の郡をいう[1]。伊勢には度会《わたらい》・多《た》気《け》の二つの神郡があった。持統天皇が伊勢に行幸したとき、すでに神郡があり、天皇はそのひとつ、あるいは二つの神郡を通過している。すなわち伊勢神宮の造営のための伊勢の神郡が、持統天皇の伊勢行幸の六九二年（持統六）の時点で設定されていた事実がうかがえる。

まず「天照大神」の出現があり、次にその「天照大神」の宮を造営するために、度会と多気の二つの神郡が設置されたとみるべきであろう。つまり、新しく神宮を造営することがない限り、神郡の設定はありえないと思われる。古代の寺院の造営を例にあげれば、たとえば観世音寺（福岡県太宰府市）の場合、はじめて寺封二〇〇戸が施入された六八六年（朱鳥元）が、観世音寺の造営が開始された年であったと考えられる[2]。

したがって持統天皇の伊勢行幸が行われた六九二年（持統六）三月以前に、度会・多気の二神郡、またはいずれかの神郡が設置され、これを資財として伊勢神宮の造営が始まった、としなければならない。伊勢神宮の造営の完成の時期にあわせ、持統天皇の伊勢行幸が行われたことが考えられよう。

『日本書紀』の記述によれば、伊勢に来た持統天皇は滝原の「伊勢大神《いせのおおかみ》」を拝礼することはなかったようである。滝原の「伊勢神祠(3)」は、度会の「伊勢大神宮」が竣功すれば、そこに移されることになっていたと思われる。ともあれ伊勢に行幸した持統天皇は、「伊勢大神」の祠＝滝原には行かず、また「天照大神」の斎宮(4)＝度会宮を拝礼することもなかったことに留意される。

二　伊勢神宮の竣功

伊勢神宮の創建の時期について示唆を与えるのは、『太神宮諸雑事記』第一に載せる次の記事である。

天武天皇

朱雀三年。九月廿日。依㆓左大臣宣奉勅㆒。伊勢二所太神宮御神宝物等於。差㆓勅使㆒被㆑奉㆑送畢。色目不㆑記。宣旨状偁。二所太神宮之御遷宮事。廿年一度応㆑奉㆑令㆓遷御㆒。立為㆓長例㆒也云々。

朱雀三年九月に、度会宮と豊受宮の二所太神宮の遷宮を、二〇年に一度施行し、これを長例とするように定められた。いわゆる式年遷宮である。

『太神宮諸雑事記』は右の記事を、天武天皇条に入れているが、「朱雀」は『日本書紀』の「朱鳥」の年号と同じである(5)。したがって朱雀三年は持統二年（六八八）であり、この年に二所太神宮の造営が開始された。『太神宮諸雑事記』第一に、

持統女帝皇

即位四年。庚寅太神宮御遷宮。

と記すのは、造営開始の二年後に太神宮の遷宮が行われたことを示している。

六八八年（持統二）に遷宮の時期を迎えた伊勢神宮は、いつ建造されたのであろうか。『太神宮諸雑事記』は、「伊勢天照坐皇太神宮」を景行天皇即位三年条に記し、以後、天武天皇朱雀三年までの間、皇太神宮の造営ならびに遷宮の記事はみられない。つまり伊勢神宮の創建は、第一回の式年遷宮の年とされる六九〇年（持統四）ではなかったか。

持統天皇の即位が行われたのは、この年の正月戊寅朔であった。同年十月壬申（二十九日）に太政大臣高市皇子が、公卿百寮を従えて藤原宮の予定地を視察した。藤原宮造営の開始が近づいている。同年十二月辛酉（十九日）に持統天皇が公卿百寮を従えて藤原に幸し、宮地を観ている。

六九〇年（持統四）に伊勢神宮が竣功したとすれば、持統天皇による藤原宮・新益京＝藤原京の造営開始の時期は伊勢神宮造営の前ではなく、むしろ伊勢神宮の竣功の時期にあわせて決定された、とみることができよう。

六九二年（持統六）三月の伊勢行幸は、竣功した伊勢神宮の建物その他の視察にあったと考えられる。持統天皇が藤原宮に遷ったのは、六九四年（持統八）十二月乙卯（六日）である。このときまでに内裏の大部分の造営は、完了していたとみるべきであろう。藤原宮の「大極殿」の文献上の初見は、『続日本紀』の、

文武天皇二年（六九八）春正月壬戌朔、天皇御二大極殿一受レ朝。文武百寮及新羅朝貢使拝賀。其儀

如レ常。

である。

新装なった伊勢神宮に「天照大神」を迎えた時期、つまり「天照大神」を祭神とする伊勢神宮の開創は、文武天皇の即位、また律令国家の基本法である「大宝律令」の成立・施行の時期にあわせたのではないか。皇祖神である「天照大神」こそ、律令国家を構築し、またこれを支える根源の神であったからである。

三　心御柱

『皇太神宮儀式帳』によれば、式年遷宮にあたり新しい宮を造営するとき、正殿の造営工事に先立って杣に入り、心御柱《しんのみはしら》の用材（忌柱）を切る。忌柱を造り終わると、前追《さきおい》すなわち警蹕をして正殿の地まで運んでくる。地鎮祭の後に忌柱を立て、吉日を選び、正殿の地を築平して正殿の柱を立てる。心御柱は長さ五尺、径四寸の木柱であった。下方三尺を地中に埋め、心御柱を坐え終わると白布を巻き、榊で覆った。(6)

心御柱は、「天照大神」の聖なる憑代であったと考えられる。

伊勢神宮において最も盛儀とされる九月の神嘗祭、六月・十二月の月次祭では、内宮の正殿に御饌を献進する。「由貴大御饌《ゆきのおおみけ》」の供進と称するが、それは一般の神社のように社殿の内部や社殿の前に供えるのでなく、正殿の床下の心御柱の前に御饌の案をすえるのであった(7)。『神宮雑例集』によると、心御柱の朽損・転倒などの異変があると、そのつど奏聞を経て神祇官と陰陽寮で卜占が行われた。心御柱を建てなおすための臨時の遷宮が行われたこともあった(8)。

心御柱は元来、滝原における「伊勢大神」の憑代であり、神籬であったと考えられる。度会の地に「天照大神」の宮＝伊勢神宮が創建されたとき、滝原から「伊勢大神」の憑代を迎え、正殿の地の中心に坐《す》えたのである。度会の伊勢神宮は「天照大神」にとって最初の宮であった。つまり伊勢神宮の建物は新しく出現したが、祭祀の形態は「伊勢大神」の伝統を嗣いでいたと思われる。

四　「文物の儀、是に備れり」

「天照大神」を祭神とする伊勢神宮が、度会の地で正式に発足したのは六九八年（文武二）十二月乙卯（二十九日）、または二日後の六九九年（文武三）正月元日であったと考えられる。『続日本紀』の「多気大神宮を度合郡に遷す」の記事をこのように解するのであるが、『続日本紀』はこれにつづいて次の記事を掲げる。

(1)文武三年（六九九）八月己丑（八日）、奉二南嶋献物于伊勢大神宮及諸社一。

この直前にある同種の記事は、『日本書紀』の、

(2)持統六年（六九二）十二月甲申（二十四日）、遣二大夫等一、奉二新羅調於五社、伊勢・住吉・紀伊・大

倭・菟名足㆒。

であるが、ここで伊勢社は住吉・紀伊・大倭・菟名足の五社の首位にあるとはいえ、五社と同格であった。つまり「伊勢大神」の「社」は、他の四社と同列にとりあつかわれている。

(3)持統六年（六九二）五月庚寅（二十六日）、遣㆓使者㆒、奉㆓幣于四所、伊勢・大倭・住吉・紀伊大神㆒。

告以㆓新宮㆒。

この記述も「伊勢大神」を上首におくとはいえ、四所のなかの一つであり、前記の(2)の五社の場合と同じ取扱いがみられる。しかし(1)は、伊勢大神宮と諸社とを明確に区別している。すなわち伊勢大神宮以外の社は「諸社」にまとめられ、伊勢大神宮には別格の座が用意されている。また『日本書紀』および『続日本紀』を通して、かつて使用されたことのない「伊勢大神宮」の名称を掲げる。

『続日本紀』は六九九年（文武三）八月条において、はじめて「伊勢大神宮」の名称を用い、以後この名称が慣用語となることは「六国史」によって知られる[9]。そしてこの変化の起点になったのが、六九八年（文武二）十二月の伊勢神宮の成立であったとみることができるのではないか。つまりこのときに成立した伊勢神宮＝伊勢大神宮は、「天神地祇」すなわち「天照大神」以外の諸神とは、隔絶した権威と格式が与えられたことを示している。

「伊勢大神宮」は、「伊勢大神の宮」ではなく、「伊勢の天照大神の宮」である。もし前者をとれば、「大倭大神」「住吉大神」「紀伊大神」などの各宮との較差をつけることは不可能になり、したがって「天照大神」の格別の地位を表現することは困難となるであろう。

伊勢の「天照大神の宮」、すなわち「伊勢大神宮」の発想を導いたのは、天武天皇によって創建された「大官大寺」の名称ではなかろうか。大官大寺は、天武天皇の父にあたる舒明大王の発願建立になる百済大寺を継承したとされるが、いずれも「大寺」を称している。「大寺」は、倭王＝天皇が建立した寺のなかで、最高の格式、最大の規模を擁する寺を指していたと解されるが[10]、神宮に「大」の文字を冠することにより、新しく創建された度会宮に最高の権威と格式が付与されていることを表現したのであろう。「伊勢大神宮」の名称は、百済大寺＝大官大寺の「大寺」と発想の基盤を共通にしていたと考えられる。

さて七〇一年（文武五）正月元日に朝賀の儀が行われた。

(1)大宝元年（七〇一）春正月乙亥朔、天皇御二大極殿一受レ朝。其儀、於二正門一樹二烏形幢一。左日像・青竜・朱雀幡、右月像・玄武・白虎幡。蕃夷使者、陳二列左右一。文物之儀、於レ是備矣。

藤原宮における元日の朝賀の儀は、毎年行われている。たとえば六九八年（文武二）の場合は、

(2)春正月壬戌朔、天皇御二大極殿一受レ朝。文武百寮及新羅朝貢使拝賀。其儀如レ常。

と記されている。

七〇一年（大宝元）の元日の朝賀の儀が格別であったことは、史料(1)の記述によってもうかがわれるであろう。すでに「大宝令」の撰修は終わっており、「大宝律」の撰修完了も日程のうちにあった。新律令による律令国家の生誕を受け、約三十年ぶりに遣唐使が派遣されることになった。すなわち粟田真《あわたのま》人《ひと》を遣唐執節使に任命したのは、正月丁酉（二十三日）であるが、三月甲午（二十一日）には元号を建て

て大宝元年としている。八月癸卯（三日）に「大宝律令」の撰定が終了した。史料(1)は、この記念すべき年の元日を迎えた文武政府の貴族・高官の誇りと歓びの心情を伝えているように思われる。

大官大寺・薬師寺・法興寺（飛鳥寺）・弘福寺（川原寺）の四大寺をはじめ、二〇をこえる寺院(11)が新《しん》益京《やくのみやこ》＝藤原京に甍をならべ、都城制の王都を荘厳した。天空に九輪を輝かす伽藍は、国王と国土と人民を擁護する三宝の智慧と慈悲を表現していると解されたであろう。しかしこのとき、律令国家構築の中心的役割を果たし、天皇の「祖神」とされる「天照大神」は、装いも新たな伊勢神宮に奉祀されていた。伊勢神宮あるゆえに「宝祚」は無窮であり、「日本」は永遠であると考えられた。

七〇一年（大宝元）の元日の朝賀の儀について、『続日本紀』が、「文物の儀、是に備《そなわ》れり」と記したのは、朝賀の儀礼が整い、また「大宝律令」の施行を目前とした、為政者の情況と心情を語っていると思われるが、しかし律令体制に即して考えれば、「天照大神」と「天照大神」を祭る「伊勢神宮」がなければ、律令体制そのものは成立しなかった。七〇一年（大宝元）正月元日の時点で、伊勢神宮が現地に創建されており、そして律令国家の要である「天照大神」が、持統太上天皇――文武天皇によって現に奉祀されている事実が、貴族層の共通の認識であり、また悦びであった。ともあれ律令国家の為政者の側にみなぎる矜持と感懐が「文物の儀、是に備れり」と記された背景をなしていた、とみるべきであろう。

五　伊勢神宮の建築における外国の影響

稲垣栄三氏によれば、素朴と簡略を本質とする神社建築の成立を促したのは、仏教建築とは異なる建築的伝統が日本に古くからあるという意識と自覚であった(12)。したがって神社建築の技法と形式は、仏教建築のそれとは異なり、なかでも伊勢神宮はこれを具現しているとみられる。

伊勢神宮の正殿の建築様式の一部が、斑鳩の法隆寺金堂の建築様式に近似していたことが指摘されている。すなわち一九三四年（昭和九）に始まった法隆寺金堂の解体修理の過程で、創建当初の金堂の妻の部材の一部が発見されたが、その妻の形式の復原図などにより、妻飾の手法が、伊勢神宮正殿の古い時代の形式と一致することがあきらかとなった。福山敏男氏によれば、「形式の点からみれば法隆寺の場合は実用的であり、神宮の鏡形木《かがみがたのき》は形式化したものとみることができ、前者が本来の形であるとみることができる」。福山氏は、伊勢神宮正殿の妻飾の形式が、仏教建築の影響であるか否かについての断言は避けられているが、宮殿建築などを含む大陸建築の系統に属することを結論されている(13)。

また稲垣栄三氏により、伊勢神宮正殿の桁行三間、梁行二間、平入という平面は、仏堂における母屋の基本的な形であることが指摘され、また古代の内宮正殿の柱間寸法が、桁行一二尺、梁行九尺であったことなどについて、「このように完数の寸尺をもって柱が正確に配置されている点にも、古代の仏堂との相似が指摘されてよいのである」とされている(14)。

磯崎新氏は、伊勢神宮正殿の四周の高欄とそれに連続する陸橋の手摺《てすり》に配されている、火焔文様のついた珠玉の色彩配置について、「この配色が道教由来のものであることに疑う余地はない」と記されている。(15)

高天原の「天照大神」の時代は、『古事記』『日本書紀』の神代史が語るように、仏教伝来の以前であり、また秦氏や東漢《やまとのあやし》氏などの倭渡来の前であった。つまり渡来人や渡来系の文物・文化の影響を受けない時代が想定されており、したがって「天照大神」を奉祀する伊勢神宮の建築様式も、異国の文物・文化の洗礼を受けない、純粋の「倭」の技法と様式で造営されたはずであったが、しかし事実は、「仏教寺院、宮廷建築等、仏教または道教のもとに編成された建築的な細部よりの借用である」(16)と説かれている。

注

(1) 平野博之「神郡」(『九州史学』一一、一九五九年)。
(2) 竹内理三「筑前国観世音寺史」(『南都仏教』二、一九五五年)。
(3) 『日本書紀』持統称制前紀、朱鳥元年十一月壬子条。
(4) 『万葉集』巻二、高市皇子尊城上殯宮之時柿本朝臣人麻呂作歌一首(一九九)。
(5) 坂本太郎「白鳳朱雀年号考」(同『日本古代史の基礎的研究』下、東京大学出版会、一九六四年)。
(6) 林野全孝「内宮『心の御柱』の性格について」(『建築史研究』二〇、一九五五年)。
(7) 岡田精司『古代王権の祭祀と神話』(塙書房、一九七〇年)三七三頁。
(8) 桜井勝之進『伊勢神宮の祖型と展開』(国書刊行会、一九九一年)五一頁。
(9) 直木孝次郎『日本古代の氏族と天皇』(塙書房、一九六四年)二八三頁。

(10) 田村圓澄『飛鳥・白鳳仏教史』上(吉川弘文館、一九九四年)二〇四頁。
(11) 天武紀九年五月乙亥朔条に、勅により、絶・綿・糸・布を「京内廿四寺」に施入した記事がある。
(12) 稲垣栄三「伊勢神宮の建築とその象徴大系」(『伊勢神宮』岩波書店、一九九五年)。
(13) 福山敏男「神社建築における外国の影響」(同『日本建築史研究』墨水書房、一九六八年)。
(14) 注(12)前掲書。
(15) 磯崎新「イセ―始源のもどき―」(『伊勢神宮』岩波書店、一九九五年)。
(16) 同右。

第十三章　伊勢神宮の「論理」と「倫理」

一　伊勢神宮の垣と門

福山敏男氏の業績に導かれ(1)、伊勢神宮の社殿の配置について述べよう（図5）。

伊勢神宮は南面する。正殿は正面三間、側面二間の神明造と考えられる。高床式建築であり、棟持柱で切妻屋根の両端を支える形式は、すでに古墳時代に存在した。

正殿と東西両宝殿は瑞垣でかこまれ、瑞垣の南面中央に瑞垣御門を、また背面に北御門を開く。瑞垣御門の前の東西に一棟ずつ、また北御門の前の東西に一棟ずつの宿衛屋《とのいや》が置かれている。

一ノ玉垣は蕃垣《まがき》とも呼ばれ、瑞垣と二ノ玉垣の間にあるが、二つの宿衛屋をかこむコの字型であり、南面中央に小形の蕃垣御門を開く。二ノ玉垣（内玉垣）は瑞垣と一ノ玉垣と北の宿衛屋をかこみ、南面中央に玉串御門を開く。

三の玉垣（外玉垣）は、二ノ玉垣や祭場の広場をかこみ、南面中央に玉垣御門を開く。板垣は三ノ玉垣の外をめぐっている。板垣の南門を板垣御門と称した。板垣の北・東・西にもそれぞれ門を開いてい

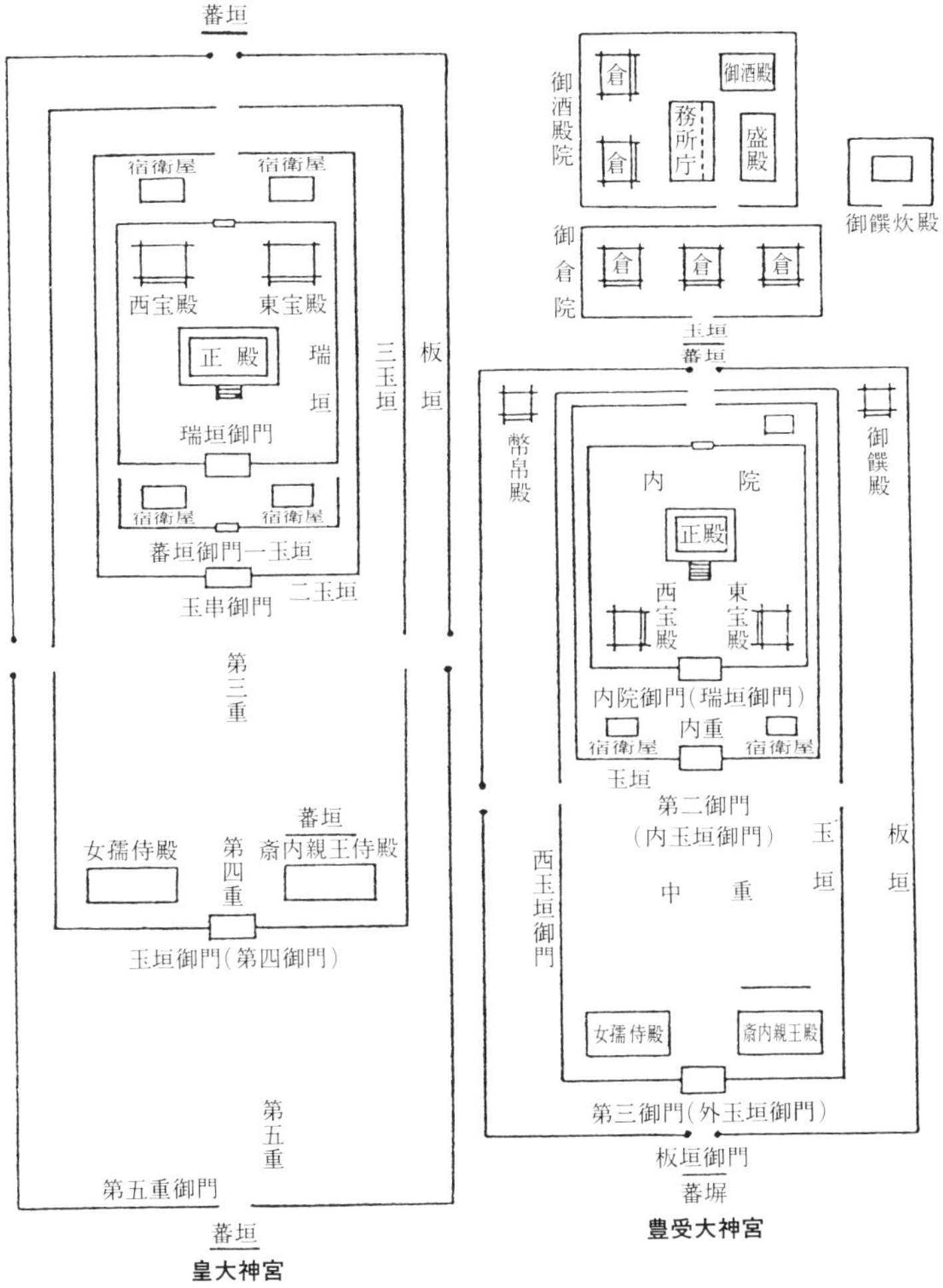

図５　皇大神宮・豊受大神宮推定図

たと考えられるが、当時の板垣の諸門の形式は鳥居であったのであろうか。また板垣から外を外院、内を内院とよぶこともあったが、瑞垣の内を内院とよぶこともあったようである。

なお瑞垣内を第一重、内玉垣（二ノ玉垣）内を第二重、外玉垣（三ノ玉垣）内の玉串御門に近いところを第三重、それより南を第四重、板垣内を第五重と数えたものと思われる。

伊勢神宮の月次祭（六月・十二月）の行事の次第は、「太神宮式《だいじんぐうしき》」に載っている。六月を例にとれば、六月十六日平旦に斎内親王は度会宮に参入し、同十七日に太神宮に参入するが、その儀は度会宮と太神宮とも同じであるとされる。さて太神宮に参入した斎内親王はまず板垣門の東の頭《ほとり》に到着し、輿を下りる。外玉垣門（玉垣御門）を入り、東殿（斎内親王侍殿）において座に就く。門内の東殿には斎内親王の座が、また西殿には女孺《にょじゅ》らの座が設けられている。すべての就座が終わると、蘰《かつら》の木綿を執った神宮司が外玉垣門を入り、北を向いて跪く。命婦《みょうぶ》もしくは女孺が出て受けとり、これを斎内親王に奉る。斎内親王は手を拍って執り、蘰を著ける。また神宮司が太玉串《ふとさかき》を持って外玉垣門を入り、跪く。命婦は受けとった太玉串を斎内親王に奉る。斎内親王は手を拍ってこれを執り、捧げて内玉垣門（玉串御門）を入り、座席に就く。次に座席を離れて前に進み、再拝すること再度、終わって玉串を命婦に授け、命婦これを受けて物忌に転《つた》え授ける。物忌はこれを受け執り、瑞垣門の西の頭に立てる。斎内親王は東殿に還って、本の座につく。

その後、明衣を著けた禰宜と当色を著けた太神宮司がそれぞれ太玉串を執る。禰宜が東殿の斎内親王の前に立つ。次に宮司、幣の雑物、馬が単行して陳列する。最後に朝使（幣帛使）が外玉垣門を入り、内玉垣門に到着すると、一同みな跪く。まず中臣に詔刀《のりと》を申さしめ、次に宮司が祝詞を宣べる。終わると物忌や内人が幣帛を載せた案《つくえ》を舁いで、瑞垣内の財殿（宝殿）に置く。このとき斎内親王ならびに衆官以下、再拝して八開手《やひらで》を拍ち、次に短手《しのびて》を拍って再拝し、これを二度くりかえす。これで太神宮における月次祭は終了した。以下、決められた順序で祭場を退出する。

神嘗祭の行事の次第は、『皇太神宮儀式帳』にみられるが、斎内親王に焦点をしぼると、手輿に坐った斎内親王は、まず第四重の東殿（斎内親王侍殿）の座に就き、次に、太神宮司から伝奉《つた》えられた太玉串を捧持して内玉垣御門の坐席に就く。やがて席を離れて前に進み、再拝すること両度、その後、斎内親王は本席に還る。玉串御門に近いところの第三重には版位が置かれており、たとえば中臣は版位まで進んで跪き、告刀を申し終わると本坐に還る。

伊勢神宮の重儀である三節祭（神嘗祭と六月・十二月の月次祭）の例によってあきらかなように、伊勢神宮において最も重要な祭礼の場は、常に玉串御門に近い第三重であった。斎内親王は、ひとたびは玉串御門の内の第二重に進むが、しかしこれは玉串を神前に奉献するためであり、これが終われば東殿の本座に還り、改めて第三重に集まった幣帛使以下の衆官とともに跪き拝礼をする。

右の点を要約すれば、第一に、皇女である斎内親王だけが玉串御門の内の第二重に進むことができる。しかし蕃垣御門より内に進むことはできず、したがって斎内親王は瑞垣内の第一重に入ることはない。

第二に、天皇より派遣された幣帛使・太神宮司・禰宜などは玉垣御門を入り、第三重から拝礼するが、玉串御門およびそれより内の諸門を進むことはなかった。

二　伊勢神宮と伽藍配置

皇祖神であり、また日本の統治権の原点に位置する「天照大神」を奉祀する伊勢神宮は、「天照大神」が日本のすべての神々のなかで最高の権威と地位をもち、また伊勢神宮が日本のすべての神社のなかで最上の格式を供えていることを表現していた。それはそのまま、現に日本全土を統治する天皇と、天皇が住む藤原宮に連動すると考えられた。

玉串御門の左右からのびる二ノ玉垣（内玉垣）の内部には、北と南の各二棟の宿衛屋、および二棟の宝殿が左右対称に配置されている。中央正面の正殿をとり囲む建物の配置の均整性は、持統天皇によって造営された藤原宮の朝堂院様式にならったとみることもできる。

ここで伊勢神宮の中枢部にあたる左右対称の建物の配置が、仏教の伽藍配置に倣ったのではないかとする私見を述べたい。

正殿と東西の二棟の宝殿が瑞垣によってかこまれる伊勢神宮の第一重は、金堂と塔を回廊がかこむ伽藍の中枢部と同様、何人も出入することが許されない聖地であった。伊勢神宮の瑞垣は寺院の中枢部の回廊にあたり、瑞垣御門は中門にあたる。中門は仏門であり、僧俗の出入は禁制されていた。

伊勢神宮の玉串御門は、古代寺院の南門にあたり、二ノ玉垣（内玉垣）は、寺院の南門の左右からのびる築地にあたる。玉串御門の内に進むことができるのは、斎内親王ただひとりである。幣帛使および

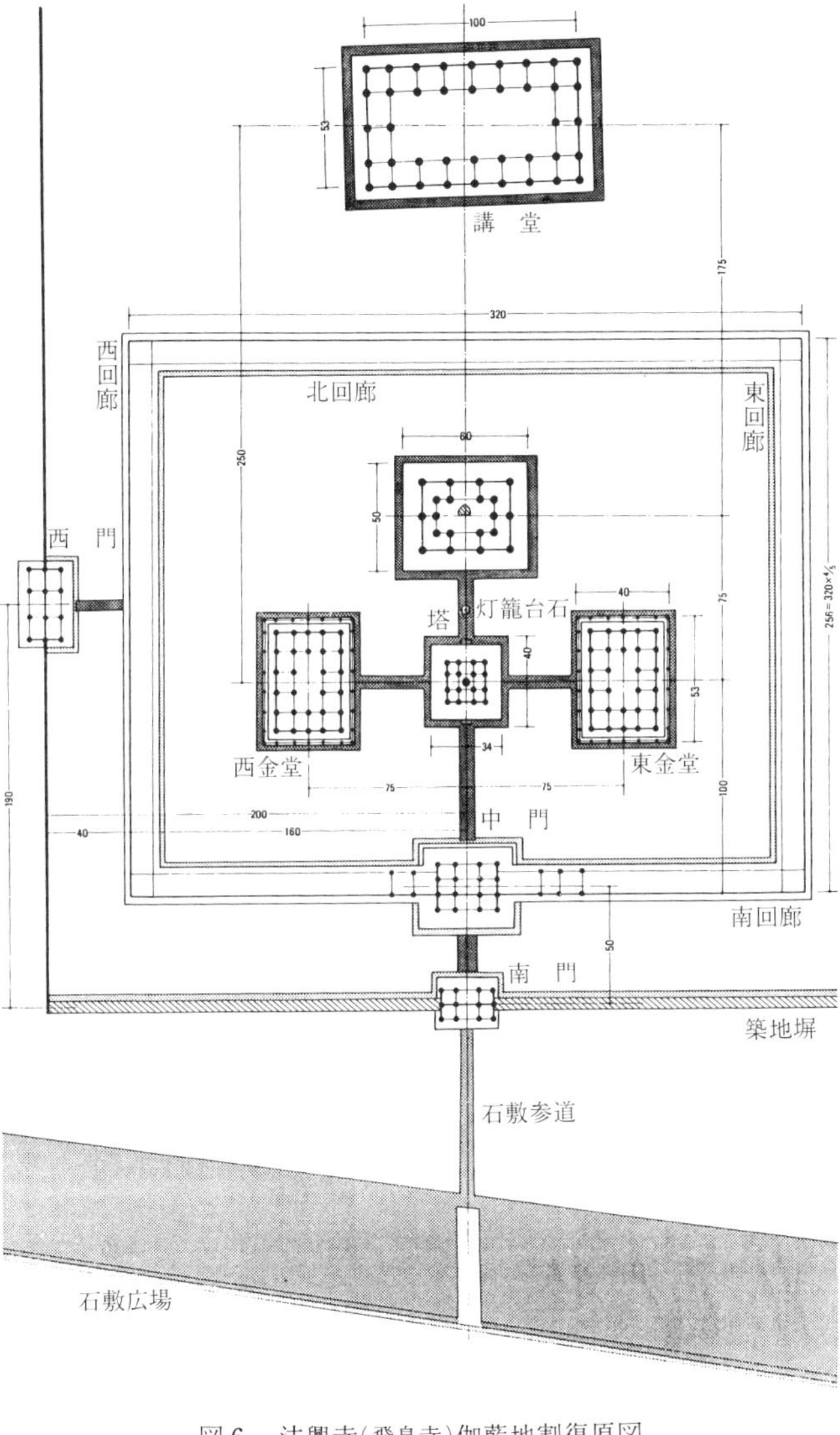

図6　法興寺(飛鳥寺)伽藍地割復原図

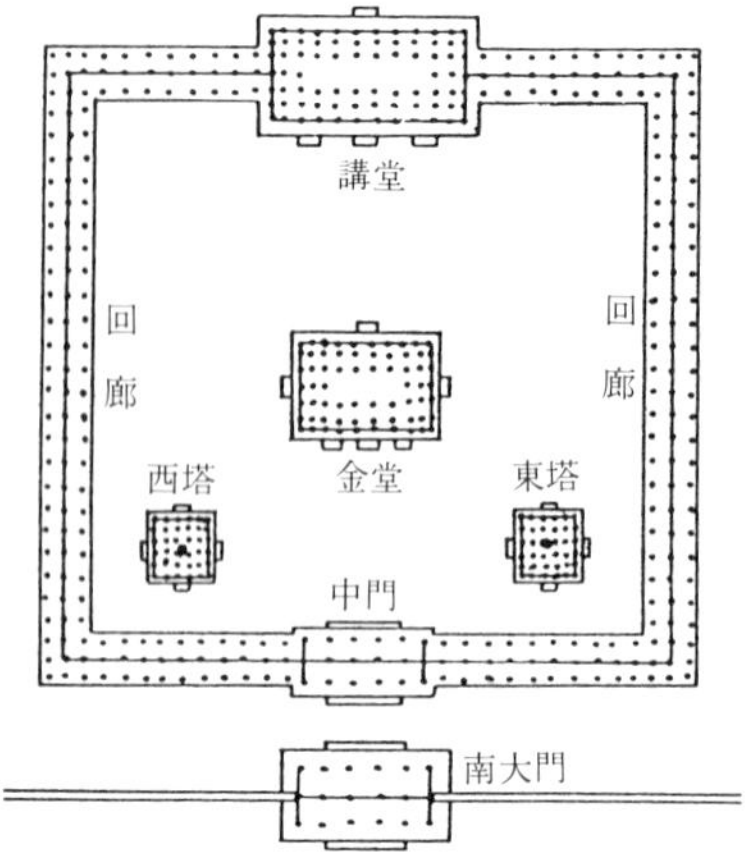

図7　薬師寺伽藍配置復原図

伊勢神宮の神官が進むことを許されたのは、玉垣御門内の第三重までであった。

『日本書紀』によれば、天武天皇は六七七年（天武六）八月乙巳（十五日）と、六八五年（天武十四）五月庚戌（五日）の二度、飛鳥の法興寺（飛鳥寺）に参詣したが、興味があるのは前者の行幸の記事である。

天武六年八月乙巳、大設㆓斎飛鳥寺㆒、以読㆓一切経㆒。便天皇御㆓寺南門㆒、而礼㆓三宝㆒。

六七七年（天武六）は、母の斎明大王の十七年忌にあたる。盂蘭盆会《うらぼんえ》の当日、法興寺に臨んだ天武天皇は衆僧に請うて「一切経」を読ましめ、みずからは「中門」でなく「南門」から「三宝」、すなわち金堂の中尊の釈迦如来像などを礼拝した。伊勢神宮についていえば、瑞垣御門ではなく、玉串御門から礼拝したことになる（図6）。

正殿の後方の左右にある宝殿について、福山敏男氏は、「あるいは後世の外宮の例のように前方の左右にあったろうし、この両宝殿は当時は南北棟で、戸口は互いに向かい合っていたかもしれない(2)」と記されている。もし二つの宝殿が正殿の前方左右に置かれていたとすれば、この配置は薬師寺（奈良県橿原市木殿町）に範をとったことが考えられるであろう。六八〇年（天武九）十一月癸未（十二日）に、持統皇后の病気の平癒を祈り、天武天皇によって発願建立された薬師寺は、六九八年（文武二）十月庚寅

（三日）にほぼ完成した。[3] 金堂の前の左右に塔を配する双塔式伽藍配置である（図7）。

瑞垣御門前の左右と瑞垣北御門前の左右にある、計四棟の宿衛屋について、仮説を提示したい。もし伊勢神宮の創建当初から、瑞垣の外の左右対称の四地点に四棟の宿衛屋が設置されていたとすれば、伽藍の金堂などに安置されている四天王像とその配置から示唆を受けたのではなかろうか。仏法および仏法の帰依者の守護にあたる提頭《だいず》頼《ら》吒《た》天王《てんのう》＝持国天王（東）、毘《び》留《る》勒叉《ろくしゃ》天王《てんのう》＝増長天王（南）、毘《び》留《る》博叉《はくしゃ》天《てん》王《のう》＝広目天王（西）、毘沙門天王＝多聞天王（北）の四天王像の記事は、皇極紀元年（六四二）七月庚辰（二十七日）条にみられるが、法興寺の創建の時点で四天王像と四天王信仰が倭に移入されたと考えられる。[4]

また次の見方もできるのではないか。すなわち、瑞垣御門の前の左右にある宿衛屋《とのいや》は、寺の中門の左右に配置される二軀の金剛力士像に相当する。つまり瑞垣御門の前の二棟の宿衛屋は、四天王像であるとともに、二軀の金剛力士像と兼ねていたとみることができる。

このように考えるのは、四棟の宿衛屋の位置についての疑問にもとづく。もし外部からの侵入者に対し、正殿と二つの宝殿を擁護するのであれば、まず守護者の存在と威厳を不断に誇示することが必要であろう。そのために、宿衛屋を三ノ玉垣、または板垣の外に設置することがより有効であろう。ところが宿衛屋の位置は、南面する伊勢神宮の北部に集中しており、「形式」を整えることに重点が置かれていたように思われる。すなわち寺院の金堂などに配置される四天王像に倣ったと推定する所以である。狭少な場所に四棟の宿衛屋を配置するのは、金堂内の四天王像の配置を連想せしめるが、ともあれ、正殿をかこむ瑞垣の前後左右に四棟の宿衛屋を置く例は、伊勢神宮に固有の方式であり、出雲大社などにおいても見出すことはできない。

さて伊勢神宮の建物の配置において注意されるのは、「拝殿」またはそれに相当する施設のないことである。

御諸山を神体山とする大三輪社には、拝殿はあるが本殿はない。出雲大社（杵築大社）の場合、鎌倉時代には拝殿があった(5)。拝殿は参詣者の側に比重を置く施設であるが、大三輪社また出雲大社の場合、いつ拝殿が創建されたかについては定かでない。しかし伊勢神宮の場合、創建当初から現在に至るまで、拝殿が存在しなかったことはあきらかである。

伊勢神宮が拝殿をもたなかった理由として考えられるのは、伊勢神宮は天皇あっての神宮であり、つまり天皇ただ一人のための神宮であったからであろう。しかし天皇は伊勢神宮に参詣することはなく、斎内親王を中心とする祭祀団によって「天照大神」の恒例・臨時の祭儀が執行されていた。伊勢神宮は創建当初から、参詣者としての王・臣・民の存在は考慮せず、したがって拝殿は不用であった。伊勢神宮の構想は、「天照大神と天皇の論理」によって成立したとみるべきであろう。

法興寺・法隆寺などの古代の伽藍も、僧・俗の「参拝」を配慮していなかったと思われる。回廊によって、金堂と塔が囲まれる聖域には、僧・俗の出入は禁制であった。ここに開かれる中門は仏門であり、僧・俗が出入するための門ではない(6)。「明神」と仰がれた天武天皇も法興寺に行幸した際、この聖域に入ることはなく、遙か南門から三宝を礼したことについては前述した。

伊勢神宮の創建構想の理念は、当時の伽藍の中枢部に求められたと考えられる。囲によって聖域を確定・確保し、僧・俗また王・臣・民の聖域への参入を拒否した点において、両者は共通している。ともあれ伊勢神宮が終始「拝殿」をもたなかったことも、伽藍との親近性を語っているといえよう。

三　「君臣の倫理」

古代の仏教伽藍において、中門の左右からのびる回廊により塔と金堂が囲まれる一廓は、伽藍の中枢部であり、「聖域」であった。僧俗ともに、この内に入ることは許されなかった。飛鳥の法興寺に行幸した天武天皇が、「南門」から「三宝」、すなわち塔・金堂を礼拝したことから推考すると、俗人は地位・身分にかかわりなく「南門」から礼拝していたのであり、これが寺院一般の礼拝の方式であったと考えられる。古代寺院の伽藍配置には、「拝殿」に相当する施設は存在しなかった。

ともあれ古代の寺院において参拝者を規制するのは、「仏と人の論理」であった。

伊勢神宮において、瑞垣御門の左右からのびる瑞垣により正殿と宝殿が囲まれるところは「聖域」であり、すべての人の参入は禁制された。その点は、塔と金堂を回廊で囲む寺院の中枢部と共通するところであるが、しかし参拝者の側に視点を移すならば、両者には相違があった。すなわち伊勢神宮の場合、法興寺の南門に相当する玉串御門の中に参入できるのは、斎内親王に限られ、幣帛使をはじめ伊勢神宮の神官も玉串御門の前にまで進むことはできるが、玉串御門の内に入ることはできなかったからである。

伊勢神宮には、「君臣の倫理」が支配していたというべきであろう。

伊勢神宮では、臣・民の参拝は考慮されていなかった。これには二つの理由が見出される。第一は、伊勢神宮の祭神が皇祖神の「天照大神」であったことである。各氏族は、祖神＝氏神を祭る神社をもっていた。当該神社の神職は、氏族のなかから選ばれるのが通例であった。祭祀権は氏上が掌握しており、恒例・臨時の祭礼の場においても氏上・氏族の人びとと、その氏族の支配下にある人びととの身分上の区別は明白であった。そして各神社において、血縁また地縁で結ばれた氏族などが加護を祈願するのであり、地氏族による結縁は考慮されていなかった。

第二は、伊勢神宮が天皇の神宮であったことである。板垣御門（第五重御門）―玉垣御門（第四御門）―玉串御門（第三御門）―蕃垣御門（第二御門）―瑞垣御門の重層的な五つの門と垣によって囲まれた伊勢神宮の祭祀形態は、「天神地祇」の上に立つ天照大神の隔絶した地位と権威を表現しているが、それは「天照大神」が、統治者である天皇の祖神であるからであった。「君臣の倫理」にもとづく伊勢神宮の祭祀形態は同時に、「律令国家」体制における天皇の地歩と権威を無限に高めると考えられた。

伊勢神宮の神嘗祭の行事規定を分析した山野善郎氏は、「神座（神殿）は神祭の場の中心であり、天皇の代理者とみなされる斎内親王の動きさえも、神座から一定の距たりを保つべく制限される。そして上位なる神に近づくために複数の障壁を通過し、畏敬の意を示しつつ幣物を献納する儀礼が、この神祭の場の基本的な構造と考えられるのである」(7)とされている。

古代の出雲大社の本殿の高さは、一二丈（三六メートル）あるいは一五丈といわれた東大寺大仏殿を超えていたとされる。(8) しかし、比較を絶する高大な建築規模であっても、その祭神＝大国主神は、伊勢神宮では玉串御門の前に位置するしかなかった。

「天照大神と天皇の論理」によって成立した伊勢神宮の社殿とその配置および祭儀は、「君臣の倫理」を体現し、表現していた。

注

(1) 福山敏男『伊勢神宮の建築と歴史』(日本資料刊行会、一九七七年)。

(2) 福山敏男「神宮の建築とその歴史」(『神宝』小学館、一九七五年)。

(3) 町田甲一『薬師寺』(グラフ社、一九八四年)二二頁。

(4) 田村圓澄「『金光明経』の受容と飛鳥仏教」(『史淵』九八、一九六七年)。『金光明経』の受容」の題名で、同『日本仏教史』第一巻(法蔵館、一九八二年)所収。

(5) 福山敏男「出雲大社の社殿」(同『日本建築史研究』墨水書房、一九六八年)。

(6) 法隆寺の門について、「門伍口、……仏門二口之内一口在金剛力士、……僧門三口」と記されている(『法隆寺伽藍縁起幷流記資財帳』)。「仏門」は、中門および南門を指しているとみるべきであろう。

(7) 山野善郎「動線からみた唐と日本の神祭の場の構造」(『日本建築学会大会学術講演梗概集』一九九四年)。

(8) 石塚尊俊「出雲大社」(谷川健一『日本の神々』7、白水社、一九八五年)。

第十四章　伊勢神宮の祭祀

一　斎内親王

倭王が未婚の王女を遣わし、「伊勢大神」に奉侍せしめる慣行は、雄略大王の頃に始まったと考えられる。このとき「伊勢大神」は、滝原（三重県度会郡大宮町）の地で奉祀されており、奉侍の王女は滝原の神域か、またはその周辺にとどまっていたと思われるが、その場所については定かでない。六九八年（文武二）十二月乙卯（二十九日）に、「伊勢大神」は滝原から度会郡に遷り、「天照大神」となった。伊勢神宮の成立である。滝原の宮は、「天照大神の遙宮」となった。「伊勢大神」奉侍の王女を中心とする祭祀機構は、伊勢神宮の成立にともない、滝原から櫛田川下流域に移された。斎宮跡（三重県多気郡明和町）の地である。

注意されるのは、斎内親王＝斎王《さいおうせい》制の成立が時期的に伊勢神宮＝度会宮の創建と同時であったことである。つまり「天照大神」を奉祀する伊勢神宮の成立以前に、斎王、ならびに斎王の職務執行機関として斎宮司は存在しなかった。

斎王すなわち斎内親王の起源を、崇神天皇の皇女のトヨスキイリ姫、もしくは垂仁天皇の皇女の倭姫《やまとひめ》に求め、また雄略大王の稚足姫王女、継体大王の荳角王女《ささげのひめみこ》、欽明大王の磐隈王女《いわくまのひめみこ》、敏達大王の菟道王女、用明大王の酢香手《すかて》姫王《ひめのみこ》女を含め、すべてを「斎王」とみなすことが通説となっている。これについて私見を提示したい。

史料的に信憑性があると考えられる雄略紀以降の該当の箇所をみると（表2、三四頁）、

侍㆓伊勢大神祠㆒……稚足姫王女（リ1）

侍㆓伊勢大神祠㆒……荳角王女（2）

侍㆓祀於伊勢大神㆒……磐隈王女（ヘ1）

侍㆓伊勢祠㆒……菟道王女（ヌ1）

拝㆓伊勢神宮㆒、奉㆓日神祀㆒……酢香手姫王女（ト5）

と記されている。

右の王女について共通しているのは、第一に、滝原で奉祭されている「伊勢大神《いせのおおかみ》」に「侍《つかえ》」たことである。第二に、各王女は「斎《いつく》」ことを条件にしていないことである。「伊勢大神」のもとに遣わされた王女は、「侍」えることに比重が置かれ、「斎」くことは無視ないし軽視されているといわねばならない。かりにこの王女を「侍王」と名付けよう。

「斎王」の出現には、「斎宮」の設置を伴った。

(1)天武二年（六七三）四月己巳（十四日）、欲㆑遣㆓侍大来皇女于天照太神宮㆒、而令㆑居㆓泊瀬斎宮㆒。是先

潔レ身、稍近レ神之所也。

伊勢に近づく一段階として、泊瀬の「斎宮」が必要であったが、ここでは「伊勢大神」に代わり、「天照太神宮」となっている点に注目しなければならない。「伊勢大神」に侍すのが「侍王」であるとすれば、「天照大神」に侍すのは「斎王」であった。

私見によれば、史料(1)の「天照太神宮」は、六七二年（天武元）六月丙戌（二十六日）に、鈴鹿から桑名に向かっていた大海人皇子が、朝明郡《あさけのこおり》の迹《と》太《お》川《かわ》（朝明川）の辺りで「天照太神」を望拝したことに関連している。この時点での「天照大神」は、大海人皇子の直観と自覚を通して現われた「原天照大神」といわれるべきものであるが、やがて光り輝く姿をもち、高天原《たかまのはら》を居住地とするとともに、天皇の祖神、また天皇が掌握する日本の統治権の根源に位置づけられ、「天照大神」と名付けられるまでに成長・発展する。そして、みずからの宮である伊勢神宮に遷るのは六九八年（文武二）十二月乙卯（二十九日）であった。したがって六七三年（天武二）四月の時点で、「天照太神宮《あまてらすおおみかみのみや》」は存在しなかったが、『日本書紀』の編修者は、「天照大神」の出現に果たした天武天皇の役割の重要性に鑑み、「天照大神」と「斎宮」を、天武天皇の即位の時期にまで溯らせて記したとみるべきであろう。

滝原の「伊勢大神」と度会の「天照大神」をつないだ斎王がいる。天武天皇の託基《たきの》（多紀）皇女《ひめみこ》である。六八六年（朱鳥元）四月丙申（二十七日）に、託基皇女は山背姫王・石川夫人とともに「伊勢神宮」に遣わされた。数日前に、新羅の使者が持参した調物が筑紫大宰から飛鳥浄御原宮に送られて来たが[1]、その一部を「伊勢神宮」に奉献するためであったのであろうか。このときの「伊勢神宮」は「伊勢神祠」[2]また「伊勢社」[3]であり、滝原の「伊勢大神」の祠を指している。

六九八年（文武二）九月丁卯（十日）に、託基《たき》（当耆）皇女《ひめみこ》を遣わし、「伊勢斎宮」に侍らしめた。この「伊勢斎宮」は、現在の斎宮跡の地に建てられた斎宮であろう。三ヵ月後に、滝原の「伊勢大神」は度会郡に遷り、「天照大神」の伊勢神宮が成立する。託基皇女は、「伊勢大神」が「天照大神」に移行する行事を予定して、「斎王《さいおう》」を命じられたと考えられる。

七〇一年（大宝元）八月甲辰（四日）に太政官の処分により、斎宮司は寮に準じ、属官は長上に準ずることとなった。したがって斎宮司は、このとき以前から存在していたことになる。託基皇女は最初の斎王であったのではないか。はじめて斎宮司が設置されたのは、託基皇女の斎王任命のときであったことが考えられる。

七〇二年（大宝二）正月乙酉（十七日）に当麻橘《たぎまのたちばな》を斎宮頭にした。「頭」は「寮」の長官である。『続日本紀』において斎宮頭の発令人事は、このときが最初であった。

滝原の「伊勢大神」は倭王の守護神であった。大和から伊勢の滝原に遣わされた未婚の王女＝「侍王」がたずさわった「伊勢大神」の祭祀は、「内廷の神」の枠を超えるものではなかった。

しかし伊勢神宮に奉祀された「天照大神」は、天皇の祖神であるとともに、律令国家の根源であることにおいて「国家の神」であった。「天照大神」を祭神とする伊勢神宮の祭祀は、未婚の斎内親王——斎宮寮と、宮司——禰宜の大神宮司によって執行せられることとなり、つまり伊勢神宮とその祭祀は、「国家」の制度として確立された。

二　中臣氏

「太神宮式」によれば、太神宮をはじめ、各別宮の祭祀にたずさわる神職について、次のように記されている。

(1)太神宮三座在二度会郡宇治郷五十鈴河上一。
　天照太神一座
　相殿神二座
　　禰宜一人従七位官　大内人四人　物忌九人童男一人。童女八人。
　父九人　小内人九人
(2)荒祭宮一座太神荒魂。去二太神宮北一廿四丈。
　内人二人　物忌。父各一人
右二宮祈年。月次。神嘗。神衣等祭供レ之。
(3)伊佐奈岐宮二座去二太神宮北一三里。
　伊弉諾尊一座
　伊弉冊尊一座
(4)月読宮二座去二太神宮北一三里。

月夜見命一座

荒魂命一座

(5)滝原宮一座（太神遙宮。在下伊勢与二志摩一境山中上。去二太神宮西一九十里。）

(6)滝原並宮一座（太神遙宮。在二滝原宮地内一。）

(7)伊雑宮一座（太神遙宮。在二志摩国答志郡一。去二太神宮南一八十三里。）

右諸別宮。祈年。月次。神嘗等祭供レ之。就中滝原並宮。伊雑宮不レ預二月次一。其宮別各内人二人。（其一人用二八位已上幷蔭子孫一。）物忌。父各一人。但月読宮加二御巫。内人一人一。

(8)度会宮四座（在二度会郡沼木郷山田原一。去二太神宮西一七里。）

豊受太神一座

相殿神三座

禰宜一人（従八位官。）大内人四人　物忌六人　父六人　小内人八人

(9)多賀宮一座（豊受太神荒魂。去二神宮南一六十丈。）

内人二人　物忌。父各一人

右二宮祈年。月次。神嘗等祭供レ之

『延喜式』の完成は九二七年（延喜五）であり、したがって右の記載は十世紀前半の伊勢神宮の祭祀機構の実情を示しているといえるが、しかし伊勢神宮の祭祀の形態や、祭官の組織・任用・制度などが十世紀前半に一挙に成立したのではなく、草創期以来の事情や慣行を伝えるものがあったことも、否定で

きないであろう。二所太神宮、すなわち⑴太神宮と⑻度会宮の禰宜、大小内人、物忌、および諸の別宮の内人、物忌などは、すべて度会郡の人をもって任ずる。ただし⑺伊雑宮の内人二人と物忌、父などは志摩国の神戸の人をもって任ずる。

凡二所太神宮禰宜。大小内人。物忌。諸別宮内人。物忌等。並任二度会郡人一。但伊雑宮内人二人。物忌。父等。任二志摩国神戸人一。(4)

伊勢神宮の月次祭は六月十六日に度会宮で、同十七日に太神宮で行われるが、同十五日の黄昏の後、禰宜が諸内人・物忌らを率いて神の御雑物を陳列し、終わると亥時に夕膳を供え、丑時に朝膳を供え、禰宜・内人らは歌舞を奏した。十二月の月次祭はこれに準ずる。これに神嘗祭を加えた三節祭において、禰宜が諸内人・物忌らを指揮し、祭祀の施設などにあたった一端がうかがわれる。(5)

祭主は、伊勢神宮の祭儀に際し、朝廷より差遣される臨時の役職であった。(6)祭主の任用について、「太神宮式」に、

以二神祇官五位以上中臣一任二祭主一者。初年給二稲一束一。除レ此之外、不レ得二輙用一。(7)

と規定されている。

『二所太神宮例文』に、「祭主次第」として御食《みけ》子大連公《このおおむらじのきみ》（推古天皇元年任）から、種忠《かずただ》（慶長四年十二月任）に至るまでの歴名を挙げており、すべて中臣氏によって占められている。しかし「六国史」における「祭主」の初見は、『続日本後紀』嘉祥三年（八五〇）三月辛巳条に載せる大中臣淵魚《おおなかとみふちうお》の卒伝である。それによれば、淵魚は八一五年（弘仁六）より八四二年（承和九）に至る二八年間、神祇大副の職にあり、「伊勢大神宮祭主」を兼掌していた。

右の「祭主次第」の冒頭の数名については祭主であったことに疑いがもたれるが、中臣意美麻呂《なかとみのおみまろ》（?～七一一）の七男の清麻呂の頃に、祭主の職掌が整備されたと考えられる。[8]

延暦二十三年（八〇四）八月二十八日付で神祇官に提出された『皇太神宮儀式帳』の奥付に、

大内人無位宇治土公磯部小紲
禰宜大初位荒木田神主公成
太神宮司正八位下大中臣朝臣真継

の連署があり、また同年三月十四日付の連署をもつ『止由気宮儀式帳』の奥付に、

禰宜正六位上神主五月麻呂
太神宮司正八位下大中臣朝臣真継
内人無位神主山代
内人無位神主御受
内人無位神主牛主

とある。禰宜・大内人等を統率し、皇太神宮および止由気宮の宿護・宿直を監するとともに、恒例・臨時の祭儀には斎内親王・幣帛使に供奉するなど、祭礼・造営・神郡・神戸などの財政・行政を管掌したのが大神宮司の中臣氏であった。

『二所太神宮例文』は「大宮司次第」において、第一の香《か》積《つみの》（中臣）連《むらじ》須《す》気《け》（孝徳天皇御代任）から第百六十三の定長に至るまでの歴名を挙げているが、すべて中臣氏またはその傍系によって占められてい

たことが知られる。

ともあれ伊勢神宮の職制は、中臣氏によって譜代継承されて来た大神宮司の下に、在地氏族から選任世襲された禰宜以下の神職によって構成されていた。

伊勢神宮において奉祀される「天照大神」は、「神祇令」によって「律令国家の最高神」として格付けされたが、その「天照大神」の「形成」と「祭祀」に深くかかわったのが、中臣大嶋《なかとみのおおしま》をはじめとする中臣氏であった。「天神地祇」の祭祀にあたる神祇伯の職と、伊勢神宮の祭祀と管理にあたる大神宮司の職のいずれをも中臣氏が独占・相続した事実に注目しなければならない。

三　忌部氏

忌部氏が参入する伊勢神宮の行事は、神嘗祭《かんなめさい》と造営の二つである。

前者の神嘗祭についていえば、伊勢神宮の祭礼のなかで重儀とされる三節祭（神嘗祭と六月・十二月の月次祭）のうち、神嘗祭に忌部氏は中臣氏とともに幣帛使として参列する。

凡神嘗幣帛使者。給レ禄。四位王絹十二疋。従者八疋。五位王十疋。従者六疋。中臣忌部並准レ此。六位以下中臣忌部各八疋。(9)従者各四疋。

なお中臣・忌部の両氏は、伊勢神宮の臨時の幣帛使を命じられることがあった。

凡臨時幣帛使給レ禄。四位絹十二疋。従者八疋。五位十疋。従者六疋。六位已下中臣忌部各六疋。(10)従者並絹二疋。

神嘗祭の祭儀は、九月十六日に度会宮で、翌十七日に太神宮で行われるが、いずれも忌部氏は幣帛を捧げ、中臣氏は告刀（祝詞）を申した(11)。

後者の造営は、式年遷宮に関連している。

凡太神宮。年限満応二修造一者。遣レ使使判官。主典各一人。但使判官。任二中臣。忌部両氏一。孟冬始作之(12)。

造営の新材を採るのは、造営使である忌部氏の職務であった。まず内人および役夫らを率いた忌部氏が、吉日を選んで杣の山口の神を祭る。告刀（祝詞）は忌部氏が申した。

正殿の心柱（心御柱）を造るとき、杣の木本で祭儀を行い、忌部氏が心柱を造り終わると、杣より正殿の地まで前追、すなわち警蹕をしながら進んだ。新しい宮地の地鎮祭には中臣氏が加わり、忌部氏とともにとり行った。

二〇年に一度の式年遷宮に際し、新宮の造営を担当したのは造宮使長官一人、次官一人、判官一人、主典二人、木工長上一人、番上工四〇人であった。伊勢・美濃・尾張・参河・遠江など五国の国司一名、郡司一名は、その国の役夫を率いて造営に参加したが、忌部氏の名のないことに注目される。紀伊の忌部を率いるべき紀伊の国司の姿もない。

『古語拾遺』によれば、「天照大神」が天岩屋に姿をかくしたとき、太玉命《ふとだまのみこと》は讃岐国の忌部の祖である手置帆負命《ておきほおいのみこと》と、紀伊国の忌部の祖である彦狭知命《ひこさしりのみこと》に命じ、大峡《おおかい》・小峡《おかい》の材を伐って「瑞殿」を造った。天岩屋を出た「天照大神」が、まず遷ったのはこの「瑞殿」であったとする。

また神武天皇の条で、「都を橿原に建てて、帝宅を経営る」と記し、つづいて、

(1)仍令下天富命率二手置帆負・彦狭知二神之孫一。以二斎斧斎鉏一。始採二山材一。構中立正殿上。故其裔、今在二紀伊国名草郡御木・麁香二郷一。採レ材斎部所レ居、謂二之御木一。造レ殿斎部所レ居。謂二之麁香一。是其証也。

太玉命の孫の天富命《あめのとみのみこと》が、手置帆負と彦狭知の二神を率いて山の材を採り、「底つ磐根に宮柱、太しり立て、高天原に博風《ちぎ》高《たか》し」る橿原宮の正殿を構立し、その後裔が紀伊国名草郡の御木と麁香《あらか》の二郷に住んでいるとする。すなわち、忌部氏とその部曲である紀伊の忌部が、高天原の「天照大神」の「瑞殿」を造営し、また第一代の神武天皇の橿原宮の「正殿」を構立した。

(2)凡奉レ造二神殿一者、皆須レ依二神代之職一、斎部官率二御木麁香二郷忌部一、伐以二斎斧一。堀以二斎鉏一。然後工夫下レ手。造畢之後、斎部殿祭及門祭。訖乃可二御坐一。而造二伊勢宮及大嘗・由紀・主基宮一、皆不レ預二斎部一。

「神殿」の造営は、忌部氏が紀伊の御木・麁香の二郷の忌部を率いて事にあたった。「伐るに斎斧を以てし、掘るに斎鉏を以てす」とあるのは、「神殿」の建築が、堀立柱様式であったことをうかがわせるであろう。「殿祭」と「門祭」は、「祝詞」の「大殿祭」と「御門祭」を指す。恒例の大殿祭は、神今《じんごん》食《じき》・新嘗祭《にいなめさい》・大嘗祭の前および後に行われ、臨時の大殿祭は、皇居の遷移、斎宮・斎院の卜定の後などに行われる[13]。ただし御門祭は大殿祭に付属した祭であり、両者は別々に行われるのではなく、同時に行われたが、この二つの祭は忌部氏の掌るところであった[14]。「祝詞」の冒頭に、

凡祭祀祝詞者、御殿、御門等祭、斎部氏祝詞。以外諸祭、中臣氏祝詞。

とある。ともあれ「神殿」の造営は忌部氏の世職であったが、「神殿」は倭王による歴代遷宮がなされていた段階の、厳密にいえば「神殿」を必要とした時点の、タカミムスビノ神を祭る施設であったと解されよう。忌部氏の祖の太玉命はタカミムスビノ神の子であった。

注意されるのは、九世紀はじめに忌部氏が、伊勢神宮の造営から疎外されている事態の不当性を訴えていることである。この事実は、右の『古語拾遺』の引用⑵や『皇太神宮儀式帳』また「太神宮式」の記載によって裏付けられるであろう。

ところで伊勢神宮でもっとも神秘的な存在とされ、神体と同様に扱われる心御柱の用材の伐採・造形にたずさわるのは、中臣氏ではなく、忌部氏であり、そして忌部氏だけであった。伊勢神宮の正殿に安置される神体の鏡は心御柱の上にあたる位置に祀られている[15]。神籬であり、また祭神の依代である心御柱は[16]、伊勢神宮創建以前の滝原の「伊勢大神」の祭祀形態に関連していたと考えられる。つまり忌部氏は、滝原の「伊勢大神」の祭祀の設営・設備に関与しており、また滝原の「伊勢大神」を度会の「天照大神」に移行・転換する際には、伊勢神宮の造営に関与したのではないか。注目されるのは、伊勢神宮の祭祀や式年遷宮などが、すべて中臣氏の領導によって、つまり忌部氏を排除した形で行われている反面[17]、伊勢神宮においてもっとも神聖な心御柱の造形については、忌部氏のみがたずさわり、中臣氏が除外されていたことである。

律令体制の構築について、とくに「天照大神」を基軸とするイデオロギー面の指導・推進に積極的な役割を果たした中臣氏は、神祇伯の職とともに伊勢神宮の祭主の職や、大神宮司の職を独占した。つまり中臣氏は神祇官の成立と同時に、神祇官人の要職の座を確保することに成功したが、いっぽう忌部氏は中臣氏の下位に立たざるをえなかった。「倭王」が祭るタカミムスビノ神と結びついていた忌部氏は、「日本」の「天皇」が「天照大神」を祭る新体制確立の時期を迎えるに及び、宮廷祭祀の主役の座を中臣氏に譲りわたしたといえよう。

四　荒木田氏

『皇太神宮儀式帳』によれば、倭姫内親王《やまとひめのないしんのう》（倭姫）は天照坐皇太神《あまてらしますすめらがおおみかみ》（天照大神）を斎き祀るべき「国」を求め、中臣《なかとみの》大鹿島命《おおかしまのみこと》らを従え、美和乃御諸原《みわのみもろのはら》（三輪の御諸原）の斎宮を出発して各地を巡行したが、ついに度会国佐古久志呂宇治家田田上宮に坐した。すなわち佐古久志留伊須々乃川《さくくしろいすずのかわ》（佐久久斯侶五十鈴川）の川上が「天照大神」の大宮の地と定められた。このとき荒木田神主の遠祖、中臣大鹿島の孫の天見通命を禰宜としたが、以後、荒木田氏が太神宮の禰宜の職掌を供奉して今に絶えることがない。

現在の伊勢神宮の地は「度会国」であるが、この地はもと大内人として伊勢神宮に奉仕する宇治土公等らの領有地であった。いま皇太神宮の禰宜をつとめる荒木田氏が、中臣大鹿島の家系につながり、したがって荒木田氏は皇太神宮が所在する地域と、もともと地縁関係がなかったことが知られるであろう。

『皇太神宮禰宜譜図帳』によれば、曩祖《のうそ》の大阿礼命《おおあれいのみこと》は、妹の大宇禰奈命《おおうねなのみこと》とともに「天照大神」の御供を仕り、大和国宇陀の秋山より坂手国に移り住んだ。その子孫が最上に至り、田上の水田三千代を開墾し、その功により荒木田の姓を賜わったという。田上は『和名類聚鈔』の田部郷であり、外城田川流域の田丸町（三重県度会郡）とその周辺に比定される。

田乃家神社（度会郡玉城町）は、『皇太神宮儀式帳』の「管二度会郡一神社行事」四十処のうちの田辺神社である。「神名帳」の田乃家神社であり、社地は田丸町大字下田辺に求められる(18)。田乃家神社は廃絶していたが、十七世紀に現在地に復興された。

ともあれ田辺は荒木田氏の本貫地と推定される。田乃家《たのや》神社は荒木田氏の祖霊を祀る氏神社である。また積良谷（度会郡玉城町）には、荒木田氏の墳墓があった(19)。

伊勢神宮は、田丸町の東約七キロ、また斎王宮跡（多気郡明和町斎宮）は田丸町の北約四キロのところにある。

五　度会氏

豊受宮の禰宜の職を世襲したのは度会氏であった。『続日本紀』和銅四年（七一一）三月辛亥（六日）条に、伊勢国の人磯部祖父《いそべのおおぢ》・高志《こし》の二人に、姓を渡相神主《わたらいのかんぬし》と賜うた記事がある。荒木田神主が、皇太神宮の禰宜の職を世襲する氏の姓であるのに対し、度会（渡相）神主は、豊受宮の禰宜の職を世襲する氏の姓であった。

「神名帳」の伊勢国度会郡の条に磯神社（三重県伊勢市磯町）がある。この地は『和名類聚鈔』の伊蘇郷であり、磯部氏の本貫と考えられるが、磯部氏の伴造であった度会氏は、豊受大神宮の傍にある高倉山の西北部を本貫としていたと推定される。古来、度会の国魂が籠ると信じられ、また度会氏一族によって祖先神鎮座の聖地である高倉山を中心として、国造一族によって斎かれて来たのが豊受宮であった。『止由気宮儀式帳』によれば、「所管度会郡神社祭事」のなかに、度会之国都御神社・度会之大国玉姫神社のように、「度会」の地名を冠した地主神的な神の社が豊受宮の摂社・末社のなかにあり、いずれも豊受宮の神域内に祀られている。また高倉山（標高一一七メートル）の麓に、度会氏一族の氏神祭・山宮祭の祭場が分布していた[20]。

ともあれ皇太神宮と荒木田神主一族との間には、地縁的な結びつきを見い出すことができないのに対し、豊受宮と度会神主一族との間には地縁的なつながりをみることができる。度会氏は元来、この地の国造・郡司クラスの豪族であった。

豊受神は「天照大神」の御饌都神として、朝夕の大御饌《おおみけ》を日別に供奉する。度会氏は、度会の地とその住民を支配する在地性が顕著であるのに対し、「天照大神」に供奉する荒木田氏は、中臣氏と擬制的な同族関係を結ぶなど中央志向性が強い。

注

（1）田村圓澄『大宰府探求』（吉川弘文館、一九九〇年）八一頁。
（2）『日本書紀』朱鳥元年十一月壬子条。
（3）同右、持統六年十二月甲申条。
（4）『延喜式』神祇四、伊勢大神宮。

（5）同右。
（6）田中卓『神宮の創始と発展』（神宮司庁教導部、一九五九年）一四一頁。
（7）注（4）前掲書。
（8）同右。
（9）注（4）前掲書。
（10）同右。
（11）『皇太神宮儀式帳』供奉年中行事幷月記事。
（12）注（4）前掲書。
（13）次田潤『祝詞新講』（明治書院、一九二七年）二一五頁。
（14）同右。二五〇頁。
（15）林野全孝「内宮『心の御柱』の性格について」（『建築史研究』二〇、一九五五年）。
（16）岡田精司『古代王権の祭祀と神話』（塙書房、一九七〇年）三七四頁。
（17）「而今伊勢宮司、独任㆓中臣氏㆒、不㆑預㆓二氏㆒」（斎部・猨女）」（『古語拾遺』）。
（18）大西源一「荒木田氏の氏社及山宮祭場」（『国学院雑誌』二四—八、一九一八年）。
（19）和田年弥「津布良神社」（谷川健一『日本の神々』6、白水社、一九八六年）。
（20）注（16）前掲書、三二五頁。

第十五章　践祚大嘗祭

一　践祚大嘗祭と「神祇令」

「神祇令」全二〇条の冒頭に、

凡天神地祇者、神祇官皆依二常典一祭之。

といい、神祇官が「天神地祇」を祭ることを規定する。つづいて月ごとに行われる恒例の祭祀名を列挙する（二―九条）。このほか、天皇の即位にあたり行われる践祚・大嘗祭・幣帛・大祓・神戸などの規定がある（一〇―二〇条）。

祭祀にあずかる者は心身を清浄にし、穢悪に触れることを忌む。斎《さい》である。斎は、一月間の散斎《さんさい》と三日間の致斎に分けられる。散斎＝荒忌《あらいみ》の一月間は、諸司の官人が喪を弔い、病人を問い、動物の肉を食べることなどは禁制される。また刑殺を判決せず、罪人を決罰せず、音楽を作さず、穢悪のことにあずからない。致斎＝真忌の三日間は、ただ祭事のみを行い、自余のことに関与しない。致斎の前後をあわせて散斎とする（散斎条）。

祭祀は斎の期間により、大祀・中祀・小祀に分けられる。一月間の斎を「大祀」、三日間の斎を「中祀」、一日の斎を「小祀」とする（月斎条）。

「神祇令」が「大祀」とするのは、践祚大嘗祭だけである。「神祇令」では他の祭祀について斎の期間を規定せず、したがって「中祀」「小祀」に該当する祭祀名は明確でないが、「四時祭式」によれば、次のとおりである（表5）。

践祚大嘗祭についての規定は、「神祇令」の「即位」「践祚」「大嘗祭」の各条にみられる。

「即位」条は次のとおりである。

凡天皇即位、惣祭㆓天神地祇㆒。散斎一月。致斎三日。其大幣者、三月之内、令㆓修理訖㆒。

践祚大嘗祭は天皇の即位にあたり、新穀を「天神地祇」に奉献する祭祀であり、その幣物は三月の内に修理し終わるとされた。「修理」は「新造」「新作」を意味する。

「践祚」条は次のとおりである。

表5　大祀・中祀・小祀一覧

種別	祭祀名
大祀	践祚大嘗祭
中祀	祈年祭・月次祭・神嘗祭・新嘗祭・賀茂祭など
小祀	大忌祭・風神祭・鎮花祭・三枝祭・相嘗祭・鎮魂祭・鎮花祭・道饗祭・園韓神祭、松尾・平野・春日・大原野などの祭

凡践祚之日、中臣奏二天神之寿詞一。忌部上二神璽之鏡剣一。

践祚＝即位には、中臣氏が「天神寿詞」を奏し、忌部氏が神璽の鏡剣を上ることが中心であった。神璽の鏡は、高天原《たかまのはら》で天岩屋にこもった「天照大神」を、外に引き出すために行われた祭儀において、真坂樹の中枝にかけられた八咫鏡《やたのかがみ》であり、天孫降臨の際に「天照大神」から八坂瓊曲玉《やさかにのまがたま》・草薙剣《くさなぎのつるぎ》とともに、ホノニニギノ命に授けられたという。(1) はじめに「天照大神」は「宝鏡」を手づからアメノオシホミミノ命に授け、「吾が児、此の宝鏡を視まさむこと、当に吾を視るがごとくすべし。与に床を同じくし、殿を共にして、斎鏡とすべし」といい、また中臣氏の遠祖の天児屋命《あめのこやねのみこと》と、忌部氏の遠祖の太玉命《ふとだまのみこと》に、「これ爾《いまし》二の神、亦同に殿の内に侍ひて、善く防護を為せ」と命じた。ただしアメノオシホミミノ命が天降りの途中、「虚天」で生まれた子のホノニニギノ命＝「皇孫」を親に替えて、葦原中国《あしはらのなかつくに》に降らせた。(2)

『台記』の「別記」に載せる「中臣寿詞《なかとみのよごと》」は、近衛天皇の大嘗祭に大中臣清親が奏した詞であり、「天神寿詞」に相当すると考えられる。この一篇は、践祚にあたり「天神」からの祝いの詞を「現つ御神と大八島国知ろしめす大倭根子天皇が御前に」申すに始まる。

　高天の原に神留り坐す、皇親神ろき・神ろみの命をもちて、八百万の神等を神集へたまひて、「皇孫の尊は、高天の原に事始めて、豊葦原の瑞穂の国を安国と平らけく知ろしめして、天つ日嗣の天つ高御座に御坐しまして、天つ御膳の長御膳の遠御膳と、千秋の五百秋に、瑞穂を平らけく安らけく、斎庭に知ろしめせ」と事依さしまつりて、天降しましし後に、……

とつづき、

また申さく、「天皇が朝廷に仕へまつれる、親王等・諸王・諸臣・百の官人等、天の下四方の国の百姓、諸諸集侍はりて、見たべ、尊みたべ、歓びたべ、聞きたべ、天皇が朝廷に、茂し世に、八《や》桑《くは》枝《え》の如く立ち栄へ仕へまつるべき寿を聞しめせと、恐み恐みも申したまはく」と申す。

で終わっている。「明神《あきつみかみ》」＝「現御神《あらひとかみ》」として、「大八島国《おおやしまのくに》」＝「日本」を統治する大倭根子の「天皇」が即位したこと、つまり「天照大神」に発する皇位＝「天津日嗣」を継承して「天皇」となったことを受け、大嘗祭に参集した親王・諸王・諸臣・百官人などから天下の百姓に至るまで、この盛儀をみ、即位を歓び、そして繁栄する御世に仕えるように、との「天神寿詞」を畏れ慎んで天皇に申しあげるという内容である。

「神祇令」が規定する「大嘗祭」は次のとおりである。

凡大嘗者、毎レ世一年。国司行レ事。以外、毎レ年所司行レ事。

践祚大嘗祭は世ごとに一年間国司が事を行い、毎年の大嘗祭（後の新嘗祭）は、年ごとに所司が事を行う。所司とは神祇官である。

「践祚大嘗祭式」によれば、即位が七月以前であれば、践祚大嘗祭はその年に行い、八月以後であれば明年に事を行う。その年にあらかじめ所司をして、悠紀・主基の国と郡を卜定し、奏可が訖れば下知する。

大祓使は八月上旬に卜定して差遣される。左右京に一人、五畿内に一人、七道に各一人であるが、同月下旬にさらに祓使を卜占して差遣する。左右京に一人、五畿内に一人、近江・伊勢の二ヵ国に一人である。

大祓使が出発すると、つづいて「天神地祇」に幣帛を供進する使を差遣する。伊勢太神宮の場合は、幣帛使には諸王または五位以上の者一人があてられる。中臣一人、忌部一人、卜部一人が従う。また五畿内に一人、七道に各一人であり、いずれも中臣・忌部がつき従う。

践祚大嘗祭には、神饌料の米・粟を耕作・献上する悠紀・主基の二ヵ所の斎田が設定される。斎田が属する国郡を悠紀国《ゆきのくに》・主基国《すきのくに》という。「大嘗は世毎に一年、国司事行へ」とは、悠紀国・主基国についての国司の職務のことである。

践祚大嘗祭の挙行にあたり、神祇官の解により太政官は符を左右京、五畿内の諸国の国司に下し、散斎・致斎および諸の忌むべき事を告知せしめた。(3)「天照大神」の「神孫」である天皇が皇位を嗣ぐ践祚は、祭儀ではあるが同時に、太政官が加わるところの国家の式典であったことが知られるであろう。

践祚大嘗祭は、「神祇令」で規定された祭祀のなかで、ただ一つの「大祀」である。つまり神祇官が執行する国家の祭祀のなかで、最も重要なのが践祚大嘗祭であった。

神祇官が、太政官とあい並ぶ律令国家の最高機関でありえた理由の一つは、「天照大神」——天皇とつづく「天津日嗣《あまつひつぎ》」にかかわる践祚大嘗祭執行の任務を担っていたからであった。

二　神璽の鏡剣

「神璽之鏡剣」のなかの剣は、スサノヲノ命が出雲の簸川《ひのかわ》（斐伊川）の川上で八岐大蛇《やまたのおろち》を斬ったとき、尾から出てきた草薙剣であるという。

時素戔嗚尊、乃抜二所帯十握剣一、寸斬二其蛇一。至レ尾剣刃少缺。故割二裂其尾一視之、中有二一剣一。此所謂草薙剣也(4)。

高天原の「天照大神」は、アメノオシホミミノ命を葦原中国に降そうとしたが、その間に「皇孫」のホノニニギノ命が生まれたので、代りにホノニニギノ命を降したいという、アメノオシホミミノ命の要請を受けた。

故、天照大神、乃賜二天津彦彦火瓊瓊杵尊、八坂瓊曲玉及八咫鏡・草薙剣、三種宝物一。又以二中臣上祖天児屋命・忌部上祖太玉命・猨女上祖天鈿女命・鏡作上祖石凝姥命・玉作上祖玉屋命、凡五部神一、使二配侍一焉(5)。

「神祇令」の践祚条で、忌部氏が奉上することになっている「神璽鏡剣」に、八坂瓊曲玉が加えられ、「三種宝物」になっている(6)。

さて「神璽」の「神」は、「天照大神」に関係があると解されよう。『日本書紀』のなかで皇位のしるしの表語を検すると、「天皇之璽」（允恭前紀）、「天皇璽符」「天皇之璽符」（允恭元年条）、「璽」（清寧前紀）、「天子之璽」（顕宗即位前紀）、「天皇之璽印」（推古前紀・舒明元年正月丙午条）、「璽綬」（孝徳前紀）があるが、そこには「神」の文字がない。

(1)継体元年（五〇七）二月甲午（四日）、大伴金村大連、乃跪上二天子鏡剣璽符一再拝。……乃受二璽符一。

是日、即天皇位。

⑵宣化即位前紀、群臣奏上二剣鏡於武小広国押盾尊一、使三即天皇之位一焉。

いずれも「鏡剣」「剣鏡」が即位のときに奉上されているが、ここにも「神」の文字はない。

持統天皇の即位のとき、忌部色夫知《いんべのしこぶち》から皇后（持統）に奉上されたのは「神璽剣鏡」であった。また「神祇令」践祚条で、忌部氏が奉上するように規定されているのは、「神璽之鏡剣」である。いずれも「神」の文字がついている。「神璽」は、「天照大神」より「皇孫」のホノニニギノ命に授けられた八咫鏡などの「宝物」を指していると解される。

継体大王や宣化大王の即位のときに、大伴金村や群臣から奉上された鏡剣・剣鏡と、持統天皇の即位のときに忌部色夫知から奉上された剣鏡と同一の物であったとしても、「神璽」の文字の有無は重要である。なぜなら、天武天皇の即位以前には、「天照大神」は現われていなかったと考えられるからである。

「天子鏡剣璽符」が「神璽鏡剣」になったのは、「浄御原令」の施行、すなわち律令国家の構築を契機としていた事実に注意しなければならない。

中臣氏が「天神寿詞」を奏し、また「天照大神」から伝えられた「神璽鏡剣」を忌部氏から受けて即位した持統天皇は、すなわち「明神」であり、そして持統天皇が負う「日本」統治の職務は「天照大神」から授けられたものであると理解された。

持統天皇の禅を受け、六九七年（文武元）八月甲子朔に文武天皇の践祚があり、同月庚辰（十七日）に即位の礼が行われた。新天皇が藤原宮の大極殿の中央に置かれた高御座《たかみくら》に立ち、宣命使が参列者に読み聞かせた詔は、次の詞で始まる。

　現御神止大八嶋国所知天皇大命止良麻詔大命乎、集侍皇子等・王等・百官人等・天下公民、諸聞食止詔。

「現御神」＝「天皇」と「大八嶋国」＝「日本」は、律令国家とその主を総括した名称であり、いずれも不可分である。これらの観念と名称は、「浄御原令」において成立したと考えられる。そして天皇の尊貴身分と「日本」の統治＝「天津日嗣高御座の業」の始原に、高天原の「天照大神」があることを右の詔は語っている。

三　践祚大嘗祭の神祇的意義

『日本書紀』における即位礼としての「大嘗」の始見は、

　持統五年（六九一）十一月戊辰、大嘗、神祇伯中臣朝臣大嶋読二天神寿詞一。

である。

『続日本紀』には、文武天皇以下の歴代天皇の即位後における「大嘗」についての記事がある。ともあれ天武期までは、即位の大嘗祭が行われた痕跡はみられない。践祚大嘗祭は「浄御原令」で成文化され、持統天皇の即位のときにはじめて適用されたと思われる（7）。

注意されるのは、「浄御原令」において規定された即位は第一に、中臣氏による「天神寿詞」の奏上と忌部氏による「神璽剣鏡」の奉上、および践祚大嘗祭のいずれもが神事＝祭礼であったことである。そのために即位は、「神祇令」において規定されているが、第二に、「天照大神」と天皇との関係が基調にあることである。「天照大神」は天皇の祖神であり、そして皇位は「天津日嗣」、すなわち「天照大神」の系譜を嗣ぐことである。したがって「浄御原令」における即位を「天皇」が新しく皇位につくことであると解するのは、間違いではないが、正確ではない。それ以前の「倭王」の即位は、「倭王」が「倭王」の位を嗣ぐことであった。しかし持統天皇およびそれ以後は、「天照大神」の「神孫」である「天皇」が、「天照大神」に発する統治権を継承し、皇位につくことであり、ここに「浄御原令」が規定する「天皇」即位の画期的な意義があった。

「倭王」の時代には「天照大神」は存在せず、つまり「倭王」は「天照大神」出現以前の存在であった、といわねばならない。「倭王」は、「天照大神」の出現を契機として、「日本」の「天皇」に転位したのである。「明神」としての尊貴身分と、「日本」統治の地位と職務を世襲するのは、「倭王」ではなく、「天皇」であった。

注意されるのは、「天照大神」は形式的に「天神地祇」のなかにあるが、しかし実質的には「天神地祇」の枠を超えた存在であったことである。その「天照大神」と「天神地祇」が見守るなかで、天皇の即位の儀礼が行われた。新しい天皇の即位は「天照大神」に発する「日本」統治の命を承け、その職務を履行するために皇位につくことであった。つまり「日本」の統治者としての新天皇の生誕は、「天照大神」および「天神地祇」の神威と栄光によって荘厳された神聖な場において、なされなければならなかった。

「大八洲国」＝「日本」を統治する「明神」＝天皇の即位は「国事」であり、そして「祭事」であった。したがって同時に、「日本」全土にひろがりをもつ同一の祭儀の執行が求められた。「神祇令」の即位条が規定するように、即位に際して「天神地祇」の祭祀が行われたのは、地域的に、また階層的に代表的な「日本」全土の神々が践祚大嘗祭に参加した、と考えられていたことを示している。

天皇の即位は、「天照大神」および全国の神々＝「天神地祇」と、神を祭る者とによってなされた神事であり、「大祀」に相応しかった。しかし、なぜ天皇の即位が、八十万神すなわち「天神地祇」の讃仰を受けることができたのであろうか。それは「天照大神」が「天神地祇」の上位にあり、そして「天照大神」の「神孫」である「明神」＝天皇により、「天神地祇」が祀られる体制——神祇令的秩序——が、国家制度として確立していたからである。

律令国家において、「天照大神」は「天神地祇」を必要とし、「天神地祇」は「国家」を必要とした。もし「天神地祇」が存在しなければ、天皇の即位は全国的規模の儀礼、すなわち「国家の神事」にはなりえなかったであろう。「神祇令」が「天皇」の即位について規定するのは、また規定することができたのは、「倭王」と異なり、「天皇」が「天照大神」の神孫であり、また「天照大神」に発する「日本」の統治権を継承していると考えられたからである。そしてこのイデオロギーが、法的には「神祇令」として、また制度的には神祇官として確立された。

「天皇」の即位を、自他ともに確認する儀礼が践祚大嘗祭である。大嘗祭の秘儀である「神饌親供」を通して、「天皇」は「天照大神」と一体であることを体験し、「明神」としての尊貴身分を獲得する。践祚大嘗祭が唯一の「大祀」とされ、また「神祇令」が執行する祭事でありえたのは、即位が「天照大神」を契機とする「明神」＝「天皇」の「生誕」であったからであろう。

践祚大嘗祭は、「律令国家」の主である「天皇」の即位の儀礼であるが、「律令国家」にとって「天照大神」は究極の根源、最高の存在であった。「天照大神」が「天神地祇」の上首としての座にあることが、「律令国家」存立の要件であり、そして「天照大神」を祖神とする新しい天皇の「生誕」は、「日本」の「国家」として最大規模の「祭事」である践祚大嘗祭を必要とした。

注

（1）『日本書紀』神代下、第九段（一書第一）
（2）同右、神代下、第九段（一書第二）。
（3）『儀式』第三、践祚大嘗祭儀中。
（4）注(1)前掲書、神代上、第八段（本文）。
（5）同右、神代下、第九段（一書第一）。
（6）黛弘道『律令国家成立史の研究』（吉川弘文館、一九八二年）六〇三頁。
（7）岡田精司『古代王権の祭祀と神話』（塙書房、一九七〇年）五一・一六六頁。

第十六章　神祇官の祭祀

一　祈年祭

神祇官が常典によって執り行う祭祀については、「神祇令」に列記されているが（表6）、そのなかの祈年祭・月次祭・新嘗祭《にいなめさい》・神嘗祭《かんなめさい》の四つは、「中祀」に格付けされている。また八九三年（寛平五）三月二日付の「太政官符」は、伊勢神宮で行われる神嘗祭を除き、祈年（二月）・月次（六月・十二月）・新嘗（十一月）の「四箇祭」を「国家之大事」とする。[1] 神祇官また宮中で行われるこの四祭は、すべて農耕に関する全国的規模の祭儀であったが、注意されるのは、祈年・月次の三祭が「天照大神」を祭祀の中心に置くのに対し、新嘗祭は「天照大神」を祭祀の対象から除外していることである。

さて四祭のなかで祭祀の規模の大きいのは、年のうちで最も早く行われる祈年祭である。

謂、祈猶レ禱也。欲レ令二歳災不レ作、時令順一レ度。即於二神祇官一祭レ之。故曰二祈年一。[2]

当年の天災がおこらないように、また四時の季節の運行が順調であるように祈る。つまり年穀の農穣を祈願する祭である。

表6 「神祇令」記載祭祀名一覧

番号	祭名	所祭の神			祭日（陰暦）		類別	
		伊勢神宮	天神地祇	大和の諸社	神祇令	延喜式	神祇令	延喜式
1	践祚大嘗祭		○				大祀	大祀
2	祈年祭		○		仲春（二月）	二月四日		中祀
3	月次祭		○		季夏（六月） 季冬（十二月）	六月十一日 十二月十一日		中祀
4	大嘗祭（新嘗祭）		○		仲冬下卯 （十一月のおわりの卯の日）			中祀
5	神嘗祭	○			季秋（九月）	九月十六日 （度会宮） 九月十七日 （太神宮）		中祀
6	神衣祭	○			孟夏（四月） 季秋（九月）			
7	鎮花祭			大神神社 狭井神社	季春（三月）			小祀
8	三枝祭			率川神社	孟夏（四月）			小祀
9	大忌祭			広瀬神社	孟夏（四月） 孟秋（七月）	四月四日 七月四日		小祀
10	風神祭			竜田神社	孟夏（四月） 孟秋（七月）	四月四日 七月四日		小祀

11	鎮火祭			○		季夏（六月） 季冬（十二月）		小祀
12	道饗祭			○		季夏（六月） 季冬（十二月）		小祀
13	相嘗祭			○		仲冬上卯 （十一月のはじめの卯の日）		小祀
14	鎮魂祭			○		仲冬寅日 （十一月の上卯の次の寅の日）		小祀
15	大祓			○		六月晦日 十二月晦日		

祈年祭の祭神三一三二座の数は、[3]「神名帳」に載せる。「天神地祇惣三千一百卅二座」に合致する。この三一三二座は、㈠神祇官が祭る七三七座と、㈡国司が祭る二三九五座とに分けられる。「官幣」にあずかる㈠のうち、(イ)「奠㆓幣案上㆒神」[4]の三〇四座は、宮中・京中・畿内および諸国の神であり、幣物を案《つくえ》に載せて供え（案上幣）、幣物の種類も量も多い。それ以外の(ロ)「不㆑奠㆓幣案上㆒祈年神」の四三三座は宮中および畿内の神であり、案を用いず、幣物を案の下すなわち床の上に置く形をとった（案下幣）。「国幣」にあずかる㈡「国司祭祈年神」は、(ハ)大社一八八座と、(ニ)小社二一〇七座に分けられる。いずれも東海道・東山道・北陸道・山陰道・山陽道・南海道・西海道の神であり、祈年祭が全国的規模の祭祀であったことを示している。祈年祭は二月四日に行われた。

祈年祭と月次祭の当日、神祇官に大臣以下百官が参集する。中臣氏が祝詞を宣べ、忌部氏が幣帛を班つ定めであった。

大宝二年（七〇二）二月庚戌（十三日）、是日、為レ班二大幣一、馳駅追二諸国国造等一入レ京。……三月己卯（十二日）、鎮二大安殿一大祓。天皇御二新宮正殿一斎戒。惣頒二幣帛於畿内及七道諸社一。

右の「大幣」は、前年十一月に設置された造大幣司が造った幣帛と考えられるが、この班幣と祈年祭が関係をもつとすれば、七〇二年（大宝二）三月以降、諸国においても祈年祭が行われていたとみることができよう。

祈年祭の起源については、諸説がある。

天智九年（六七〇）三月壬午（九日）、於二山御井傍一、敷二諸神座一、而班二幣帛一。中臣金連宣二祝詞一。

春三月に諸神を祭り、班幣の儀を行っているのであり、祈年祭の初見とする見解がある[5]。また、

天武四年（六七五）正月戊辰（二十三日）、祭二幣諸社一。

の記事が、祈年祭として固定する端緒を示していると推定し、

天武七年（六七八）、是春、将レ祠二天神地祇一、而天下悉祓禊之。竪二斎宮於倉梯河上一。夏四月丁亥朔、欲レ幸二斎宮一卜之。癸巳（七日）、食レ卜。仍取二平旦時一、警蹕既動。百寮成レ列、乗輿命レ蓋、以未レ及二出行一、十市皇女、卒然病発、薨二於宮中一、由レ此、鹵簿既停、不レ得二幸行一。遂不レ祭二神祇一矣。

の記事に、祈年祭の成立をみようとする見解がある[6]。「大宝令」に祈年祭の規定があったことは、『令集解』天神地祇条で、「古記」を引用していることによって知られるであろう。

慶雲三年（七〇六）二月庚子（二十六日）、是日、甲斐・信濃・越中・但馬・土佐等国一十九社一、始

入二祈年幣帛例一。其神名具二神祇官記一。

「神祇令」にもとづく祈年祭の成立以前から、農作物の豊穣を祈る祭が民間で行われていた。稲作を守護する御年神＝御歳神は、元来は民間の神であった。農耕が始まる時期を選び、「天神地祇」に御年神などを加え、神祇官で行う祭祀の一つとしたのが祈年祭であり、天武期から始められたと考えられる。ともあれ「天神地祇」に奉幣する祈年祭の成立は、神祇官の成立と時期を同じくするとみるべきであろう。

神祇官で行われる祈年祭において、中臣氏が読む「祝詞」の「祈年祭」は「辞別きて伊勢に坐す天照らす大御神」をなかにはさんで、前半部は宮中の神である。すなわち、「大御巫の辞竟へまつ」る神魂《かみむすび》・高御魂《たかみむすび》・生魂《いくむすび》・足魂《たるむすび》・玉留魂《たまつめむすび》・大宮乃《おほみやの》売《め》・大御《おほみ》膳《け》都《つ》神《かみ》・事代主《ことしろぬし》の八座＝神祇官の八神である。

次に、「座摩《ゐかすり》の御巫の辞竟へまつ」る生井《いくい》・栄井・津長井《つながい》・阿須波《あすは》・婆比支《はひき》の八座の神があり、「御門の御巫の辞竟へまつ」る櫛磐間門命《くしいわまとのみこと》・豊磐間門命《とよいわまとのみこと》の二座の神がつづき、終わりに「生嶋の御巫の辞竟へまつ」る生国（生嶋）・足国（足嶋）の二座の神がある。

後半部は、大和の神々である。すなわち、

(1)御県《みあがた》に坐す神……高市・葛木・十市・志貴・山辺・曾布《そふ》
(2)山の口に坐す神……飛鳥・石村・忍坂《おさか》・長谷・畝火・耳無
(3)水分《みくまり》に坐す神……吉野・宇陀・都祁《つげ》・葛木

の、三つのグループの神の名が記されている。

(1)御県は倭王の直轄地である。「司祭者として歴代の遷宮をくりかえす倭王にとって、六御県は祭祀のための供御料地であり、徭夫の徴集地であった。また倭王一家の料地の意味をもっていた（表7）。

(2)山口の「山」は、宮殿の用材を切り出す山を指す。その山の入口に鎮座するのが、「山口に坐す皇神」である（表8）。

(3)水分は「水配《くば》り」であり、山から流れ下る水の分かれるところに、水分の神は鎮座していた。田畠の灌漑を司る神である。

(1)(2)(3)の神は、すべて大和平野とその周辺の山に所在しており、倭王権の成立当初から倭王と関連をもっていたと考えられる。

「祝詞」の「祈年祭」は、同じ「月次祭」とほとんど同文であるが、その相違は、前者が冒頭で御年神に対する称辞を掲げているのに対し、後者はこれを載せていないことである。つまり「祝詞」の「祈年祭」は、「天神地祇」に御年神を加え、日本全土の当年の豊作を祈るのであるが、同じ内容の「祝詞」のなかで同一性質の祈願を、二種の異なった神に対して捧げるのは不自然であろう。これは、祈年祭を国家の祭祀として新設するに際し、普遍的・一般的な豊穣の神として、御年神を加えたために生じた重複であると考えられる。(7)

「祝詞」の「祈年祭」および「月次祭」のなかで、班幣の対象になっている神々のうち、宮中奉安の神を除くと他は大和の南部に鎮座する神が多い。すなわち飛鳥または藤原京を中心とする四方の神である。これにより、「祝詞」の「祈年祭」は、飛鳥京の時代あるいは藤原京の時代の成立であったとする

見解がある。(8)

二　祈年祭成立の歴史的意義

「天照大神」を祭神とする伊勢神宮を創建し、「皇祖神」としての「天照大神」の祭祀をつづけるだけでは、律令国家構築のイデオロギーの源泉である「天照大神」の機能と役割が果たされることにはならないであろう。天皇が斎内親王を伊勢に派遣し、「天照大神」を祭るのは、天皇の「私的」な祭祀にとどまり、律令国家の理念にかかわる「国家」との公的なつながりをもたないからである。

まず「天照大神」の威光が、日本全土にひろがっていなければならない。その手段として考えられたのが、日本全土の神々のなかから選ばれた「天神地祇」の確定、および「天照大神」を「天神地祇」との上下関係の設定である。最高神としての「天照大神」は、「天神地祇」を超越した地位を与えられる。「天神地祇」の数が増え、また地域的な分布圏がひろがることは、「天照大神」の威光が高まり、またひろがることを意味し、同時に、律令国家における天皇の権威がこれに応じて高まり、ひろがることであった。

ともあれ第一に、「天照大神」を頂点とする神統譜がつくられねばならない。これまで宮中または京中で祭られていた神、および五畿内・七道の神、つまり日本全土の神々を序列化することが「天照大神」を最高位の神とすることにつながる。「神名帳」に登載された三一三二座の「天神地祇」＝官社は、大社と小社に分けられ、それぞれ官幣社と国幣社に分けられる。このほかに、祈年祭の班幣にあずからない、さらに多くの非官社＝「非天神地祇」があった。

律令国家は天皇を中枢とし、貴族・豪族によって構成される支配階層と、いっぽう被支配階層である公民＝百姓などによって成立する。統治者としての天皇に対応するのが伊勢神宮の「天照大神」であり、貴族・豪族に対応するのが祈年祭などの班幣にあずかる「天神地祇」であった。百姓層の産土神《うぶすながみ》などは、「非天神地祇」であったと考えられる。

伊勢神宮の「天照大神」は、「天神地祇」を超越した最高位の座にある。その存在と格式、つまり「天照大神」の威光は、祈年祭をはじめとする神祇官の祭祀を通して不断に日本全土に浸透することになる。

「中祀」である祈年祭・月次祭（六月・十二月）・新嘗祭が営まれる全国の主要な神社に対し、神祇官において幣帛が頒かたれた。いずれも「班幣」または「頒幣」と呼ばれたが、伊勢神宮だけは「奉幣」と呼ばれた。伊勢神宮の幣帛は内侍が調整し、その奉幣には、常に幣帛使が派遣された。

「祝詞」の「祈年祭」の冒頭に、「高天の原に神留ります、皇睦神ろきの命・神ろみの命以もちて」とあるが、「高天の原」は「天照大神」が住み、かつ治める「国」であり、そして「天照大神」以外の神は、高天原の領有・支配にはかかわらない。また「皇睦」は「皇祖神」の意である。カムロキとカムロミは、タカミムスビとカミムスビの原初的な名称であったと考えられる。しかし「祝詞」の「祈年祭」にみられるようにタカミムスビ・カミムスビに代わり、「天照大神」を主役の座に割りこませる努力がなされていることにも注意される。[12]ともあれ「中祀」である祈年祭は、「天照大神」と不可分であった。祈年祭は、高天原の「天照大神」があることによって成立した。「律令国家」の法としての「神祇令」と、制度しての「神祇官」の最大の眼目は、「天照大神」を、「国家」と「国法」のなかに位置づけることであった。律令制度において、神祇官が太政官の上位に編制された最大の要因は、「天照大神」――天皇の「天津《あまつ》日《ひ》嗣《つぎ》」にかかわっていたからであった。「倭王」の時代には、「神」はあったが「国の神」は存在しなかった。そして「天皇」の「日本」において出現した「天照大神」は、はじめての「国の神」であった。いうまでもなく「国」＝「律令国家」において、「天照大神」と「天皇」と「日本」は一体であり、不可分であった。

祈年祭は、この歴史的事実を反映していた。

三月次祭

大宝二年（七〇二）七月癸酉（八日）、詔、伊勢大神宮封物者是神御之物也。宜下准レ供二神事一、勿上令二濫穢一。又在二山背国乙訓郡一火雷神、毎レ旱祈レ雨、頻有二徴験一。宜レ入二大幣及月次幣例一。

右の「大幣」は、践祚大嘗祭ではなく、毎年十一月の大嘗祭（後の新嘗祭）の幣帛であろう。[13]。山背国乙訓郡にある火雷神《ほのいかづちのかみ》（京都府長岡京市の乙訓神社）を、新嘗祭と月次祭の班幣の例に入れることが詔によって定められている。ここにみえる「月次」は文献上の初見である。したがって七〇二年（大宝二）七月以前に、月次祭が成立していたと考えられる。

月次祭は六月と十二月の十一日に行われる。当日、神祇官に百官が参集する。また諸国の神主・祝部が神祇官に召集された。中臣氏が「祝詞」を宣み、忌部氏が幣帛を班つことは、祈年祭の場合と同様であるが、しかし祈年祭で祭られる神が三一三二座であるのに対し、月次祭の場合は「奠二幣案上一」る三〇四座の神であった。内訳は、宮中三〇座、京中三座、畿内二三一座、東海道一九座、東山道五座、北陸道一座、山陰道一座、山陽道四座、南海道一〇座の計三〇四座である。

月次祭当日の夜、神今食《じんごんじき》の祭儀が行われる。平安時代の例であるが、入浴斎戒《にゅうよくさいかい》の儀を終えた天皇は中和院神嘉殿で、旧穀によってつくられた神酒・神饌を供え、神とともに食する[14]。

伊勢神宮においても月次祭が行われた。太神宮は六月（十二月）十六、十七日、度会宮は同十五、十六日である。

中臣氏が祈年祭と月次祭で読む「祝詞」は、ほぼ同文である。ただし祈年祭の「祝詞」にある御年神に対する称辞は、月次祭の「祝詞」にはない。

祈年祭と月次祭の「祝詞」において、神祇官が奉祀している宮中の神とともに、大和平野の神々に対する奉幣が述べられている。これについて、月次・新嘗の二祭は、ヤマトを基盤とする地域的王権が古来行ってきた祭祀、つまりヤマトの地域的王権に起源を有する宮廷祭祀であったのに対し、祈年祭は律令国家の成立過程において、新しく国家の祭祀として設けられたものであるとする見解がある[15]。

祈年祭と月次祭は、律令体制の成立に応じて新しく国家の祭祀として制度化されたと考えられるが、二つの祭の中核となったのは「天照大神」であり、すなわち「天照大神」が国家祭祀の中心であった。月次祭の神今食で天皇が神饌を捧げ、神と共に食したその神は、「天照大神」であったと思われる。天皇の尊貴身分、すなわち「明神」であることは、「天照大神」の「神孫」であることにもとづくが、したがって神今食は天皇がこのことを自覚し、体験する場であった。周囲から隔絶遮断された密室で、しかし大臣以下の百官が見守るなかで、天皇がただひとり「天照大神」と出会う。祖神である「天照大神」と天皇との神秘的な冥合・交感を通して、天皇は「明神」としての再生を体験した。つまり天皇は、「明神御宇日本天皇」(16)になったが、その自覚と権威を獲得・保持するために、月次祭の神今食が必要であった。

神今食は天皇にとって「秘儀」であるが、しかし「秘儀」を通して自覚された「明神御宇日本《あらみかみとあめのしたしらすひのもと》天皇《のすべら》」の地位と権威は、全国的規模で周知されることが求められる。これを実現するのが月次祭の班幣である。班幣にあずかる三〇四座の神は、宮中・京中・畿内および六道諸国の神であるが、これらの諸神は「天照大神」を頂点とする神祇官的秩序によって、上下に位置づけられていた。

天皇が「明神」である事実は、不断に王族・貴族・豪族層に周知・確認せしめられなければならない。祈年祭と月次祭には、大臣以下の中央官人のみならず、日本全国の神主らが神祇官に参集し、中臣氏が宣む「祝詞」を聞き、忌部氏が班つ幣帛を受領した。

重要なのは、神主や祝部が奉祭している諸神、つまり「天神地祇」の最高位に「天照大神」があり、いっぽう現にかられが参集している藤原宮には、「天照大神」を祖神とする天皇が大臣以下の百官を従えて君臨していることであった。この事実が、班幣の祭儀を通し全国に通達され、その確認が求められた。

四　新嘗祭

大嘗祭には二種あった。「神祇令」大嘗祭条に、

凡大嘗者、毎㆑世一年、国司行㆑事。以外。毎㆑年所司行㆑事。

とあるが、前者の「毎世一年」は践祚大嘗祭であり、後者の「所司行事」は仲冬下卯に神祇官らが行う大嘗祭、すなわち後の新嘗祭である。十一月の後の卯の日に行われる例であった。

新嘗祭の班幣に預るのは「奠㆓幣案上㆒神三百四座」であり、[17]月次祭の班幣の預る祭神と同数である。当日、神祇官に該当の社の神主・祝部らが参集する。中臣氏が「祝詞」を宣み、忌部氏が幣帛を班かった。

同日夕刻、天皇は入浴斎戒の後、神嘉殿において新穀でつくられた神饌と神酒などを神に供え、天皇みずからも食し、また神座に設けた御衾に臥すなどの神今食の秘儀が行われた。[18]新嘗祭で用いられる新穀は、官田と卜定し供進された。

「新嘗」について、『日本書紀』に、

(1)素戔嗚尊、……復見㆓天照大神当新嘗時㆒、則陰於㆓戻於新宮㆒。[19]

⑵于時、天稚彦、新嘗休臥之時也。中㆑矢立死。(20)

などの記事がある。また『万葉集』に、

鳰鳥の葛飾早稲をにへすとも　そのかなしきを外に立てめやも　（巻十四、三三八六）

があり、当年の新穀を神に供え、またこれを食する新嘗が民間の習俗であったことが知られる。新嘗の間、各家では潔斎した。『常陸国風土記』筑波郡条に、福慈岳（富士山）の神や筑波岳の神が「新粟の初嘗」をし、その間は「家内諱忌」していたことが語られている。

倭王の「新嘗」について、

用明二年（五八七）四月丙午（二日）、御㆓新嘗於磐余河上㆒。

の記事は、後の践祚大嘗祭にあたるものと考えられる。

舒明十一年（六三九）正月壬子（八日）、車駕還㆑自㆓温湯㆒。乙卯（十一日）、新嘗。蓋因㆑幸㆓有間㆒、以闕㆓新嘗㆒歟。

前年の十一月の中の卯の日に行われるべき新嘗が、有馬の温湯に行ったためにおくれたので、右の記事になったのであろう。

皇極元年（六四二）十一月丁卯（十六日）、天皇御㆓新嘗㆒。是日、皇子・大臣・各自新嘗。

「神祇令」で規定された仲冬下卯の大嘗祭にあたる。

天武五年（六七六）九月丙戌（二十一日）、神官奏曰、為㆓新嘗㆒卜㆓国郡㆒也。斎忌〔斎忌、此云㆓踰既㆒。〕則尾張国山田郡、次〔次、此云㆓須伎㆒也。〕丹波国訶沙郡、並食㆑卜。

新嘗のために斎忌《ゆき》（悠紀）・次《すき》（主基）の国郡を卜定した。天武天皇の践祚大嘗祭は、六七三年（天武二）十二月以前に行われており、したがってこれは新嘗祭にあたるとみるべきであろう。

天武五年（六七六）十月丁酉（三日）、祭二幣帛於相新嘗諸神祇一。……十一月乙丑朔、以二新嘗事一、不二告朔一。

「相新嘗」は、「神祇令」の仲冬上卯の相嘗祭にあたる。新嘗祭に先立って、新穀を特定の神に奉進する祭祀である。

天武六年（六七七）十一月己卯（二十一日）、新嘗。辛巳（二十三日）、百寮諸有レ位人等賜レ食。乙酉（二十七日）、侍二奉新嘗一神官及国司等賜レ禄。

六七六年（天武五）九月に斎忌・次の斎田が設定され、翌年に播種・収穫を終え、十一月に新嘗の祭儀が行われている。この新嘗は、「神祇令」の「毎レ年所司行レ事」の大嘗にあたる。[21]このとき諸神祇に幣帛が奉られ、また新嘗のことを行う「神官」の存在も確認できる。国家制度としての新嘗祭の成立の時期は、六七六年（天武五）頃に求めることができるであろう。

『日本書紀』には、

(1)仁徳四十年、是歳、当二新嘗之月一、以二宴会日一、賜二酒於内外命婦等一。
(2)清寧二年（四八一）十一月、依二大嘗供奉之料一、遣二於播磨国一司、山部連先祖伊予来目部小楯、……
(3)白髪二年（清寧二年）十一月、播磨国司山部連先祖伊予来目部小楯、於二赤石郡一、親弁二新嘗供物一。

の新嘗・大嘗の記事がみられるが、倭王の歴代遷宮の慣行は新嘗の祭儀と不可分であった。倭王によって奉祭されていたのはムスビノ神であり、倭王の大嘗・新嘗は、ムスビノ神に当年の新穀を供える祭儀であったと考えられる。

倭王の大嘗・新嘗の祭儀は、王位継承の践祚大嘗祭の源流であるとともに、「神祇令」が規定する仲冬下卯の大嘗祭に引き継がれたと思われる。

新嘗祭において注意されるのは、伊勢神宮の奉幣である。

伊勢神宮の恒例の祭事は、祈年祭・月次祭・神嘗祭・新嘗祭の年五度行われるが、幣帛使の派遣は新嘗祭を除いた四度である[22]。また『皇太神宮儀式帳』の「供奉年中行事幷月記事」、および『止由気由儀式帳』の「三節祭幷年中行事月記事」の各条には、新嘗幣についての記載がなく、つまり伊勢神宮において明治の改正以前に新嘗幣を献ずる祭祀が行われていた痕跡がない[23]。

伊勢神宮において、なぜ新嘗祭だけが、奉幣使による奉幣がなされなかったのであろうか。

天孫降臨説話は、宮廷の大嘗祭・新嘗祭の縁起譚である。しかし「大嘗・新嘗祭の古式には、タカミムスビや稲魂は祭られていたらしいが、天照大神は、祭られなかったらしく、したがってその縁起譚である天孫降臨神話にも、もともと天照大神は登場しないのが本来的な形であった[24]」。

倭王にとって、新嘗はムスビノ神の祭祀として行われていた。倭王の新嘗は、歴代遷宮の慣行とその歴史と同じくしていたと考えられる。天武・持統期に「皇祖神」としての「天照大神」が出現するが、この時点で「天照大神」を新嘗の神の座に迎え、ムスビノ神と並べて祀るとか、あるいはムスビノ神と「天照大神」をとり代えることはなかった。つまり倭王の新嘗は終始、「天照大神」と関係なく行われていた。

倭王の歴史において、まず新嘗の祭事があり、「天照大神」の出現は時期的にその後であった。興味があるのは、「天照大神」がみずから「新嘗」の祭事を執り行っていることである。つまり高天原の「天照大神」は新嘗の祭祀を執り行う側にあり、新嘗の祭祀を受ける側になかった。ムスビノ神は「祭られる神」として終始しており、「祭る神」にならなかったことに注意されよう。

五　神嘗祭

神嘗祭は、天皇がその年に収穫した新穀を伊勢神宮に奉る祭儀である。すなわち九月十一日の平旦に、天皇は大極殿の後房の小安殿に臨み、使に幣帛をさずけ、伊勢に向けて発遣する。使を例幣使と呼び、五位以上の王があてられた。神祇官の中臣と忌部の両氏から各一人、執幣五人、使の従者三人が随行した。(25)

養老五年（七二〇）九月乙卯（十一日）、天皇御二内安殿一、遣レ使供二幣帛於伊勢太神宮一。以二皇太子女井上王一為二斎内親王一。

右が例幣使の記事の初見である。内安殿は、天皇が住む主要な御殿と考えられる。

九月十六日に度会宮で、(26)同月十七日に太神宮で神嘗祭が行われる。(27)神嘗祭は、伊勢神宮の三節祭（神嘗祭と六月・十二月の月次祭）のなかで最も重儀とされているが、しかし、天皇が「祖神」である「天照大神」に当年の新穀を奉進するのであり、いわば天皇の「私祭」である。したがって「天神地祇」がこれに参加することはない。伊勢神宮で中臣氏が読む「祝詞」の「九月神嘗祭」には、「皇御孫命」の勅により「天照坐皇大神」に九月の神嘗の大幣帛を進るとある。例幣使発遣の儀が、「大極後殿(28)」で行われるのも、神嘗祭が天皇の「私祭」である性格を示していると解されるであろう。

六　神　衣　祭

神衣祭《かんみそのまつり》は「伊勢大神祭《いせのおおかみのまつり》」(29)である。ただし四月と九月の神衣祭には、太神宮・度会宮をはじめ、荒《あら》祭宮《まつりのみや》・伊佐奈伎宮・月夜見宮・滝原宮・滝原並宮《たきはらならびのみや》・伊雑宮《いざわのみや》などの別宮、および所摂宮ならびに社などに神衣が進められるので、神衣祭は「伊勢神宮祭(30)」とする解釈をとるべきであろう。

神衣のうち、和妙衣《にぎたえ》(絹布)は神服部(服部氏)が、また荒妙衣《あらたえ》(麻布)は麻績連《おみのむらじ》(麻績氏)が、斎戒潔清して織った。神服部が三河の赤引神調糸《あからひきのかみのみつきのいと》で御衣を織り、麻績連は麻を績いで敷和の御衣(宇都波多)を織った。祭場で神服部に右に列し、麻績連は左に列した。(31)

文武二年(六九八)九月戊午朔、以㆓無冠麻績豊足㆒為㆓氏上㆒、無冠大贄為㆑助。進広肆服部連佐射為㆓氏上㆒、無冠功子為㆑助。

麻績氏と服部氏にそれぞれ氏上と助を任命したとする右の記事は、九月に行われる神衣祭に関係があるであろう。

和妙布を織る神服部の機殿の鎮守として奉祀されたのが、神服《かんは》織機殿《とりはたどの》神社（三重県松阪市大垣町）であり、荒妙布を織る麻績連の機殿の鎮守として奉祀されたのが、神麻《かんお》続《み》機殿《はたどの》神社（同松阪市井口中町）であるとされる。(32)

服部氏および麻績氏は神衣祭の四月・九月の一日に織り始め、同月十四日に祭に供えることとされていた。

七　相嘗祭

「神祇令」によれば、相嘗祭は仲冬の上卯、すなわち十一月のはじめの卯の日に行われる。『令義解』「神祇令」の上卯相嘗祭条に、

　謂、大倭、住吉、大神、穴師、恩智、意富、葛木鴨、紀伊国日前神等類是也。神主各受二官幣帛一而祭。

と記され、また一五の神社名を掲げる「令釈」を引用し、「已上神主等、請二受官幣帛一祭。古記無レ別。」と注記する。相嘗祭にあたり、所定の神主等が神祇官に参集して幣帛を受け、それぞれの社で相嘗祭を行っていたことが知られる。

相嘗祭の文献上の初見は、

　天武五年（六七六）十月丁酉（三日）、祭二幣帛於相新嘗諸神祇一。

である。ただし、このとき班幣にあずかった神社名はあきらかでない。

仲冬下卯の新嘗祭（大嘗祭）に先行して、新穀を諸神に供進し、豊穣を感謝する相嘗祭が行われた。『令集解』「神祇令」の相嘗祭条にみえる一五社の名称は、「大宝令」の注釈書である「古記」に載せられており、したがって七三八年（天平十）前後に、相嘗祭に際して、一五社は神祇官の班幣にあずかっていたと考えられる（表9）。一五社の国別は、大和＝九、摂津＝一、河内＝一、紀伊＝四であり、大和所在の神社が大半を占めている。「神名帳」によって大和所在の九社を郡ごとに分けると、添上郡＝一、葛上郡＝一、城上郡＝三、城下郡＝二、十市郡＝一、山辺郡＝一となり、飛鳥をふくむ高市郡に一社もないことに留意される。

(1)大倭神《おおやまとのかみ》（大和神社）は倭大国魂神であり、大和の地主神である。(5)大神神《おおみわの》は大物主神である。大物主神の妻の弥富津比売《みふつひめ》は、(3)村屋の神である。(1)(3)(5)は、倭王の宮が置かれた大和一国を守護する神であるといえよう。(4)住吉神は海に関連がある。すなわち難波に鎮座し、倭王が設定する朝鮮半島との海上交通路を擁護した。古代の紀氏が倭王の朝鮮半島政策の遂行に重要な役割を果たし、したがって倭と朝鮮半島との間を往来したことが知られるが(33)、紀氏は代々紀国造に任ぜられた。紀国造が祀ったのが(12)日前《ひのくま》神と(13)国懸須《くにかかす》神である。(4)(12)(13)は、倭王の外交・軍事・交易などにかか

表7　六御県一覧

	名称	延喜式記載神社名	所在地
1	高市	高市御県神社	橿原市四条町宮ノ坪
2	葛木	葛木御県神社	北葛城郡新庄町葛木
3	十市	十市御県坐神社	橿原市十市町
4	志貴	志貴御県坐神社	桜井市三輪字金屋
5	山辺	山辺御県坐神社	天理市別所町・同市西井戸堂大門
6	曾布	添御県坐神社	奈良市歌姫町・同市三碓町

わる神であった。

「祝詞」の「出雲国造神賀詞」によれば、「挂けましくも畏き明つ御神と、大八島国知ろしめす天皇命」、すなわち「皇御孫の命の静まりまさむ大倭の国」に、「倭の大物主くしみかたまの命と名を称へて、大御和の神奈備に坐せ、己命の御子あじすき高ひこねの命の御魂を、葛木の鴨の神奈備に坐せ……て、皇孫の命の近き守神と貢り置きて……」とされている。倭の大物主くしみかたまの命は⑸大神神であり、あじすき高ひこねの命は⑾葛木鴨神であり、いずれも天皇の守護に任ずる神であった。

⑵宇奈太利《うなたり》の神、[34] ⑺巻向《まきむく》の神はムスビノ神である。[35] ⑹穴師《あなし》の御食津《みけつ》神、[36] ⑼恩智の大御《おおみ》食津彦《けつひこ》神・大御《おおみ》食津姫《けつひめ》神は食物を主宰する神である。[37] ⑽意富《おお》の弥志理津彦《みしりつひこ》神について、「天つ水を入れた甕井」の意をもつ日の御子とする見解があるが、[38]「水知彦」すなわち水を治める男神とみることができるであろう。つまり「飛鳥川の水の神」[39]である。⑻池社は池の神である。

⑵⑺はムスビノ神であり、⑹⑼は食物の神であり、⑻⑽は水に関連する神である。

⒁伊太祁曽《いたきそ》の神はスサノヲノ命の子とされる五十猛《いたけるのかみ》神であり、木の神である。紀伊国造が造る船の用材、または倭王の遷宮の用材と関係があろう。⒂鳴神《なるかみ》は、忌部氏の祖とされる太玉命と同じである。

相嘗祭の班幣にあずかる一五社は、地域的に倭王が宮を置いた大和および倭王が朝鮮半島との外交・軍事を展開する拠点としての難波・紀伊に集中している。倭王権の政治的基盤である地域と、その地域の豪族が祭る神々であったとみるべきであろう。

八　広瀬大忌祭・竜田風神祭

神祇官が「常典」によって祭る祭祀は、「神祇令」に規定されている。そのなかで「小祀」とされる八つの祭祀のうち、(7)鎮花祭、(8)三枝祭、(9)大忌祭、(10)風神祭は、所祭の神社名があきらかである（表6、二五六頁）。

大忌祭は広瀬で、また風神祭は竜田で、四月四日と七月四日にそれぞれ行われた。当日、五位以上の王または臣が各一名、神祇官の六位以下の官人各一名が使となり、大和の国司の次官以上の者一人が祭事を専当した[40]。なお広瀬・竜田の社庫の鑰匙《やくし》、すなわち鍵（錠）は、平常は神祇官の官庫で保管し、祭使・官人が大忌祭・風神祭に臨むときに請いとり、祭事が終われば官庫に返納する定めであった[41]。

大和平野を潤す佐保川・富雄川・竜田川・初瀬川・寺川・飛鳥川・曽我川・葛城川・高田川などの水が集まり、大和川となる合流点に鎮座する広瀬大社（奈良県北葛城郡河合町川合）は、「神名帳」の「広瀬坐和加宇加売神社」である。また西方からの暴風が、信貴・生駒山脈と二上山の間から、大和平野に吹きこむ入口にあたる竜田に鎮座する竜田大社（同生駒郡三郷町立野）は、「神名帳」の「竜田坐天御柱国御柱神社」である。広瀬大社の北側を大和川が西進し、竜田大社の南側を流れる。両社の距離は約六キロである。

大忌祭について、「欲レ令下山谷水変成二甘水一、浸二潤苗稼一、得中其全稔上。故有二此祭一也[42]」と述べ、また風神祭について、「欲レ令二沴風不レ吹、稼穡滋登一、故有二此祭一」[43]と記されているように、風雨の災害がなく、五穀が豊熟であることを祈る祭礼である。

広瀬の大忌祭、竜田の風神祭で注意されるのは、両社の神主などがあらかじめ神祇官に参集し、ここで幣帛を受け、それぞれ社にもどって祭礼を行うのではないことである。すなわち五位以上の王または臣と、六位以下の神祇官人が使として両社に派遣される。天皇または神祇官とのかかわりにおいて、「中祀」に格付けされている祈年祭・月次祭・新嘗祭が、いずれも「班幣」の方式をとっているのとは異なっている。

これは大忌・竜田の両祭が、天武天皇の主導によって始まったことに関連していると考えられる。

天武四年（六七五）四月癸未（十日）、遣二小紫美濃王・小錦下佐伯連広足一、祠二風神于竜田立野一。遣二小錦中間人連大蓋・大山中曾禰連韓犬一、祭二大忌神於広瀬河曲一。

広瀬の大忌神と竜田の風神の祭祀が、国家レベルで行われた文献上の始見であるが、『日本書紀』では以後連年、二社の祭祀記事が続く。すなわち天武天皇の在世中に一九回、持統天皇の在世中に一六回を数え、そして広瀬・竜田の二社の遣使奉幣の記事は、「六国史」に受けつがれる。

広瀬・竜田の祭儀が、天武天皇の発議にもとづいて始められ、したがってその時に実施された遣使奉幣の方式が、以後、継承されたとみることができよう。

「祝詞」の「広瀬大忌祭」および「竜田風神祭」によれば、まず、「皇御孫の命のうづの幣帛」を捧げもつ王臣らを使として参向せしめることを述べ、天皇をはじめ、親王・王・臣などの田や、「天の下の公民」が耕作する稲を成熟せしめるようにと、広瀬の川合（竜田）の神に祈願する本文につづくが、注目されるのは、このとき倭の六御県（表8）および山口に坐す神（表9）にも、「皇御孫の命のうづの幣帛」を奉っていることである。「山山の口より、さくなだりに下したまふ水を、甘き水と受けて」とあるように、山口に坐す神は、大和国の水源を掌っており、その水により「天の下の公民」は農耕に従事することができる。「悪しき風、荒き水」に遭うことなく、稲作の豊熟な収穫に恵まれることが祈られている。

表8　山口に坐す神社名一覧

	祝詞記載名称	延喜式記載神社名	所在地
1	飛鳥	飛鳥山口坐神社	高市郡明日香村
2	石村	石村山口神社	桜井市大字谷
3	忍坂	忍坂山口坐神社	桜井市大字赤尾
4	長谷	長谷山口神社	桜井市大字初瀬
5	畝火	畝火山口坐神社	橿原市大谷町峯山
6	耳無	耳成山口神社	橿原市木原町
7	吉野	吉野山口神社	吉野郡吉野町山口
8	巨勢	巨勢山口神社	御所市古瀬字宮ノ谷
9	賀茂	鴨山口神社	御所市関谷字小原
10	当麻	当麻山口神社	北葛城郡当麻町当麻
11	大坂	大坂山口神社	北葛城郡香芝町穴虫字宮山
12	膽駒	伊古麻山口神社	生駒郡平群町櫟原字滝ノ宮
13	都祁	都祁山口神社	山辺郡都祁村小山戸
14	養布	夜支布山口神社	奈良市大柳生町神野宮

注　祈年祭祝詞・四時祭式祈年祭条による。

広瀬の大忌祭、竜田の風神祭の場合、神威の及ぶ範囲が大和国＝大和平野に限られざるをえなかったことは、山口に坐す神の所在地によっても知られるであろう。しかし「祝詞」では、地域的に限定された百姓ではなく、「天の下の公民」と記されている。

大和平野に鎮座する六御県の神、山口に坐す神、水分に坐す神は、歴代の遷宮をつづけた「倭王」の段階の神であり、いっぽう「祝詞」が「天の下の公民」といった時は、「天皇」が「大八島国」＝「日本」を統治する「律

表9　相嘗祭受幣帛神社名一覧

	社名（現神社名）	神名（延喜式神名）	神主名	所在地
1	大倭（大和神社）	大和坐大国魂神社	大倭忌寸	奈良県天理市新泉町星山
2	宇奈太利（宇奈太理坐高御魂神社）	宇奈太理坐高御魂神社		奈良市法華寺町
3	村屋（村屋坐弥富津比売神社）	村屋坐弥富都比売神社		奈良県磯城郡田原本町蔵堂
4	住吉（住吉大社）	住吉坐神社	津守	大阪市住吉区住吉町
5	大神社（大神神社）	大神大物主神社	大神氏	奈良県桜井市三輪
6	穴師（穴師神社）	穴師坐兵主神社		奈良県桜井市穴師町
7	巻向（巻向坐若御魂神社）	巻向坐若御魂神社		奈良県桜井市穴師町
8	池社（池坐朝霧黄幡比売神社）	池坐朝霧黄幡比売神社	池　首	奈良県磯城郡田原本町法貴寺
9	恩智（恩智神社）	恩智神社		大阪府八尾市恩智
10	意富（多神社）	多坐弥志理都比古神社	太朝臣	奈良県磯城郡田原本町多
11	葛木鴨（高鴨神社）	高鴨阿治須岐託彦根命神社	鴨朝臣	奈良県御所市鴨神
12	日前（日前神社）	日前神社		和歌山市秋月
13	国懸須（国懸神社）	国懸神社		和歌山市秋月
14	伊太祁曾（伊太祁曾神社）	伊太祁曾神社		和歌山市伊太祁曾
15	鳴神（鳴神社）	鳴神社		和歌山市鳴神

注　『令集解』神祇令・相嘗祭条による。

令国家」の段階であった。右の「祝詞」には、大和国とその周辺部に政治的基盤をもつ「倭王」と、「大八島国」を統治する「天皇」との、時代を異にする二つの支配形態が反映している。

注意されるのは、「祝詞」の「広瀬大忌祭」「竜田風神祭」が作られた時点で、大和は天皇が住む国であり、制度的にこのことが確立していたと考えられることである。藤原宮＝新益京《しんやくのみやこ》の成立である。

日本最初の都城制宮都である藤原宮＝新益京の出現は、歴代遷宮の慣行に終止符をうったのみならず、宮都を大和に固定する要因となった。「祝詞」の「竜田風神祭」で、「大八島国知らしし皇御孫命《すめみまのみこと》」と讃えられたとき、その「皇御孫命」＝「天皇」は「天照大神」の「神孫」であり、尊貴身分を承け継ぐとともに「日本」統治の大権を掌握しており、そして日本全土の神々＝「天神地祇」により、また伽藍が具現する「仏教」によって、天皇と天皇統治の国土および人民＝「百姓」が擁護される、と考えられた。

九　鎮花祭・三枝祭

神祇官が「常典」によって祀る祭祀のうち、神社名があきらかなのは、伊勢神宮を除くならば、大忌祭と風神祭、および鎮花祭と三枝祭《さいぐさのまつり》である。いずれも大和に鎮座している神である点で共通しており、大忌祭と風神祭、鎮花祭と三枝祭はそれぞれ関連をもっている点で相似しているが、しかし両者は祭祀の方式において異なっている。

鎮花祭は三月に大神神社（桜井市三輪）と狭井《さい》神社（同上）で行われる。『令義解』「神祇令」の鎮花祭条には、

謂、大神狭井二祭也。在二春花飛散之時一。疫神分散而行レ癘。為二其鎮遏一、始有二此祭一。故曰二鎮花一。

と注釈されている。春の花が飛散するとき、疫神が悪病を流行させるので、これを鎮め、とどめるために鎮花祭を行う。また『令集解』「神祇令」の鎮花祭条で、「令釈」の、

大神狭井二処祭、大神者、祝部請二受神祇官幣帛一祭之。狭井者、大神之麤御霊也。

を引用しているが、狭井神社は、大神神社の北北西四〇〇メートルほどの所にある。大神神社の祭神を大物主神の和魂とすれば、狭井神社の祭神は、大物主神の荒魂であった。注意されるのは、大神神社の祝部が神祇官に出頭して幣帛を受領し、鎮花祭を執行したことである。

三枝祭について、『令義解』「神祇令」の三枝祭条は、

謂、率川社祭也。以二三枝花一、飾二酒罇一祭。故曰二三枝一也。

と注釈している。率川社は現在の率川神社（奈良市本子守町）である。「神名帳」に、

率川坐大神神御子神社三座

とあるように、率川社の祭神は大物主神の子とされる。すなわち、「大神族類之神」である。三輪山＝御諸山に咲く笹百合の花で酒樽を飾る祭儀であり、大神神の「麤霊和霊祭」である。三枝祭は大神氏の氏宗、すなわち氏上が存在しているときにのみ行われる。もし氏上が定まらず、つまり氏上が欠けているときには行うことができなかった[44]。大神氏＝大三輪氏の氏上が、在地においてもつ祭主としての地位と職務が、国家的に承認されていたことを語っている[45]。

大神社と狭井社の鎮花祭、および率川社の三枝祭の三社の幣物は、祝等に付して祭に供せしめた[46]。

大神神社は相嘗祭において班幣にあずかっているが、なお鎮花祭と三枝祭が「小祀」とされたのは、神祇官設立以前から大神＝大三輪神が疫癘鎮遏の神として信仰を集め、大神社の祭礼が在地住民の日常生活に根をおろしていたからであろう。つまり大神社は、大神氏の祖神であるにもかかわらず、その信

仰が大和の全域にひろまっていた事実があった。民衆レベルの祭祀が、国家制度のなかにくみこまれたのである。神祇官において、常典によって行われる祭祀のなかで、神社名のあきらかな大忌祭と風神祭、そして鎮花祭と三枝祭の社が、すべて大和に所在していたことは偶然ではない。

十　大　祓

「神祇令」には、二つの大祓の行事についての規定がある。宮廷における恒例の大祓と、国衙における臨時の大祓＝諸国大祓である。いずれも人や場所の汚穢・不浄を祓い、災害を除く祭儀である。

(1)凡六月十二月晦日大祓者、中臣上二御祓麻一。東西文部上二祓刀一。読二祓詞一。訖百官男女・聚二集祓所一。中臣宣二祓詞一。卜部為二解除一。(47)

宮廷における大祓は、六月・十二月の晦日に行われる。まず天皇が祓を受けるが、その儀式は、中臣氏が祓に用いる麻を天皇に上り、また東文氏《やまとのふみうじ》と西文氏《かわちのふみうじ》がそれぞれ祓の刀を天皇に上り、「祓詞」を読む。阿知使主《あちのおみ》の後裔と称する東文氏は、檜隈《ひのくま》（奈良県高市郡明日香村檜前）に居住し、また王仁《わに》の後裔と称する西文氏は古市（大阪府羽曳野市古市）を本拠とした。いずれも倭王家の記録をつかさどり、「史」の姓を与えられた。「学令」には、大学の生として、五位以上の子孫とともに東西の文部の子を採用すべき旨の規定がある。

東西の文部が読み上げる呪文は、「祝詞」の「東文忌寸部献二横刀一時呪西文部准之」であるが、皇天上帝・

三極大君・日月星辰・八方諸神・司命司籍・左東王父・右西王母・五方五帝・四時四気に対し、天皇に献った銀人に禍災を遷し、同じく天皇に献った金刀に禍災を遷し、宝祚を延べるよう祈る。東西の文部は漢語で呪文を読んだ。

これが終わると官人が祓を受ける。百官の男女が祓所に集まり、中臣氏が祓詞を宣べ、卜部《うらべ》氏が解除をした。「太政官式」大祓条によれば、六月・十二月晦日には宮城の南路で大祓が行われる定めであり、大臣以下、五位以上は朱雀門で座についた。中臣氏が読む「祝詞」は「六月晦大祓十二月准レ之」である。

諸国大祓は次の通りである。

⑵凡諸国須二大祓一者、毎レ郡出二刀一口、皮一張、鍬一口、及雑物等一。戸別麻一条。其国造出二馬一疋一。[48]

諸国で大祓が行われるとき、郡毎に刀一口、皮一張、鍬一口およびその他の物を出させ、また戸別に麻一筋を出させる。国造には馬一匹を出させる。諸国大祓の行事において、各郡・各戸が供進すべき料物が規定されているが、ここで参照されるのは『日本書紀』の次の記事である。

⑶天武五年（六七六）八月辛亥（十六日）、詔曰、四方為二大解除一。用物則国別国造輸、祓柱、馬一匹・布一常。以外郡司。各刀一口・鹿皮一張・钁一口・刀子一口・鎌一口・矢一具・稲一束・且毎レ戸、麻一条。

諸国の大祓についての記事の始見である。大祓の料物は国ごとに国造が準備する。この国造は天武期ごろに、令制の一国ごとに一員が置かれた新国造であり、国内の神事・祭祀関係の事務を担当した。ともあれここでは、国・郡・戸が組織的に大祓の行事に参加した事実が知られる。

(4)天武十年（六八一）七月丁酉（三十日）、令二天下一、悉大解除。当二此時一、国造等各出二祓柱奴婢一口一而解除焉。

(3)(4)とも「四方」「天下」の大解除＝大祓であるが、(2)「神祇令」諸国条は、天武期に行われていた祓の慣行は倭の各地において行われていた。聚落のあるところに社があり、社があるところに祓の習俗が定着していたが、しかし倭王の時代に、聚落の社の神＝八万神の統一的序列化がなされなかったように、祓の全国的規模の組織化はなされなかった。諸国大祓は、「戸」を単位とする祓の国制化であるが、(3)(4)の大解除の行事を継ぐものと考えられる。

実施の時期は天武期である。すなわち諸国大祓は律令国家構築の一環であることが理解されるであろう。「倭王」と異なり、「大八洲国」＝「日本」を統治する「天皇」は、「天照大神」の「神孫」であり、「明神」であった。「明神」＝「天皇」の出現にあたり、まず「大八洲国」＝「日本」の災厄・汚穢・罪障などを綜合的・統一的に除去しなければならない。こうして国家行事としての大祓は、「大祀」とされた践祚大嘗祭の中に組みこまれた。

注

（1）『類聚三代格』巻一、祭幷幣事。
（2）『令集解』神祇令、祈年祭条。
（3）『延喜式』神祇一、四時祭上、祈年条。
（4）同右。
（5）岡田精司『古代王権の祭祀と神話』（塙書房、一九七〇年）一六八頁。

(6) 西山徳『神社と祭祀』（至文堂、一九六五年）三一六頁。
(7) 早川庄八『日本古代官僚制の研究』（岩波書店、一九八六年）一八頁。
(8) 阿部武彦『日本古代の氏族と祭祀』（吉川弘文館、一九八四年）四五六頁。
(9)『日本書紀』神代上、第六段（本文）。
(10) 次田潤『祝詞新講』（明治書院、一九二七年）六二頁。
(11) 松前建『古代伝承と宮廷祭祀』（塙書房、一九七四年）五一頁。
(12) 同右、八五頁。
(13) 新日本古典文学大系『続日本紀』の該当箇所の注（岩波書店、一九八五年）。
(14)『儀式』第一、六月十一日神今食儀。『北山抄』巻二、六月十一日月次祭事・同日神今食事。
(15) 注(7)前掲書、一七頁。
(16)「公式令」詔書式条。
(17) 注(3)前掲書。
(18)『儀式』第五、新嘗会儀。『政事要略』巻廿六、年中行事十一月、中卯新嘗祭事。倉林正次『大嘗祭の成立」（岡田精司『大嘗祭と新嘗』学生社、一九七九年）。
(19) 注(9)前掲書、神代上、第七段（本文）。
(20) 同右、神代下、第九段（本文）。
(21) 梅田義彦『神祇制度史の基礎的研究』（吉川弘文館、一九六四年）九八頁。
(22) 注(3)前掲書、神祇四、伊勢大神宮、幣使条。
(23) 注(5)前掲書、一五三頁。
(24) 注(11)前掲書、七〇頁。
(25) 注(3)前掲書、神祇二、四時祭下、伊勢条。
(26)『皇太神宮儀式帳』供奉年中行事幷月記事条。

(27)『止由気宮儀式帳』三節祭并年中行事月記事条。
(28)同右。
(29)注(2)前掲書、神祇令、神衣祭条。
(30)『令義解』神祇令、神衣祭条。
(31)注(2)前掲書、神祇令、神衣祭条。
(32)黒川典雄「神服織機殿神社・神麻続機殿神社」(谷川健一『日本の神々』6、白水社、一九八六年)。
(33)岸俊男「紀氏に関する一試考」(同『日本古代政治史研究』塙書房、一九六六年)。
(34)土井実「宇奈太理坐高御魂神社」(谷川健『日本の神々』4、白水社、一九八五年)。
(35)大和岩雄「穴師神社」(同右)。
(36)同右。
(37)大和岩雄「恩智神社」(谷川健『日本の神々』3、白水社、一九八四年)。
(38)大和岩雄「多神社」(注(34)に同じ)。
(39)田村圓澄「飛鳥京の道」(同『日本古代の宗教と思想』山喜房仏書林、一九八七年)。
(40)注(3)前掲書、神祇一、四時祭上、風神条。
(41)同右、神祇三、臨時祭、春日等社庫鑰条。
(42)注(29)前掲書、神祇令、大忌祭条。
(43)同右、風神祭条。
(44)注(2)前掲書、神祇令、三枝祭条。
(45)注(8)前掲書、四五六頁。
(46)注(3)前掲書、神祇一、四時祭上、三枝条。
(47)「神祇令」大祓条。
(48)同右、諸国条。

第十七章　歴代遷宮の終焉

一　歴代遷宮の限界

歴代遷宮の慣行に終止符がうたれたのは、持統天皇の時代であった。

　朱鳥元年（六八六）九月丙午（九日）、天皇病遂不レ差　崩二于正宮一。

「正宮」は、内裏の正殿、すなわち「大安殿」を指していたと解されるが、ともあれ天武天皇は飛鳥《あすかの》浄御原宮《きよみはらのみや》で死去した。したがって次の持統天皇は、死穢がついた飛鳥浄御原宮を棄て、新しい地に新しい宮を造り、そこに遷るべきであったと思われるが、しかし持統天皇は遷宮を行わず、引きつづき飛鳥浄御原宮に住んだ。

　六九〇年（持統四）正月戊寅朔に持統天皇の即位の儀式が行われた場所ついて、『日本書紀』は語ろうとしない。

　飛鳥浄御原宮には大極殿があった。持統天皇の即位の儀式はこの大極殿で行われるべきであったが、しかし天武天皇の死去により、飛鳥浄御原宮には死穢が付着していると判断されたのではないか。持統天皇の即位の儀式が行われたところは屋外であり、また宮名を記していない点から、飛鳥浄御原宮の域内ではなかったと推察される。

ところで『日本書紀』が記す「飛鳥浄御原宮」について、不審な点がある。

⑴朱鳥元年（六八六）七月戊午（二十日）、改レ元曰二朱鳥元年一。朱鳥、此云二阿訶美苔利一。仍名レ宮曰二飛鳥浄御原宮一。

と記し、「飛鳥浄御原宮」の命名は六八六年（朱鳥元）であったとする。しかし、

⑵天武元年（六七二）、是歳、営二宮室於岡本宮南一。即冬、遷以居焉。是謂二飛鳥浄御原宮一。

⑶天武二年（六七三）二月癸未（二十七日）、天皇命二有司一設二壇場一、即二帝位於飛鳥浄御原宮一。

とあり、六七二年（天武元）から「飛鳥浄御原宮」が存在していた、と解される。ただし、⑴朱鳥元年の命名を重視すれば、その七ヵ月後に天武天皇は飛鳥浄御原宮で死去している。つまり天武天皇が死を迎えた宮は、死穢を受けたはずであったが、なお浄き宮であることを死去の前に宣言したとも解されよう。そして持統天皇は天武天皇の死後も飛鳥浄御原宮に住み、六九四年（持統八）十二月乙卯（六日）にここから藤原宮に遷った。

歴代遷宮の慣行は、持統天皇の時代に終焉を迎えることになるが、その理由は何であったか。

第一は、歴代遷宮の慣行が行われていたときの「倭王」に替わり、「天皇」が登場したことであろう。倭王は、ムスビノ神を祭る司祭者であった。しかし「天照大神」の「神孫」である天皇は「明神《あらみかみ》」である。したがって天皇の死は、これまでの倭王の死と異なるとする観念が創出されたのではないか。すなわち「明神」＝天皇の宮と都は、死穢を蒙ったとしてもそのつど遷宮をくりかえすべきでない、とする

観念が成立したことが考えられる。日本の都城制の源流である唐の長安や洛陽は、千年の都であった。岸俊男氏は、『日本書紀』推古十六年（六〇八）八月壬子（十二日）条に載せる隋使裴世清《はいせいせい》の、同じく推古十八年（六一〇）十月丁酉（九日）条に載せる新羅・任那使の、小墾田宮《おはりだのみや》拝朝の記事を分析し、南面する小墾田宮の構造は、南門を入ったところが朝庭であり、そこに大臣や大夫が政務をとる庁（朝堂）がいくつかあり、おそらく左右対称となっていたであろうこと、また朝庭の奥にある大門（閤門）を入ると、天皇が坐す大殿があったことなどを想定されている(1)。

ところで日本の律令官制＝八省の原形と考えられる大蔵・法官・理官・兵政官・刑官・民官の六官が成立するのは、天智期末年ないし天武期初年であった(2)。隋の裴世清が来倭した時から六十年余が経過しているが、『日本書紀』の天武・持統天皇条をみると、「大極殿(3)」「大安殿(4)」「朝堂(5)」などの殿舎名がみえる。倭京＝飛鳥京に居住する官人やその家族、資人などの数は、律令制の施行に伴い急増したであろう。寺院数の増加も、飛鳥京の人口増加を促した。飛鳥京の人口増加は、人の往来、また生活物資を搬入する交通ルートの開設・整備と連動したが、つまり飛鳥が都市化したことは、歴代遷宮の慣行の維持を困難ないし不可能にしたのではないか。

「天照大神」の「国(6)」である高天原には、「天香山」の真坂樹が運ばれ、また八十万神が「天高市(7)」に集会した。つまり眼前の香久山や高市を媒介として、神代史の高天原が構想されたと考えられるが、したがって香久山や高市から遠く離れた場所に、天皇の宮を営むことは困難であった。つまり飛鳥の地に天皇の宮を固定することにより、「天照大神」の出現が可能であった事態を示そうとしている。

持統天皇の登場を契機として、歴代遷宮の慣行は放棄されることとなった。農耕神であるムスビノ神の司祭者であることにより、倭王としての地位と権威を保持してきた統治機構は、律令国家体制の構築が視野に入ってきた段階で、「天皇」による全国的統治体制に対応する新しい政治構造に転換せざるをえないことはあきらかであった。

慣行化した歴代遷宮の行列は、三世紀もしくはそれ以上の間くりかえされたが、しかし新しい倭王の即位を告知する遷宮の行列が、大和平野の外に出る機会は、次第に少なくなっていた。宮都が大和平野に集中する傾向が強まったからである。したがって倭王の存在と権威を周知せしめる手段としての歴代遷宮の慣行に、地域的な限界が生じたことはあきらかであった。倭王の統治圏が、「大八洲国《おおやしまのくに》」にまで拡大されようとするとき、即位儀礼でもある歴代遷宮の慣行に終止符がうたれることは不可避であった。

ともあれ「天照大神」の「神孫」がもつ「明神」としての尊貴性と、「天照大神」に由来する「日本」の統治者としての権威と権力を身につけて登場した持統天皇により、数世紀にわたって厳守されてきた倭王の、歴代遷宮の慣行に終止符がうたれたが、いっぽう同じ天皇によって律令体制が構築され、また律令国家を表現する都城制の宮都、藤原宮＝新益京が造営された。

二　八神殿＝産霊神

『続日本紀』によれば、七三〇年（天平二）六月庚辰（二十七日）に、平城宮の「神祇官の曹司」が雷

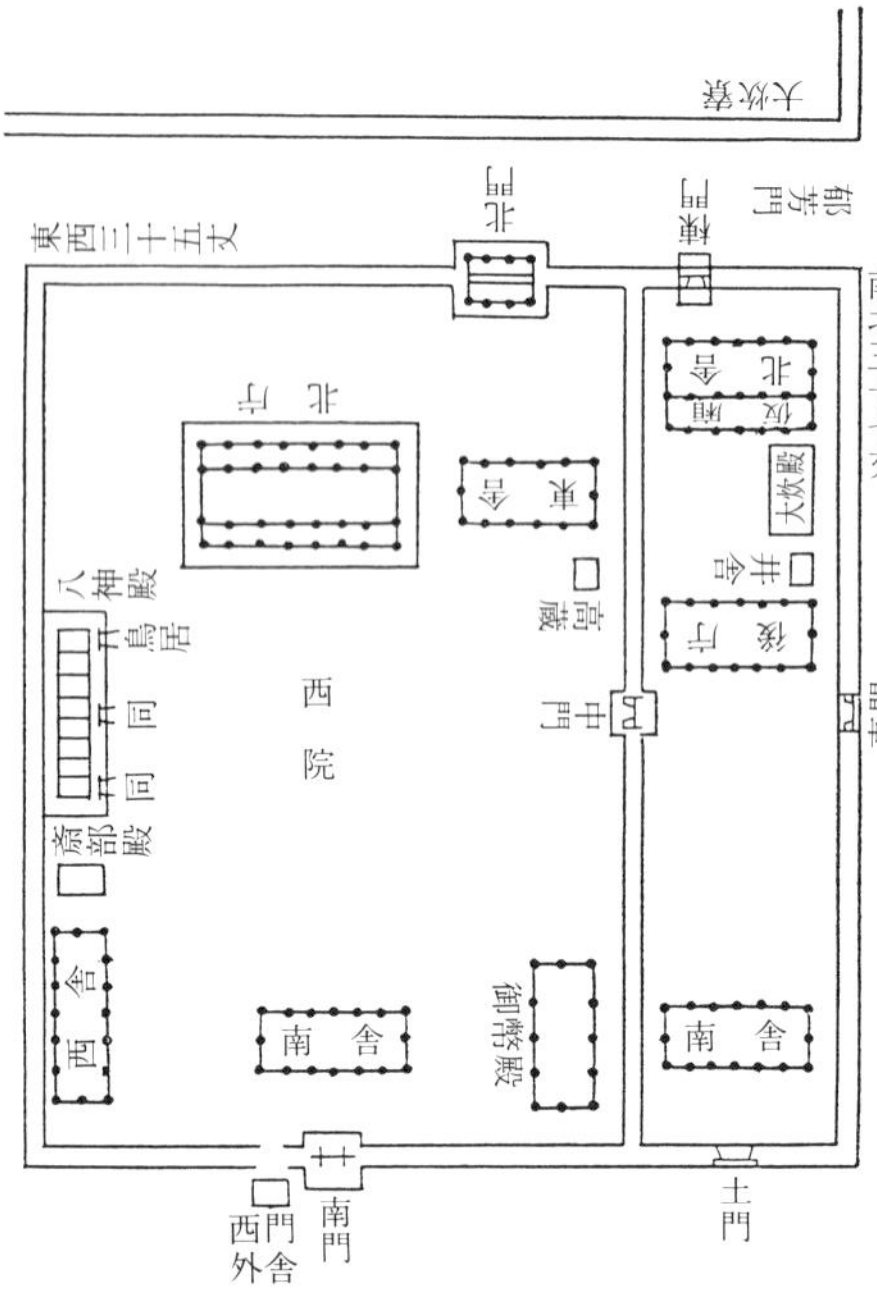

図8　平安宮神祇官図（『大内裏図考証』による）

火で焼け、また同月壬午（二十九日）にも「神祇官の屋」に落雷があり、人畜が死亡した。「曹司」は庁舎であり、「屋」は住居である。

奈良時代後半の平城宮の壬生門と朝集殿院の間に、西に兵部省、東に式部省が存在していた。平城宮の発掘調査によって、二つの官衙の様相はほぼあきらかになったが、式部省の東側地区から兵部省・式部省の正門を凌駕する規模の正門、また格式の高い壇正積み基壇をもつ正殿の存在が確認された。この官衙は式部省と異なり、北側に正門を開いているが、注目されるのは、この地域から「大神宮」「鴨社籠《かものやしろのかご》」「忍社《しのぶのやしろ》」「水主社《もんどのやしろ》」などの神社名を記した木簡、また神郡である伊勢国度会郡の庸米の荷札、「神」「少祐」などの墨書土器が出土していることである。「少祐」は神祇官の第三等官であるが、ともあれ朝集殿院南方に神祇官が存在した可能性を示唆している。(8)

平安宮の神祇官は、平安宮東南隅にあたる雅楽寮の北側に位置していた。(9)発掘調査によって推定された平城宮の神祇官と近い位置関係にある。また遺構の上からも、中央部に広場をもつ左右非対称の建物配置であること、また北側に正門があることは、両者の類似を語っている[10]。

平安宮の神祇官は、敷地の西側約三分の二を占める斎院（西院）と、東側約三分の一を占める東院からなっていた。西院には神祇官の正庁（神祇官曹司）があり、また八神殿・御幣殿・斎部殿などがあった。北門は西院にあり、また中央部に広場がある。東面する八神殿は、朱の玉垣を東・南・北の三方にめぐらし、東面三ヵ所に鳥居を設けていた（図8）。

「神名帳」の「宮中」の条に、

宮中神卅六座

神祇官西院坐御巫等祭神廿三座並大。月次新嘗。御巫祭神八座並大。月次新嘗。中宮。東宮御巫亦同。

神産日神　高御産日神

玉積産日神　生産日神

足産日神　大宮売神

御食津神　事代主神

の神の名が挙げられている。この八神のなかで、神産日神以下の五神は、産霊《ムスビ》すなわち生成力、また霊魂を体内にこめる鎮魂呪術である魂結びの効用を種々に分け、これを讃えた神名であり、つまりタカミムスビ一神の分化した形にすぎないと考えられる[11]。

本居宣長は『日本書紀』の「神籬磐境」に言及して、

かの神籬磐境は、後に神祇官ノ西院に八柱ノ神を祭リ賜ふ濫觴なりと、或人の云るぞ宜き、其は古語拾遺ノ神武天皇ノ段に、爰ニ仰テ従二皇天二祖ノ之詔一、建二樹神籬一、所謂高皇産霊、神皇産霊、魂留産霊、生産霊、足産霊、大宮売神、事代主神、御膳神、已上今御巫ノ所レ奉レ斎也云々とある、従二皇天二祖之詔一は、正しくかの神代ノ巻なる詔を云り。(12)

と述べている。右の八神は、「神名帳」が掲げる、宮中で御巫が祭る「神八座」である。また「皇天二祖」を天照大神とタカミムスビノ神とする見解があるが、タカミムスビ・カミムスビノ二神とすべきであろう。(13) ともあれ天皇の守り神としての八神の神体として、古くから神木を立てて祭り、これが八神殿の祭祀の素朴な形であったことを示している。(14)

持統三年（六八九）八月壬午（二日）、百官会二集於神祇官一、而奉二宣天神地祇之事一。

百官が神祇官に参集したが、この神祇官はどこにあったのであろうか。いうまでもなく飛鳥浄御原宮にあった。宮のなかでも神祇官は浄域にあり、「社殿」を具備し、そして「百官」が参集できる「広場」をもっていた、とみるべきであろう。すなわち藤原宮の神祇官は、平城宮・平安宮の神祇官とほぼ同じ機能と鋪設をもっていたと考えられる。

古代の倭王は、倭王ごとに遷宮をくりかえしたが、司祭者である倭王が祭っていたのはムスビノ神であった。歴代の遷宮は、ムスビノ神を奉じて、倭王が新しい宮に遷ることであった。そして歴代遷宮の終焉とともに、ムスビノ神の奉安の場の確保を兼ね、神祇官が設立されたと思われる。

天武天皇が飛鳥浄御原宮に遷ったとき、これまでの慣行にしたがい、天智大王が近江大津宮において奉祭していたムスビノ神を、飛鳥浄御原宮に迎えた。『日本書紀』持統三年（六八九）八月壬午（二日）条に始見する神祇官は、飛鳥浄御原宮に置かれ、従来のムスビノ神＝神木とその聖域を引き継いだと考えられる。

神祇官の八神殿の祭神のなかに、「天照大神」の名はない。八神殿はムスビノ神を祭っており、はじめから「天照大神」は祭神のなかに存在しなかった。事実、「天照大神」の出現は天武・持統期であり、つまりムスビノ神よりおくれていたが、しかし次の点も考慮されるべきであろう。

神祇官の諸門のなかで北門の規模が最も大きく、つまり神祇官は北を向いている。内裏が神祇官の北方にあることにもとづくと考えられるが、しかし、八神殿は西を背にし、東を向いている。その前面に三つの鳥居が立てられていることが、このことを示している。

八神殿が平城宮、また藤原宮・飛鳥浄御原宮にあり、そして当初から、あるいはある時期から、東向きの配置であったとすれば、ここで考えられるのは伊勢神宮との関係である。八神殿に奉祀される神は、「天照大神」を遙拝する形をとっている。

皇祖神であり、そして天皇が掌握する日本の統治権の根源であるのは、「天照大神」ただひとりである。そのゆえに「天照大神」は、「天神地祇」を超越する至上・最高の神の座を確保していた。古代の倭王の守り神であり、また王位継承の証の役を担ってきたムスビノ神も、律令国家の成立に応じ、新しく出現した「天照大神」に席を譲り、しかも「天照大神」の下位に位置づけられた。

ムスビノ神と「天照大神」との地位の変化を語るのは、天孫降臨説話である（表3、六四頁）。発展段階順に並べられた六つの説話のうち、㈠「降臨を司令する神」に注目すると、前半の(A)グループ⑴⑵⑶は、タカミムスビノ神ひとりであるのに対し、後半の(B)グループの⑷は、タカミムスビノ神と「天照大神」の並立であるが、なおタカミムスビノ神の比重が高く、⑸は両者の並立であるとはいえ、「天照大神」に重心が移っている。⑹は「天照大神」ただひとりであり、タカミムスビノ神は姿を消している。

六つの天孫降臨説話の最終段階に位置づけられる⑹『日本書紀』第一ノ一書（神代下、第九段）は、藤原宮の神祇官八神殿の、ムスビノ神と「天照大神」の関係に対応しているのであり、両者は成立の時期を同じくすると考えられる。

八神殿は「倭王」と「天皇」を、つまり終焉となった歴代の遷宮の「聖域」と、新設された神祇官とを繋いでいる。八神殿の八神のなかに「天照大神」の姿はないが、しかし八神殿は「伊勢神宮」と深くかかわっていたと考えられる。

三　歴代遷宮と仏教

倭王によって遵守されてきた歴代遷宮の慣行の維持を、困難ないし不可能にした仏教の役割について考えてみたい。

蘇我馬子により、倭における最初の伽藍である法興寺（飛鳥寺）の造営が飛鳥の地で開始されたのは、五八八年（崇峻元）であった(15)。倉梯宮《くらはしのみや》（奈良県桜井市倉橋）で暗殺された崇峻大王の後を嗣ぎ、五九二年（崇峻五）十二月己卯（八日）に、推古大王が豊浦宮《とゆらのみや》（奈良県高市郡明日香村豊浦）で即位した。その後約一世紀間つづく飛鳥京時代の開幕である。法興寺が竣功したのは五九六年（推古四）十一月であった。

蘇我馬子の「私寺」であるとはいえ、法興寺の出現は、倭における「仏法興隆」すなわち「伽藍仏教」の興隆の道を開く契機となった(16)。六二四年（推古三十二）九月丙子（三日）の調査によれば、寺は四六ヵ所、僧は八一六人、尼は五六九人、合計一三八五人にのぼった。当時の寺は大和・摂津・河内とその周辺に集中していたが、大和では法興寺のほか、立部寺（定林寺）・豊浦寺（建興寺）・奥山久米寺・葛木寺・田中廃寺・大窪寺・軽寺（法輪寺）・坂田寺（金剛寺）などが飛鳥の地に建てられていた(17)。飛鳥時代（五三八～六七一）の仏教は、「私寺」を建てた豪族が受容者であるところの、「氏族仏教」を本質としていた(18)。

仏教伝来の際、蘇我稲目は奉仏を主張し、物部尾輿は反仏に固執した。両者が和解に達しえぬことを知った欽明大王は、百済王から贈られた仏像などを蘇我稲目に与え、その「奉仏」を承認するとともに物部尾輿の「反仏」をも承認し、みずからは第三の立場、すなわち「傍観中立」を選んだ。この立場は約一世紀間、用明大王を除く各倭王によって継承されたが、非蘇我系の舒明大王の登場によって転換されることとなった。

舒明大王は、倭王としてはじめて仏教受容に踏み切った。九重塔を擁する百済寺（奈良県橿原市高殿町）の建立、また厩坂宮における『無量寿経』の講説が、この事情を語っている(19)。

若き日の中大兄王（後の天智大王）や大海人皇子（後の天武天皇）などが、父の舒明大王、母の宝王女（後の皇極・斉明大王）とともに、百済寺に参詣したことが推察されよう。

王位は舒明の妃の皇極＝斎明、舒明の王子の天智・天武、天武の皇后の持統と、舒明一家によって継承されるに及び、舒明一家の「宮廷仏教」が成立した。しかし「氏族仏教」の枠を出るものではなかった。

舒明一家の仏教受容を語るとき、逸することができないのは、八角形墳の存在である。考古学的調査によれば、舒明大王の押坂内陵（奈良県桜井市忍坂）に始まり、その妃の斉明大王陵に擬せられる牽牛子《けんごし》塚《づか》古墳（奈良県高市郡明日香村越）、天智大王の山科陵（京都市東山区山科御陵上御廟野町）、天武・持統両天皇合葬墳である檜隈大内陵《ひのくまのおおうち》（奈良県高市郡明日香村野口）、草壁皇子の墓に擬される束明神《つかみようじん》古墳（同上、高取町佐田）、文武天皇陵に擬される中尾山古墳（同上、明日香村下平田）は、すべて陵墓の基底部が八角形である。

天武・持統合葬陵をとりあげ、その八角形墳の造形を道教の思想的影響とする見解があるが、留意されるのは、倭王としてはじめて仏教を受容した舒明大王に始まり、その妃の斉明、天智・天武の二王子、天智の王女で天武の皇后である持統、さらに草壁皇子、文武天皇に及ぶ舒明一家の人びとが、連続して八角形墳に葬られている事実である。

八角形墳の王陵墓は、舒明大王以前には存在しない。したがって八角形墳築造の思想的宗教的根拠を、異国に求めるのが妥当であろう。道教説が唱えられる所以であるが、しかし道教が天武天皇に影響を与えたことは推察されるとしても、八角形墳によって葬られなければならなかった要因を、道教に見出すことは困難であると思われる。さらに舒明一家の各王族が、陵墓の形態に変更を促されるまでの思想的影響を道教から受けたことを実証するのは不可能というべきであろう。

八角形墳の造形は、八葉蓮華文に由来すると考えられる。阿弥陀如来の極楽浄土、薬師如来の瑠璃光世界、また弥勒菩薩の兜率天など、経典に説かれる諸仏・諸菩薩の仏国土にはすべて蓮華の花が咲き、そして蓮華の萼の上に生まれるのが仏教帰依者の願いであったことは、中宮寺の天寿国繡帳の残片部分によってもうかがうことができる。

七世紀後半の陵墓に特徴的な八角形の造形は、舒明一家の仏教受容を示している。そして仏教こそ、八角形墳に葬られた人びとの共通の信仰であった。ともあれ八角形墳の築造は、日本仏教史の流れのなかで、そして舒明一家の仏教受容を語る事実として、理解されるべきであろう。(20)

天武天皇の登場によって白鳳時代（六七二〜七〇九）が始まるが、この時点で仏教は「国家仏教」の段階を迎える。「律令国家」の形成は、「氏族仏教」を基底としながらも、国家の擁護を志向する「国家仏教」の成立を導いた。(21)

「国家仏教」成立の条件の第一は、天皇が「仏法興隆」の主導権をもち、それを具現する伽藍を建立することである。天武天皇が創建した大官大寺（奈良県高市郡明日香村）、薬師寺（同橿原市木殿町）などがこれにあたる。第二は、『金光明経』『仁王経』などの護国の経典が、天皇によって尊重されていることである。六七六年（天武五）十一月甲申（二十日）に、使を「四方の国」に遣わして『金光明経』『仁王経』を説かしめた。『日本書紀』の記事は、両経についての始見であるが、天武天皇がこの両経にもとづく仏事法会の主宰者の地位にあったことに留意しなければならない。第三は、仏教が全国的規模で流布していることである。つまり「律令国家」の主である天皇の統治権の及ぶ範囲と、天皇が主導する仏法興隆の範囲＝仏教の流布圏とが重なる。六八五年（天武十四）三月壬申（二十七日）の「諸国毎レ家、作二仏舎一」の下詔は、中央・地方の貴族・豪族層に伽藍＝寺院を建てることを促しており、また六九一年（持統五）二月壬寅朔にも、持統天皇は「当三勤心、奉二仏法一」の詔を公卿らに下し、天武天皇による仏法興隆策の継承を表明した。文献資料や発掘調査などによれば、白鳳時代の寺院数は五〇〇近くを数え、またその分布は、東は茨城・栃木・群馬から、西は大分・熊本・佐賀にいたるほぼ日本全域にわたっている。爆発的な寺院数の増加である。これに飛鳥時代建立の寺院を加えると、約五百三十の寺院が日本全土に存在していたことになる。

天武・持統期における「律令国家」の構築に呼応する形で出現したのが「国家仏教」であった。天武期の倭京＝飛鳥京には、二〇を超える寺院があり、朝な夕な鐘声がひびき、誦経念仏の声が京中に流れた。「国の大寺」である大官大寺や川原寺（弘福寺）、また「大寺」である法興寺（飛鳥寺）などでは(22)「護国」の仏事法会が、また貴族・豪族の私寺でも恒例・臨時の仏事法会が営まれ、飛鳥京はさながら「仏都」であった。

しかしこの景観は、大唐学問僧が長安で、また新羅学問僧が慶州で実見したところであり(23)、そして「律令国家」の構築を目指す指導者の憧憬・理想とするところであったといえよう。

飛鳥の地に宮を置いた推古大王以降、たとえば孝徳大王の難波宮、斉明大王の筑紫の朝倉宮、天智大王の近江の大津宮のように、倭王の宮は飛鳥を離れることがあったが、それは一時的であり、常に飛鳥にもどって天武天皇の時代となった。その間も歴代遷宮の慣行は遵守されたが、しかし地域的に倭王の宮の所在地が飛鳥の地に固定されるに至った要因の一つは、仏教の興隆にあったと考えられる。天武・持統期において、寺院＝伽藍は飛鳥京の景観形成の主流になっていた。塔・金堂・講堂・僧房などのいわゆる七堂伽藍の移動が容易でないことはいうまでもないが、なお律令国家にとって、「国家仏教」が不可欠の要素になっていた事実に注目すべきであろう。仏教が、厳密にいえば寺院と僧尼を中核とする「伽藍仏教」が、歴代遷宮の慣行の遵守を不可能にする要素となったことは否定できない。

天武・持統期における律令国家の構築は「国家仏教」を必要としたが、しかし「国家仏教」の興隆は、歴代遷宮の遵守を困難にすると同時に、歴代遷宮の遵守を不用にした。

注

（1）岸俊男『日本古代宮都の研究』（岩波書店、一九八八年）二三九頁。岸俊男『日本の古代宮都』（岩波書店、一九九三年）一八頁。

（2）熊谷公男「治部省の成立」（『史学雑誌』八八―四、一九七九年）。

（3）『日本書紀』天武十年二月甲子条。

（4）同右、天武十四年九月辛酉条。

（5）同右、持統四年七月甲申条。

（6）同右、神代上、第六段（本文）。

（7）同右、神代上、第七段（一書第一）。

(8)『平城京跡発掘調査部発掘調査概報』式部省東官衙の調査（奈良国立文化財研究所、一九九三年）。
(9)角田文衞『平安京提要』（角川書店、一九九四年）一五〇頁。
(10)注(8)前掲書。
(11)松前健『古代伝承と宮廷祭祀』（塙書房、一九七四年）四〇頁。
(12)『古事記伝』巻十五（『増補本居宣長全集』第二、吉川弘文館、一九三七年、七四六頁）。
(13)注(11)前掲書、四九頁。
(14)同右、五二頁。
(15)田村圓澄「法興寺の創建」（家永三郎教授東京教育大学退官記念論集刊行委員会『古代・中世の社会と思想』三省堂、一九七九年）。同『日本仏教史』第一巻（法蔵館、一九八二年）所収。
(16)田村圓澄「飛鳥仏教の歴史的評価」（『歴史学研究』二三一、一九五八年）。同『日本仏教史』第一巻（法蔵館、一九八二年）所収。
(17)福山敏男「聖徳太子時代の寺院」（同『日本建築史研究』墨水書房、一九六八年）。
(18)田村圓澄『飛鳥・白鳳仏教史』上（吉川弘文館、一九九四年）一三〇頁。
(19)同右、二〇一頁。
(20)田村圓澄「八角墳と舒明天皇一家の仏教信仰」（『仏教史学研究』三一―一、一九八一年）。同『日本仏教史』第一巻（法蔵館、一九八二年）所収。
(21)注(18)前掲書、下、七二頁。
(22)同右、下、八二頁。
(23)田村圓澄「新羅送使考」（『朝鮮学報』九〇、一九七九年）。「新羅送使」の題名で、同『日本仏教史』第四巻（法蔵館、一九八三年）所収。

終章　伊勢神宮の創立をめぐって

一　天照大神の視野

倭王にとって、「伊勢大神《いせのおおかみ》」＝日神《ひのかみ》は「倭王の神」であり、すなわち倭王の「私的」な神であった。倭王の時代には「国」＝「倭」はあったが、「国家」＝「日本」はなかったといえよう。「国家」は律令法＝国家法によって成立する。倭王の時代に、「伊勢大神」が「国家の神」になる契機はなかった。

「天照大神」は皇祖神であり、その限り天皇の「私的」な神である。しかし「天照大神」は、「国家」＝「日本」を統治する天皇の祖神であるのみならず、天皇が掌握する統治権の根源であるとされた。「天神地祇」の頂点に立つ「天照大神」の祭祀は律令法の規定するところである。皇祖神であるゆえに「国家」＝「日本」の神である「天照大神」は、国家法の中にみずからの存在の場を確保している、というより、律令国家＝「日本」の構築が「天照大神」を必要とした、というべきであろう。

「天照大神」の登場は、「伊勢大神」＝日神からの直線的な移行ではなく、新しい神の出現であった。ここに「日本」の歴史の開幕があり、「国家」創出の基点がある。天武天皇によって始められた修史の眼目は、「国家」の事業として「天照大神」を律令国家＝「日本」の中軸として位置づけるところの「歴史」を構築し、編纂することであった。

律令国家成立の契機としての、「天照大神」—「天皇」—「日本」の三者の同時出現に注目しなければならない。出現の時期を同じくするこの三者は、また相互に不可分であった。

「天照大神」の属性について見落されてならないのは、新羅＝「蕃国」との関係である。「公式令」の詔書式によれば、

明神御宇日本天皇詔旨云云、咸聞。

明神御宇天皇詔旨云云、咸聞。

の二つは、「蕃国使」に宣べる詔書の冒頭の文言であった。「隣国者大唐、蕃国者新羅」(1)である。天皇が「明神」であるのは、『天照大神』の「皇孫」であるからである。律令国家の成立にもとづいて構想された「日本」を中心とする東アジア世界の国際秩序のなかで、新羅は「蕃国」とされたが、これは神功皇后の新羅征討の物語の造作と関係があると考えられる(2)。「倭王」が「天皇」になり、「倭」が「日本」になることと、新羅を日本の「蕃国」として序列化することとは、関連していたといえよう。そしてこれらの発想の転換の中心に「天照大神」があった。「明神」である天皇は、新羅を「蕃屏」(3)とみなしていたが、ともあれ「日本」を軸とする東アジア世界の新しい国際秩序の構築に果たした、「天照大神」の存在と役割に注目しなければならない。

『万葉集』巻十五に載せる、「天平八年丙子夏六月遣使新羅国之時使人等各悲別贈答及海路之上慟旅陳

思作歌并当所誦詠古歌」一四五首のなかに、「到二壱岐嶋一雪連宅満忽遇二鬼病一死去之時作歌一首并短歌」がある。その歌を右に掲げる。

天皇の　遠の朝廷と
韓国に　渡る吾が背は
家人の　斎ひ待たねか
正身かも　過しけむ
秋さらば　帰りまさむと
たらちねの　母に申して
時も過ぎ　月も経ぬれば
今日か来む　明日かも来むと
家人は　待ち恋ふらむに
遠の国　未だも着かず
大和をも　遠く離りて
石が根の　荒き島根に
宿りする君　（巻十五、三六八八）

さて右の歌の冒頭の「天皇の　遠の朝廷と　韓国に　渡る我が背は」の語句について、澤瀉久孝氏は、「天皇の遠方の政庁として韓国に渡る我が君は」と訳し[4]、日本古典文学大系本『万葉集』は、「天皇の遠い政庁として韓国へ渡るわが君は」と訳している。(5)「遠の朝廷」を、いずれも「遠方の（遠い）政庁」と解しているが、意味が通じ難い。また後者は、「大君の遠の朝廷」を「地方に在る大君の政庁(6)」と解し、「韓国」を「遠の朝廷」といったことについて、「任那に日本府があったころの名残かという(7)」と記している。

『万葉集』にみられる「大君（天皇）の遠の朝廷」の「朝廷」は、律令体制の「日本」＝「国家」に対応しており、つまり天皇が統治する国土＝「食国《おすくに》」を指していたと解される。「政庁」「役所」ではなく、天皇が支配する地を意味している。(8)したがって「遠の朝廷」は、都を遠く離れた「食国」であった。

「韓国」＝新羅は、律令体制の成立時に、「日本の遠つ皇祖の代より、舳を並べて檝《かじ》を干さず、奉仕れる国」であるとされた。新羅が日本に対し、「清白き心を以て仕へ奉る(9)」とされる前提として、いわゆる神功皇后の新羅征討の物語の造作が必要であったが、その新羅征討の物語のなかで「天照大神」が重要な役割を演じていることについては、すでに言及した。

ともあれ「韓国」を「天皇の遠の朝廷」とする観念は、八世紀の貴族層の共有するところであった。(10)創建された伊勢神宮＝「天照大神」は、「遠の朝廷」としての「韓国」をも視野に入れていたことがうかがわれる。そしてこれは古代「日本」の「天皇」の視野でもあった。

二　私幣禁断の制

注目されるのは、伊勢神宮の「私幣禁断の制」である。

⑴禁断幣帛王臣家。幷諸民之。不レ令レ進二幣帛一。重禁断。若以二欺事一幣帛進人遠波、准二流罪一勘給之。(11)

王・臣および諸民が伊勢神宮に幣帛《へいはく》を奉献することは、重い禁断である。欺いてこの禁を犯した者には、流罪に準じた処罰がなされなければならない。

⑵凡王臣以下、不レ得三輙供二太神幣帛一。其三后皇太子若有二応レ供者一、臨時奏聞。(12)

王・臣以下の伊勢神宮への奉幣の禁断はいうまでもないが、三后すなわち皇后・皇太后・太皇太后および皇太子が伊勢神宮に奉幣をしたいと願う場合は、あらかじめ天皇に奏聞し、許可をえなければならなかった。

私幣の禁断は、史料⑵に示されるように「天照大神」を祀る太神宮であって、豊受大神を祀る度会宮ではなかった。

皇后や皇太子といえども、伊勢神宮に対する奉幣には天皇の許可が必要であった。つまり天皇以外の者が、伊勢神宮に近づくことは、重い罰則を伴う禁制であった。

「天照大神」を「皇祖神」として奉祭するのは、天皇ただひとりである。逆にいえば、天皇以外のすべての王族は、「天照大神」を「皇祖神」とすることから排除されなければならない。「皇祖神」は、尊貴性をともなう「血統」とともに、日本の「統治」の根源であったからである。

皇位の継承ないし奪取を意図する「王」や、その「王」を支持する「臣」は、「天照大神」との直接のつながりをもち、また「天照大神」の加護を受けることを望むであろう。すべての「王」は、「天照大神」を「皇祖神」とする資格を保持している。その上で、日本統治の根源の神である「天照大神」に直結する方途を開くための「奉幣」が考えられるであろう。したがって「天照大神」を自己の側にとりこみ、自己の政治的立場を有利にしようと企てる「王」や、それを支持する「臣」の出現に対し、天皇は不断に警戒をしなければならなかった。

いっぽう「民」に対して伊勢神宮への奉幣が禁制されたのは、伊勢神宮に接近することを望み、それゆえに政治の危機的情況をつくることになる「王」や「臣」と異なり、むしろ伊勢神宮と「民」との距離を、無限大にまで拡大しようとする為政者の側の意図にもとづいていたと思われる。

伊勢神宮の「私幣禁断の制」の成立の背景として、右のような事情が考えられるのではないか。『更科日記』の作者は受領を父とし、みずからも受領の妻となり、また宮仕の経験をもっている。その『更科日記』の一節に、

……ものはかなき心にも、つねに天照御神を念じ申せといふ人あり。いづくにおはします神仏にかはなど、さはいへど、やう〳〵思ひわかれて、人に問へば、「神におはします。伊勢におはします。紀の国に、きのこくそうと申すは、この御神なり。さては内侍所に皇神となむおはします」といふ。伊勢国までは、思ひかくべきにもあらざゝなり。内侍所にもいかでかは参り拝み奉らむ。空の光を念じ申すべきにこそはなど、うきて覚ゆ。

「天照大神」を念じ申せと教えられるが、「天照大神」について正確な知識をもちあわさず、他人に尋ねても埒があかず、空の光を念じ申すのであるかと、不安げに書いている。「天照大神」から疎外され

ていた十一世紀の、京都の知識人の「天照大神」観をうかがうことができるであろう。

「天照大神」は天皇の祖神であり、そして天皇によって独占されるところの神であった。「天照大神」を祭神とする伊勢神宮の恒例・臨時の祭祀は、斎内親王、また天皇によって遣わされる幣帛使、および太神宮司が執り行う。

伊勢神宮の祭祀について注意されるのは、第一に、斎内親王をふくむ「官人」のみによって執行されたことである。一般の王・臣・民は伊勢神宮の祭祀にかかわらない。つまり参拝は認められなかった。第二に、伊勢神宮の祭儀に参与することを命じられた神官をふくむ官人は、これを拒むことはできない。律令国家の官人として当然のことであるが、しかしこのことは第三に、祭儀に参与した各官人が、「天照大神」に対し崇敬ないし信仰をいだくことを条件としなかったことである。むしろ「私幣禁断の制」の理念に立ち帰るならば、各官人は、「天照大神」に対する「私的」な崇敬また信仰をいだくべきでなかった。つまり各官人に求められたのは、表面的・形式的な崇敬の態度・動作であり、内面的・実質的な信仰は禁制されていた。したがって伊勢神宮に関係ある官人こそ、「私幣禁断の制」の遵守に厳重であるべきことをみずからに課さねばならなかったといえよう。

伊勢神宮が、神社建築として通例の「拝殿」をもたず、また五重の垣によって参詣者を遮断する独自の祭祀形態をとっているのは、「天照大神」が、「天神地祇」のなかの最高位に位置するとともに、「日本」を統治する「天皇」ただひとりの神であった事実と無関係ではなかった。

三　神祇祭祀の処罰規定

「神祇令」祭祀条によれば、神祇官が常典によって行う「天神地祇」の恒例の祭祀は、その施行にあたりあらかじめ神祇官から太政官に申告し、散斎の日の朝方に、太政官から諸司に頒かち告げる定めである。また供祭祀条によれば、祭祀に供する幣帛・飲食・菓実の類は、祭祀にあずかる長官がみずから、細心精密に検校しなければならなかった。

「職制律」には、祭祀執行の責任者である官人や百官の男女に対する懲罰規定がある。たとえば大祀不預申期条によれば、「大祀」すなわち践祚大嘗祭の執行にあたり、あらかじめ神祇官から太政官に時期を申さず、また太政官が所司に頒かち告げることをしなかった場合は笞五十。ゆえあって祭祀が行われなくなったならば徒一年。幣帛の類を、常典のとおりにしなかったならば杖六〇。幣帛などの定数が不足したならば杖八〇。祀られる神の坐一つ分が闕けている場合は杖一〇〇である。「中祀」・「小祀」の場合は二等を逓減する。

次に在散斎弔喪条によれば、「大祀」の散斎の間に喪を弔い、疾を問い、刑殺の文書に判署し、決罰すなわち杖笞を執行し、動物の肉を食うならば笞五〇。刑殺・決罰などのことを天皇に奏聞するならば杖七〇。また致斎のときはそれぞれ二等を加える。

祭祀朝会侍衛条によれば、祭祀の行事に失錯があり、また行事の儀式に違失があれば笞四〇。たとえば参列者のなかで声高にさわぎ、坐立の動作が怠慢であり、異様とされる者は罰せられる。参列者を集めるべき祭祀において、担当者である主司が告げることをせず、および告げられても祭場に至らなかった場合は、それぞれ笞五〇である。

神祇官は常典により、「天神地祇」を祭る恒例の儀式の施行を職務とするが、祭祀を執行する責任者、また関係者は、違反すれば科罪を免れることはできなかった。祭祀のなかでも「大祀」、すなわち践祚大嘗祭の違犯者の処罰は厳重であった。

「名例律」は「八虐」の第六位に「大不敬」を挙げる。すなわち、

六日。大不敬。謂。毀㆓大社㆒。及び盗㆓大祀神御之物。乗輿服御物㆒。

「大不敬」は、天皇に対して不敬にあたる罪である。したがって右の「大社」は伊勢神宮を指していると解すべきであろう。「大祀神御之物」は、践祚大嘗祭の大幣をいい、また伊勢神宮の神宝も含まれる。伊勢神宮において、神宝を納める東西の宝殿は、正殿に次ぐ重要な殿舎であり[13]、この三殿が瑞垣に囲まれていたことに注意される。

ともあれ神祇官の「祭祀」は、「天神地祇」に対する「敬信」が基調であるはずであるが、律令法の規定によれば、一般の行政と同様「事務処理」が先行し、そしてこの段階で終始している。

四　天照大神の本質

人間が地上に生を受けるのは、時間と空間のなかに生まれることであり、人間はその生涯において、時間と空間の外に出ることはできない。時間と空間の規制を受けることは、すなわち人間が時間的また空間的に、「有限」であることの証である。そして人間の「歴史」は、時間と空間を契機として始まり、構成される。

しかし神または仏は、時間と空間を超えた存在である。すなわち「無限」の生命をもち、「無辺」の世界に住する。神仏には時間的制約はなく、場所的限定もない。神仏には「歴史」はなく、あるいは神仏において「歴史」は拒否されているといえるであろう。

「太初にロゴスあり、ロゴスは神と偕にあり、ロゴスは神なりき」(14)。まずロゴスあり、ロゴス＝神は「歴史」を超えており、すなわち永遠の相の下にある。「有限」な人間は、ロゴスがあって、その後に現われる。

ロゴス＝神の言葉を聞くのは人間である。人間は神仏と出会うが、しかし神仏は人間と出会うことによって、人間にとっての神仏になったといえるであろう。つまり「歴史」を拒否し、「歴史」を超えた神仏は、「歴史」から逃がれることのできない人間を縁として、人間世界にその姿をあらわす。

「太初にロゴスあり」は、宗教的体験の世界に属する。しかし人間の世界における神仏の出現は、「歴史」の流れのなかにおいてあるといえよう。たとえば阿弥陀如来の出現には、人間である釈尊が必要であり、宇佐八幡の出現には大神比義《おおがのひき》が必要であった。(15)

「太初にロゴスあり」の神は、はじめから時間と空間を超えており、つまり「歴史」の規制の外にあるのに対し、「歴史」を担う神は、「蘇り」または「新生」「復活」を体験しているように思われる。前者は、「救済者」として終始するのに対し、後者は、救済を求める前半の段階から、救済の手をさしのべる後半の段階に転身している。在世時の厩戸王は仏教帰依者であったが、人間としてひとたび死に、「救済者」として蘇った。聖徳太子である。「歴史」のなかにある厩戸王と、「歴史」を超えた聖徳太子とは、区別されなければならない。(16)

「天照大神」の出現の時期と、人間＝厩戸王が「救済者」＝「聖徳太子」として蘇った時期は、いずれも天武・持統期であり、つまり律令国家の構築期、また「国家仏教」の形成期であったことに注意される。(17)

ところで大神氏の大神神社、また大倭氏の大和神社のように、各豪族は本貫の地において氏神＝守護神を祀っていたが、しかし本貫をもたず、またみずからの祖神をもたぬ倭王は、歴代遷宮の慣行によって各地を移動するムスビノ神の聖地を別とすれば、大和・河内に固定した祭祀の場を保持していなかった。

雄略大王の頃から王女が派遣され、伊勢の地で祭られていた「伊勢大神」＝日神は、倭王の祖神ではなかった。したがって「伊勢大神」＝日神がそのまま、「天照大神」に転身したとは考えられない。原初的な「天照大神」は大海人皇子の直観と自覚のなかにあらわれたが、それには『金光明経』が説く帝王神権説などの思想的背景があった。「天照大神」の出現により、「倭王」は「明神《あらみかみ》」＝「天皇」に昇華する道が開かれた。

古代中国の北朝では、皇帝を仏＝如来と同一視する思想が支配的であったが、(18)しかし「天照大神」――「明神」＝天皇の場合のような、擬制的血縁関係の設定はなかった。したがって北朝の「皇帝即如来」の思想において、皇帝の地位を離れることは、如来の地位を離れることであった。「天皇即明神」である日本の場合も、天皇の座を離れることは、「明神」の尊貴身分を離脱することを意味しており、この点での共通性がみられる。

仮定であるが、古代日本の仏教が、もし律令国家の形成期に遭遇する機会をもたなかったとすれば、「氏族仏教」から「国家仏教」への転換を経験することはなかったのではないか。また大海人皇子が「天照大神」と出会った時期が、律令国家の形成期でなかったとすれば、その神は、「天照大神」＝皇祖神にはならず、したがって、日本統治の地位と役割を「天皇」に与える根源になることはなかったであろう。

ロゴスとともにあること、すなわち時間と空間を超越した点に、神仏の本質が見出されるとすれば、「天照大神」は神仏一般の概念と異なっていることが知られるであろう。『古事記』『日本書紀』の神代史などにあらわれる「天照大神」には、ロゴスを媒介とする人びととの対応がない。いわゆる「天壌無窮の神勅」は、「天照大神」がホノニニギノ命に対して述べたものであり、「葦原の千五百秋の瑞穂の国」すなわち「日本」は、「吾が子孫」の君臨する地であること、そして「皇孫」であるホノニニギノ命に「日本」の統治を命じていること、また皇位の永遠性を予祝していることの三要素からなっている。つまり、「天皇」と「天皇による日本統治」のいわれが語られているが、国民は不在であり、さらに人間一般に普遍化される要素はない。

「天照大神」は天皇による日本統治のみにかかわる神であった。「始馭天下之天皇《はつくにしらすすめらみこと》」とされる神武天皇の「東征」を援助し、また神功皇后の、いわゆる新羅征討を指示したとされるように、「天照大神」は天皇による「国土」の領有・「統治」の拡大の場面にあらわれている。

あらためて津田左右吉氏の次の指摘に注目したい。津田氏によれば、『古事記』『日本書紀』の神代史には「天照大神」を含む「さまぐ〵の神の物語はあるが、さうして其の物語の主人公たる神々」に、「国民的生活が反映せられてゐるやうな形跡は見えず、国民的活動の面影などは、勿論、認められぬ。全民族の欲求によって動いてゐると思はれる神は一人も無い(19)」。「天照大神」の「本質」は「政治的君主(20)」であった。

津田左右吉氏の右の見解に付け加えるならば、「天照大神」は日本の神々のなかで、王・臣・民、すなわちすべての日本人の参拝を拒むところの、「天皇」ただひとりの神であり、また天皇の「統治」を通して、「日本」はいうまでもなく、海外の「新羅」をも視野に入れたところの、そして国家権力によって厳重に守護された唯一の神であった。「政治的君主」としての「天照大神」を必要とし、また「天照大神」を奉祭する伊勢神宮を創建したのは、律令国家を構築した天武天皇・持統天皇であった。

注

（1）『令集解』公式令、明神御宇日本天皇詔旨条に引く「古記」の説。
（2）田村圓澄『大宰府探求』（吉川弘文館、一九九〇年）八七頁。
（3）『続日本紀』天平勝宝四年六月壬辰条。
（4）澤潟久孝『万葉集注釈』十五（中央公論社、一九六五年）一〇五頁。
（5）日本古典文学大系『万葉集』四（岩波書店、一九六二年）八五頁。
（6）同右、七九頁。
（7）同右、八四頁。
（8）田村圓澄「遠の朝廷考」（『古代文化』四二―五、一九九〇年）。
（9）『日本書紀』持統三年五月甲戌条。
（10）注（2）前掲書、一四七頁。
（11）『皇太神宮儀式帳』供奉幣帛本記事条。
（12）『延喜式』神祇四、伊勢太神宮、幣帛条。
（13）福山敏男『伊勢神宮の建築と歴史』（日本資料刊行会、一九七七年）七七頁。
（14）「ヨハネ伝福音書」。
（15）田村圓澄「宇佐八幡の誕生」（『東アジアの古代文化』二五、一九八〇年）。同『仏教伝来と古代日本』（講談社学術文庫、一九八六年）所収。
（16）田村圓澄『飛鳥・白鳳仏教史』上（吉川弘文館、一九九四年）一七〇頁。
（17）同右、下、九〇頁。
（18）鎌田茂雄『中国仏教史』（岩波書店、一九七八年）一〇三頁。
（19）津田左右吉『日本古典の研究』上（『津田左右吉全集』第一巻、岩波書店、一九六三年）六四〇頁。
（20）同右、三七五頁。

『伊勢神宮の成立』を語る

田村圓澄

そのとき黄壽永先生は、韓国の国立中央博物館の館長をされていた。先生と私はコーヒーをのんでいた。その部屋にいたのは二人だけであった。ふと先生は学生時代のことを話された。私に話すというより、窓の方をむいて話されているようであった。色あせた旧朝鮮総督府の建物が見えていた。学生が集められた。朝鮮神宮につれていかれ、拝礼を強制された。この屈辱と無力感、絶望の奈落におとされた、……と目をつぶって話される先生の声は低く、言葉は短かかった。

このことについて、私はひとことも申しあげず、コーヒーをのんで先生とわかれた。私は、一九七一年から三〇回以上、韓国を訪れているが、はじめのころのことであったと思う。

黄壽永先生は、旧制松山高等学校を経て東京帝国大学経済学部に入学、一九四一年に卒業されている。右に記した学生時代の先生の思い出は、このころのことであろう。

なお植民地時代の京城（現ソウル市）では、世宗路をはさんで、朝鮮総督府と南山とは向かいあっていた。南山に朝鮮神宮があり、天照大神が祭られていたことを、あとで知った。

一九三八年に私は、旧九州帝国大学法文学部国史学科に入学した。国史専攻の学生は五人であったと思う。長沼賢海先生の『日本書紀』の演習、また竹岡勝也先生の『古事記』の演習があったが、天照大神は、国家・国民の尊崇の座にある神であり、「研究」の対象とすべきではない、とされていた。また国史研究室の書架には、津田左右吉先生の『神代史の研究』や『古事記及日本書紀の研究』などが並んでいたが、津田先生の著書は、演習などの参考にしないとの不文律があった。

私は黄壽永先生にお会いし、別の天照大神の存在に気付いた。これは「歴史のなかの天照大神」といえるのではないか。

私が、「歴史のなかの天照大神」を追いかけ、まとめたのが、本書『伊勢神宮の成立』である。本書で私がたどりついた「天照大神」像は、学生時代に私たちが、学問の場から疎外していた津田左右吉先生によってあきらかにされた、「天照大神」像と、本質的に同じであった。

本書刊行後の私事について、記させていただきたい。

「天照大神の歴史」、また「歴史のなかの天照大神」についての研究に、『日本書紀』が用いられるが、日本古典文学大系本『日本書紀』下（岩波書店、一九六五年）は、「伊勢大神」と「天照大神」とを、同一の神とみなしているようである（五四四ページ、上段、五　伊勢大神・斎宮）。

右の見解に対する反論をふくめ、本書刊行後に私が書いた関係論文は次のとおりである。

1「天照大神」と天武天皇（『東アジアの古代文化』六七号、一九九一年）。

2中納言大神高市麻呂の憂慮（『大美和』九一号、一九九六年）。

3天武・持統期における「国家仏教」の創出（『東アジアの古代文化』一一八号、二〇〇四年）。

4伊勢大神・天照大神考（『東アジアの古代文化』一三一号、二〇〇七年）。


「歴史のなかの天照大神」の研究に、私を導いてくださった黄壽永先生をはじめ、その他の方々にお礼を申しあげたい。

〈二〇〇九年五月〉

＊本書は、一九九六年（平成八）に、吉川弘文館より初版第一刷を刊行したものの復刊である。

著者略歴

一九一七年　奈良県に生まれる
一九四一年　九州帝国大学法文学部国史学科卒業
九州大学教授、熊本大学教授、九州歴史資料館長などを歴任、文学博士
二〇一三年　没

〔主要著書〕
法然　古代朝鮮仏教と日本仏教　日本仏教史（全六巻）　日本古代の宗教と思想　大宰府探究　飛鳥・白鳳仏教史（上・下）　東アジアのなかの日本古代史

歴史文化セレクション

伊勢神宮の成立

二〇〇九年（平成二十一）六月二十日　第一刷発行
二〇二四年（令和　六　）五月　十　日　第二刷発行

著　者　田《た》村《むら》圓《えん》澄《ちょう》
発行者　吉　川　道　郎
発行所　株式会社　吉川弘文館
郵便番号一一三―〇〇三三
東京都文京区本郷七丁目二番八号
電話〇三―三八一三―九一五一〈代表〉
振替口座〇〇一〇〇―五―二四四番
https://www.yoshikawa-k.co.jp/
印刷＝株式会社 理想社
製本＝誠製本株式会社
装幀＝清水良洋・渡邉雄哉

© Tamura Hiroshi 2009. Printed in Japan

ISBN978-4-642-06351-7

JCOPY 〈出版者著作権管理機構 委託出版物〉
本書の無断複写は著作権法上での例外を除き禁じられています．複写される場合は，そのつど事前に，出版者著作権管理機構（電話 03-5244-5088，FAX 03-5244-5089，e-mail: info@jcopy.or.jp）の許諾を得てください．

歴史文化セレクション

発刊にあたって

悠久《ゆうきゅう》に流れる人類の歴史。その数ある文化遺産のなかで、書物はいつの世においても人びとの生活に潤《うるお》いと希望、そして知と勇気をあたえてきました。この輝かしい文化としての書物は、いろいろな情報手段が混在する現代社会はもとより、さらなる未来の世界においても、特にわれわれが守り育て受け継がなければならない、大切な人類の遺産ではないでしょうか。

文化遺産としての書物。この高邁《こうまい》な理念を目標に、小社は一八五七年(安政四)の創業以来、専《もっぱ》ら日本史を中心とする歴史書の刊行に微力をつくしてまいりました。もちろん、書物はどの分野においても多種多様であり、またそれぞれの使命があります。いつでも購入できるのが望ましいことは他言を要しませんが、おびただしい書籍が濫溢《らんいつ》する現在、その全てを在庫することは容易ではなく、まことに不本意な状況が続いておりました。

このような現況を打破すべく、ここに小社は、書物は文化、良書を読者への信念のもとに、新たに『歴史文化セレクション』を発刊することにいたしました。このシリーズは主として戦後における小社の刊行書のなかから名著を精選のうえ、順次復刊いたします。そこには、偽《いつわ》りのない真実の歴史、魅力ある文化の伝統など、多彩な内容が披瀝《ひれき》されています。いま甦《よみがえ》る知の宝庫。本シリーズの一冊一冊が、現在および未来における読者の心の糧《かて》となり、永遠の古典《クラシック》となることを願ってやみません。

二〇〇六年五月

吉川弘文館